U0593324

国家出版基金项目
NATIONAL PUBLICATION FOUNDATION

欧亚历史文化文库

总策划 张余胜
兰州大学出版社

蒙元时期的宗教变迁

丛书主编　余太山

李鸣飞　著

图书在版编目(CIP)数据

蒙元时期的宗教变迁 / 李鸣飞著. —兰州:兰州
大学出版社,2013.1
(欧亚历史文化文库/余太山主编)
ISBN 978-7-311-04055-0

Ⅰ.①蒙… Ⅱ.①李… Ⅲ.①蒙古族—宗教史—研
究—中国—元代 Ⅳ.①B929.2

中国版本图书馆 CIP 数据核字(2013)第 025712 号

总 策 划 张余胜

书 名 蒙元时期的宗教变迁
丛书主编 余太山
作 者 李鸣飞 著
出版发行 兰州大学出版社 (地址:兰州市天水南路 222 号 730000)
电 话 0931-8912613(总编办公室) 0931-8617156(营销中心)
0931-8914298(读者服务部)
网 址 http://www.onbook.com.cn
电子信箱 press@lzu.edu.cn
印 刷 兰州人民印刷厂
开 本 700 mm×1000 mm 1/16
印 张 18.75
字 数 249 千
版 次 2013 年 4 月第 1 版
印 次 2013 年 4 月第 1 次印刷
书 号 ISBN 978-7-311-04055-0
定 价 54.00 元

(图书若有破损、缺页、掉页可随时与本社联系)
淘宝网邮购地址:http://lzup.taobao.com

《欧亚历史文化文库》学术委员会

主 任

陈高华

委员（按拼音顺序）

定宜庄　韩　昇　华　涛　蓝　琪

李锦绣　李勤璞　厉　声　林梅村

林悟殊　刘欣如　刘迎胜　卢向前

罗　丰　马小鹤　梅维恒　牛汝极

潘志平　荣新江　芮传明　沈卫荣

汪受宽　王邦维　王冀青　王　颋

王希隆　王　欣　魏存成　徐文堪

杨　军　于志勇　郑炳林

《欧亚历史文化文库》出版委员会

主　任

张余胜

副主任

管钰年　李玉政　汪晓军　袁爱华

赵　莉　文斌虎　马永强

委　员（按拼音顺序）

崔　明　郝春喜　柯肃成　雷鸿昌

雷永林　李连斌　李兴民　梁　辉

刘　伟　卢旺存　罗和平　饶　慧

施援平　孙　伟　王世英　王永强

夏　玲　邢　玮　张东林

出版说明

  随着20世纪以来联系地、整体地看待世界和事物的系统科学理念的深入人心,人文社会学科也出现了整合的趋势,熔东北亚、北亚、中亚和中、东欧历史文化研究于一炉的内陆欧亚学于是应运而生。时至今日,内陆欧亚学研究取得的成果已成为人类不可多得的宝贵财富。

  当下,日益高涨的全球化和区域化呼声,既要求世界范围内的广泛合作,也强调区域内的协调发展。我国作为内陆欧亚的大国之一,加之20世纪末欧亚大陆桥再度开通,深入开展内陆欧亚历史文化的研究已是责无旁贷;而为改革开放的深入和中国特色社会主义建设创造有利周边环境的需要,亦使得内陆欧亚历史文化研究的现实意义更为突出和迫切。因此,将针对古代活动于内陆欧亚这一广泛区域的诸民族的历史文化研究成果呈现给广大的读者,不仅是实现当今该地区各国共赢的历史基础,也是这一地区各族人民共同进步与发展的需求。

  甘肃作为古代西北丝绸之路的必经之地与重要组

成部分,历史上曾经是草原文明与农耕文明交汇的锋面,是多民族历史文化交融的历史舞台,世界几大文明(希腊—罗马文明、阿拉伯—波斯文明、印度文明和中华文明)在此交汇、碰撞,域内多民族文化在此融合。同时,甘肃也是现代欧亚大陆桥的必经之地与重要组成部分,是现代内陆欧亚商贸流通、文化交流的主要通道。

基于上述考虑,甘肃省新闻出版局将这套《欧亚历史文化文库》确定为2009—2012年重点出版项目,依此展开甘版图书的品牌建设,确实是既有眼光,亦有气魄的。

丛书主编余太山先生出于对自己耕耘了大半辈子的学科的热爱与执著,联络、组织这个领域国内外的知名专家和学者,把他们的研究成果呈现给了各位读者,其兢兢业业、如临如履的工作态度,令人感动。谨在此表示我们的谢意。

出版《欧亚历史文化文库》这样一套书,对于我们这样一个立足学术与教育出版的出版社来说,既是机遇,也是挑战。我们本着重点图书重点做的原则,严格于每一个环节和过程,力争不负作者、对得起读者。

我们更希望通过这套丛书的出版,使我们的学术出版在这个领域里与学界的发展相偕相伴,这是我们的理想,是我们的不懈追求。当然,我们最根本的目的,是向读者提交一份出色的答卷。

我们期待着读者的回声。

总序

　　本文库所称"欧亚"(Eurasia)是指内陆欧亚,这是一个地理概念。其范围大致东起黑龙江、松花江流域,西抵多瑙河、伏尔加河流域,具体而言除中欧和东欧外,主要包括我国东三省、内蒙古自治区、新疆维吾尔自治区,以及蒙古高原、西伯利亚、哈萨克斯坦、乌兹别克斯坦、吉尔吉斯斯坦、土库曼斯坦、塔吉克斯坦、阿富汗斯坦、巴基斯坦和西北印度。其核心地带即所谓欧亚草原(Eurasian Steppes)。

　　内陆欧亚历史文化研究的对象主要是历史上活动于欧亚草原及其周邻地区(我国甘肃、宁夏、青海、西藏,以及小亚、伊朗、阿拉伯、印度、日本、朝鲜乃至西欧、北非等地)的诸民族本身,及其与世界其他地区在经济、政治、文化各方面的交流和交涉。由于内陆欧亚自然地理环境的特殊性,其历史文化呈现出鲜明的特色。

　　内陆欧亚历史文化研究是世界历史文化研究中不可或缺的组成部分,东亚、西亚、南亚以及欧洲、美洲历史文化上的许多疑难问题,都必须通过加强内陆欧亚历史文化的研究,特别是将内陆欧亚历史文化视做一个整体加以研究，才能获得确解。

中国作为内陆欧亚的大国，其历史进程从一开始就和内陆欧亚有千丝万缕的联系。我们只要注意到历代王朝的创建者中有一半以上有内陆欧亚渊源就不难理解这一点了。可以说，今后中国史研究要有大的突破，在很大程度上有待于内陆欧亚史研究的进展。

古代内陆欧亚对于古代中外关系史的发展具有不同寻常的意义。古代中国与位于它东北、西北和北方，乃至西北次大陆的国家和地区的关系，无疑是古代中外关系史最主要的篇章，而只有通过研究内陆欧亚史，才能真正把握之。

内陆欧亚历史文化研究既饶有学术趣味，也是加深睦邻关系，为改革开放和建设有中国特色的社会主义创造有利周边环境的需要，因而亦具有重要的现实政治意义。由此可见，我国深入开展内陆欧亚历史文化的研究责无旁贷。

为了联合全国内陆欧亚学的研究力量，更好地建设和发展内陆欧亚学这一新学科，繁荣社会主义文化，适应打造学术精品的战略要求，在深思熟虑和广泛征求意见后，我们决定编辑出版这套《欧亚历史文化文库》。

本文库所收大别为三类：一，研究专著；二，译著；三，知识性丛书。其中，研究专著旨在收辑有关诸课题的各种研究成果；译著旨在介绍国外学术界高质量的研究专著；知识性丛书收辑有关的通俗读物。不言而喻，这三类著作对于一个学科的发展都是不可或缺的。

构建和发展中国的内陆欧亚学，任重道远。衷心希望全国各族学者共同努力，一起推进内陆欧亚研究的发展。愿本文库有蓬勃的生命力，拥有越来越多的作者和读者。

最后，甘肃省新闻出版局支持这一文库编辑出版，确实需要眼光和魄力，特此致敬、致谢。

余太山

2010 年 6 月 30 日

前　言

　　我最初接触元史的时候，就对蒙元初期发生的宗教辩论非常感兴趣。

　　在系统学习元史之前我就知道，元朝最重要的宗教是藏传佛教，元朝的皇帝不但把藏传佛教奉为国教，把喇嘛奉为帝师，而且历代皇帝都要跟从帝师受戒。藏传佛教可以统领当时的各种宗教，权力很大，喇嘛也很受尊崇。但后来我才知道，原来藏传佛教并不是一开始就得到了这样的地位和权力。最初接触蒙古高层领袖的是汉地佛教禅宗僧侣，但他们并没有受到太多重视，最早被蒙古皇室所优待和尊奉的其实是中国传统的道教。藏传佛教是后来而居上，取得了最高地位。而决定藏传佛教和道教此升彼降之命运的最重要事件，就是发生于宪宗、世祖时期的佛道辩论。

　　稍微读过一点元朝的通史之后，我得知了这次辩论的大概经过。蒙古国时期，北方新道教之一的全真道掌门人——长春真人丘处机应召西行，为成吉思汗讲道，得到了成吉思汗的信任，从此道教受到蒙古朝廷的优待，极大地发展起来，成为当时蒙古国统治地区势力最大的宗教。长春真人西行这一事件广为人知，连金庸的小说《射雕英雄传》中也提到了。然而到蒙哥汗统治时期——距离丘处机和成吉思汗见面过了33年，佛教徒们对道教表示不满，要求跟道教进行辩论。辩论前前后后共进行了4次，前两次在蒙哥汗时期，后两次在世祖时期，结果都是道教辩论失败，只得把国教的地位让给佛教。从此藏传佛教进入了蒙古政治的中心，直到元末仍对元朝的政治起到重要的影响。

　　但是了解这一事件的大概过程之后，我的疑问反而更多，兴趣反而更浓厚了。这个对元朝政治和宗教产生了巨大影响的事件究竟是怎么回事？我不由得想要弄清楚这件事的前因后果：

　　全真道是什么时候建立的，是一个什么样的教派？这一教派在中

·欧·亚·历·史·文·化·文·库·

国传统道教中居于什么样的地位？王重阳和全真七子都是什么样的人，他们和金庸的小说《射雕英雄传》中描写的一样吗？

丘处机为什么能够得到蒙古大汗的信任？成吉思汗在见到丘处机之前信仰什么宗教？蒙古人有自己的宗教吗？

道教和佛教为什么会展开辩论，这是一个偶然事件，还是必然的？辩论的主题和过程如何？佛教为什么会取胜？

道教失败之后遭到了什么样的惩罚，其地位是否一落千丈？

为什么是藏传佛教而不是汉地佛教取得胜利？

藏传佛教是一种什么样的宗教？它的历史如何？

道教和藏传佛教这两种宗教，先后对蒙元王朝产生了什么样的影响？蒙古平民也都先后信仰这两种宗教吗？

这些都是当时在我的脑海中冒出来的问题。的确，如果不弄明白这些问题，对这一重要事件的意义和影响就无法真正理解。因此我阅读了一些书籍，希望找到答案。而我对这些问题的答案，以及寻找这些答案的过程中又发现的新问题、找到的新答案，就形成了这本书。

在看这本书之前，我们应该先了解以下两点历史学常识：

第一，历史是无法被复原的。站在近千年之后的我们，观察当年的人和事，依靠的只能是断断续续的碎片。而这些碎片也并非历史的碎片，仅仅是当时或之后的人，对当时或之前的历史的记录和看法，里面本来就包含大量的主观内容。更何况，这些主观的记录和看法也并不完整，而是随着时间的流逝，只有一小部分保留了下来，形成大大小小的碎片，从各种角度反映某一事件或时代的一个侧面。作为今天的我们，依靠这些碎片，所描绘出来的，只是一个可能性，一个影子，其中加入了我们自己的知识背景和思维习惯，绝非当时的历史真实。因此，每个人在阅读流传下来的各种书籍时，对历史的看法可能都是不一样的。历史学观点的好坏当然有一个标准，即是否合理，是否更有可能接近历史事实，但我们永远也无法知道究竟谁更接近。

第二，我们今天用于观察历史的这些碎片，它们的内容可能毫无关联，非常琐碎，也可能相互抵触、矛盾，不知孰真孰假。当遇到相互矛盾的说法时,作为观察者,需要进行自己的判断,判断的结果是否真的符合历史真实,可能永远也不知道,但我们还是可以找到一个最大的可能性。这也是历史学最有魅力的地方。在这本书里,就可以看到这种对相互矛盾的碎片进行判断的过程,是非常有趣的。

最后,由于这是一本科普小书,所以在引用文言文的时候,我都自行翻译成了白话文,并不是古人就是那样说的。并且应出版社的要求,在引用的时候,为了便于读者阅读,并没有出注,只是在最后列出了参考书目。

目 录

导　言

在阅读这本书之前,最好能够先了解一点关于蒙古族和蒙元王朝的知识,这样较为有助于理解书中所提到的一些历史事件和制度背景。这些背景知识将会与这本书所涉及的内容相关,但即使不了解这些内容,也并不妨碍读者阅读时的乐趣。因此读者也可以跳过导言部分,先阅读本书的正文,在看到奇怪的名词和制度的时候,再来看看导言部分有没有解答。本书的导言包括以下几部分内容:

蒙古族和四等人制

这本书中将会多次提到"蒙古族"这个概念,譬如接下来的一章就会讲到蒙古族的原始宗教和图腾信仰。可是蒙古族是什么概念呢? 这个民族是什么时候形成的? 在这本书所涉及的年代,也就是 12 世纪到 13 世纪的蒙古族跟现在的蒙古族一样吗?

我们现在认为,所谓蒙古族,是分布于中国内蒙古自治区、云南、蒙古国、俄罗斯等地的一个民族,他们有共同的语言和文字,以畜牧业为主,而蒙元王朝就是由这个民族出身的伟大英雄成吉思汗所建立的。

但其实并不是这么简单。蒙古族是比较晚才出现的概念,而且可以确定这一民族不是在某一个特定时间突然形成的。蒙古民族的形成是一个漫长的过程,这个过程一定是在元代建立之后甚至明代才最终完成。而在大约 12 世纪或更早,即成吉思汗的先辈们活动的那个时代,有一个名为蒙古的小部落。这个部落唐代时住在今额尔古纳河下游的丛林中,被称为蒙兀室韦,到辽金时有多种翻译,元代时译为蒙古,据说蒙古一词的本义是"孱弱、淳朴"。这个小部落逐渐发展出尼伦蒙古诸部和迭列列斤蒙古诸部,前者是和成吉思汗的祖先血缘较近的蒙古诸部,后者是血缘较远的蒙古诸部。除此之外,还有众多使用蒙古语的部落,并非源自于蒙兀室韦,而是源于其他室韦,如塔塔儿部、克烈部、札剌亦儿部等,还有一些原来并非蒙古语族部落,后来由于有大量的室韦·鞑靼人加入,因此逐渐蒙古化,到11、12世纪成为蒙古语族部落的诸部落,如蔑儿乞部、巴儿忽惕等。《蒙古秘史》中提到合不勒合汗曾统治全体蒙古人,但这里的蒙古人指的仅仅是尼伦蒙古诸部和一部分归附合不勒合汗的迭列列斤蒙古部落,并不包括其他蒙古语族诸部。因此当时的蒙古人的概念跟我们现在的蒙古族人的概念是很不相同的。

12世纪的北方草原上生活着各种各样的部落,这些部落最大的共同特点就是使用蒙古语,可以说是今天的蒙古族人民的祖先。当时他们中的很多人可能并不认为自己是蒙古人。后来也被称为蒙古人的塔塔儿部、克烈部、乃蛮部、蔑儿乞部等,在成吉思汗建国之前,都是独立的非常强大的部落,屡屡与成吉思汗征战。塔塔儿人与成吉思汗家族是世仇,成吉思汗的名字铁木真就是来自于他的父亲也速该抓获的塔塔儿人俘虏铁木真,而也速该也是在为成吉思汗求亲回家的路上,被塔塔儿人毒死的。蔑儿乞部人曾经抢了成吉思汗的妻子,成吉思汗与克烈部的王汗联手,才把妻子夺回来。乃蛮部的太阳汗也与成吉思汗打过仗,最终被征服。这些故事,看过电视连续剧《成吉思汗》的读者,应该都很清楚。克烈部和乃蛮部,还有最终被蒙古化的汪古部,都信仰景教,使用突厥语,这也和后来的蒙古族非常不同。此外,还有些以狩猎为主要生活方式的部落,被称为"林木中的百姓",后来也成为蒙古族的一部分,但最初他们是把自己跟游牧民族截然分开的,并且瞧不起游牧民的生活方式。据说这些狩猎部落的部民,如果对女儿说要把她嫁给牧民,那位少女就会绝望地哭泣。

要说现代蒙古族形成过程的开始,大概是1206年,铁木真征服了北方草原上的绝大部分部落,被尊为成吉思汗,建立了"大蒙古国"时,才开始有一个把当时已经统一的各部落统称为蒙古的概念。此时是否已经形成了民族的概念,还很难讲,直到元朝,臣子文士们把蒙古人称为"国人",指的应该就是"大蒙古国"人。

有人可能会说,元代实行的四等人制度不是清清楚楚地有"蒙古"一等吗?正如大家所熟悉的,元代实行四等人制,这种制度将臣民分为"蒙古人、色目人、汉人、南人"四等。对于这四等人,政治、经济等各方面待遇均有或显或隐的差别。譬如蒙古人考科举要求很低,升官很快,而南人成为政府官员,尤其是成为高官就非常困难,仿佛头顶上有一层玻璃天花板。再如蒙古人、色目人和汉人、南人若违法犯罪,审判机关是不同的,蒙古人、色目人由宗正府审判,而汉人、南人交给普通的审判机关,量刑轻重当然也有所差别。

但对于"四等人制",非专业学者常常抱有两种误解。

误解一,确实有某份政府文件曾经宣布过"把人分为四等,分别是蒙古人、色目人、汉人、南人"这样的规定。

其实到目前为止,还没有材料证明元朝政府曾经明文宣布过把所有人分成四等,而且很可能压根没有过这样的正式区分。只是在行政过程中,的确把这四类人分别对待而已。

现在不但没有材料证明当时曾明确划分过四等人,反而有材料说明当时的人也不太弄得清四等人的分界。直到元朝后期,还有人上书说西夏和高丽人经常冒充色目人,北庭人又经常冒充蒙古人,即使是蒙古人内部,还有人会强调自己是"正蒙古人",表现出与其他后降服部落的蒙古人不同。因此有人建议政府应该编写《姓氏谱》一类的书,把不同姓氏属于哪一人等明确公布出来,防止人冒充。元朝末年文人陶宗仪的笔记《南村辍耕录》中有"氏族"一条,包括"蒙古七十二种"、"色目三十一种"、"汉人八种"等等,也许就是当时为了区分人等而作。不过汉人一等中的汉姓颇有与南人姓氏重复者,如"李"、"赵"等,还有不少汉化的色目人

《南村辍耕录》

给自己起了汉姓和汉名,可见想编出正式的《姓氏谱》委实不是件容易的事,这也是元代始终没有正式出台此类文件的原因之一吧。

误解二,元朝的"四等人制"是按照民族不同而划分的。

当然,四等人的划分有很明显的民族因素,但其实并非完全按照民族划分。最明显的以汉人和南人为例,汉人基本上包括西夏、金朝、高丽等统治区域的人,南人则指南宋臣民。这两等人其实大部分都是汉族,也都有少部分其他民族,为什么分为不同两个等级呢?

其实元代的四等人,是按照被成吉思汗和他的子孙们征服的顺序来划分的。铁木真黄金家族所属的部落,成吉思汗建立"大蒙古国"之前征服的部落,包括当时很可能不认为自己是蒙古族的克烈部、乃蛮部,抢了成吉思汗的妻子的蔑儿乞部等,都归入蒙古人一等。之后成吉思汗西征所征服的部落,包括吉里吉思、畏兀儿、哈剌鲁等部落,大部分在今天的新疆一带,都归入色目人(色目人的意思,就是各种各样的人)。接下来征服的西夏、金和高丽被归入汉人。而直到元世祖忽必烈至元十四年才征服的南宋,被归入了第四等的南人。

应该说这个划分标准下的蒙古人,与现在的蒙古人还是颇有不同的。譬如当时归入色目人的汪古部人,在元代已经基本蒙古化了,元代以后,大部分都属于蒙古族。总之,在元朝之前,虽然有"大蒙古国"的观念,可是大家还是很强调自己所属的氏族部落,但蒙古族真正形成之后,氏族部落的区分就逐渐淡化了。

有人认为蒙古族的形成是在明代,因为明朝建立之后,元朝的统治者带领着一部分臣民逃到北方草原。在这之后,经历了漫长的时段,汉族的制度和汉文化的影响逐渐消失,草原上的生活环境迫使所有人都必须习惯游牧的生活和与之相适应的文化,也必须使用蒙古语和蒙文进行交流。明代中期以后,北方草原上的人们,无论他的祖先是什么民族,都已经变成了彻底的蒙古族。

无论如何,蒙古族的形成是一个复杂的问题。要是深入研究,这个问题可以写成一本书,只不过与本书主题完全无关了。这里想说的只是,本书中会屡次提到蒙古族、蒙古人这样的概念,虽然我们了解其含义是成吉思汗所建立的"大蒙古国"人,但与蒙元时期人们心目中的概念可能会很不相同。

成吉思汗家族

要想知道蒙古人的宗教信仰,必须了解蒙古族早期的历史。但是蒙古人早期没有文字,直到征服了畏兀人之后,才开始使用畏兀字来书写蒙文,因此关于蒙古族的早期历史,流传下来的材料非常少。

要了解这段历史,应该看一本有趣的书,叫做《蒙古秘史》。这本书非常传奇,现在通常认为,《蒙古秘史》是蒙古人自己用畏兀体蒙文书写的早期历史,在元代藏于深宫,不许汉人和其他民族的人阅读,只有蒙古皇室成员才能看。因为流传不广,后来这本书的蒙文本就失传了。我们现在看到的《蒙古秘史》,是用汉字标注这本书的蒙文发音,譬如书首题曰"忙豁伦纽察脱察安",这是几个蒙文词的汉文音译,意思是"蒙古的秘史"。书的正文也跟题目一样,全都

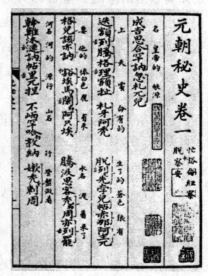

《蒙古秘史》

是看不懂的怪词,都是音译的蒙文,幸好正文的每个词旁边都标注了汉文的意思,每段后又有汉文总译。从这种格式来看,学者判断它可能是明初人用来学习蒙文的教材。这本书的内容包括很多蒙古人的早期传说,有的内容不免有些荒诞,记载的某些事件,如铁木真杀死弟弟之类,颇不符合汉人的道德观念,语言又不够典雅,因此在明清一直不被重视,《四库全书》也没有收进去。后来著名的学者钱大昕得到了从《永乐大典》中抄出的抄本,发现这本书很有价值,为它写了跋。此书才逐渐为人所知,并翻译成多种语言,被学者们广泛利用和研究,现在

·欧·亚·历·史·文·化·文·库·

成了研究蒙古早期历史最为重要的书籍。

根据这本书中的传说,蒙古人的祖先是一头青色的狼和一头白色的鹿,又被称为"苍狼白鹿",现代学者通常认为这指的是两个分别以狼和鹿为图腾的部落的人相结合,孕育出蒙古民族。

苍狼白鹿的后代传到第 11 世,有兄弟 2 人,弟弟叫朵奔蔑儿干,他取了一个叫阿阑豁阿的姑娘为妻,生了 2 个孩子。后来朵奔蔑儿干死了,阿阑豁阿感应天窗中射入的月光,又生了 3 个孩子。由这 3 个孩子的后裔繁衍出来的部落被称为尼伦蒙古,尼伦的意思是腰,据说指他们是由阿阑豁阿感光受孕,从贞洁的腰所生。而其他的部落则被称为迭列列斤蒙古,意思是一般的蒙古人。

阿阑豁阿最小的儿子叫孛端察儿,从他往后传到第 10 代,就是成吉思汗了。成吉思汗本名叫铁木真,因为他出生的时候,他的父亲正好俘虏了塔塔儿部的敌人铁木真,因此给他取了这个名字,用来纪念这次胜利。

成吉思汗是铁木真的汗号,每一个蒙古大汗,直到元朝的每一个皇帝,都有一个属于自己的蒙语汗号,譬如元世祖忽必烈的汗号叫薛禅汗,也翻译成彻辰汗,意思是智慧。只不过成吉思汗过于有名了,所以他的汗号甚至替代了他的名字。

成吉思汗后来被追封为元太祖,他的大皇后孛儿帖有 4 个孩子。成吉思汗虽然有 4 位皇后和很多妃子(据《史集》的记载有 500 多位妃子),但他最重视大皇后的 4 个儿子,这 4 个儿子都得到了很广阔的封地。

成吉思汗

长子叫术赤,他的儿子拔都后来在他的封地上建立了钦察汗国,又被称为金帐汗国。

次子叫察合台,他的封地后来建立了察合台汗国。

三子叫窝阔台,窝阔台继承了成吉思汗的汗位,后来被追封为元太宗,但是他也有一块封地。根据蒙古人的观念,虽然他统治整个国家,但国家并不属于他个人,而是属于整个黄金家族,他只是代为管理,所以他仍然得到一块属于自己的封地。后来他的孙子海都在此基础上建立了窝阔台汗国。

拖雷是最小的孩子,继承了家产,也就是继承了属于成吉思汗的大量土地和人民。

1219年,成吉思汗在西征前,接受了皇后也遂的劝告,决定确立自己的汗位继承人。在选择继承人的时候,几个儿子之间产生了争执。因为术赤是孛儿帖皇后被蔑儿乞人抢走之后所生的,因此有流言说术赤不是成吉思汗的亲生子,他的名字术赤的含义是"客人",也暗示了这个意思。察合台以此为理由,首先站出来反对术赤继承汗位。

窝阔台汗

术赤和拖雷关系比较好,察合台也不愿意让拖雷继位,因此他推举了性情温和宽厚的窝阔台。这一建议也得到了术赤和拖雷的同意。成吉思汗考虑到窝阔台是一个慷慨大度的人,适于统领一个国家,因此他说:"掌管国家和大位是艰难的事,就让窝阔台掌管吧。而我所聚集起来的营帐、家室、财产、库藏以及军队和一切,则让拖雷掌管。"于是窝阔台继承了大汗的位置,而成吉思汗私人的财产全部留给了拖雷。由于窝阔台继承汗位与察合台的推举大有关系,因此后来察合台家族和窝阔台家族的关系一直比较密切。

窝阔台死后,他的儿子贵由当了大汗。

贵由和术赤的长子拔都一直不合,这不仅仅是因为父辈的矛盾。

拔都是成吉思汗诸孙中最为年长者,威信也较高,但贵由是大汗的长子,地位更尊贵。窝阔台汗在位时,曾命令皇室各支的长子率领军队征伐西方,被称为长子西征。这次西征由拔都担任统帅,但贵由不服从拔都的调遣,并且口出恶言。拔都告诉窝阔台后,窝阔台责骂贵由,并把他交给拔都治罪,由此,两人之间的怨恨越来越深。

贵由虽然是窝阔台的长子,但窝阔台生前钟爱第三子阔出,本来想让他继承皇位,然而阔出在伐南宋时死去了。于是他立阔出的儿子失烈门为嗣,有旨令失烈门即位。窝阔台死后,贵由的生母脱列哥那皇后想让自己的大儿子当大汗,并为此进行了很多努力。因为意见无法统一,选举大汗的大聚会,蒙古语叫忽里勒台,迟迟无法举行。脱列哥那控制政权长达3年之久。在这期间,她大权在握,又不断进行游说,终于成功地使大部分人同意拥立贵由。

1245年,终于举行了选举大汗的忽里勒台,但金帐汗国的汗王,也就是术赤的长子拔都,以脱列哥那和贵由违反了窝阔台的意愿为由,表示坚决抵制,因此没有出席。贵由对拔都的抵制行为耿耿于怀,即位之后,于1247年亲自带兵西巡。他对外宣扬说叶密立的凉爽天气对自己的身体有好处,但这只是一个借口,真正的意图是讨伐拔都。拖雷一系跟术赤一系一直保持了亲密的关系,拖雷的妻子知道贵由别有意图,暗中派遣使者前去通知拔都。结果1248年的春天,贵由汗在路上突然死去了——传说是被拔都派来的奸细毒死了,也有人说是在与拔都的弟弟酒后斗殴中被打死,总之和拔都脱不了关系。

拔都的胜利不止于此,在这之后,由他进行主导,发生了一次重要的权力转移。贵由之死非常突然,他没有确定自己的继承人,大家吵吵嚷嚷,无法决定大汗的人选,因此政权又被贵由的皇后海迷失掌握长达3年之久。1251年,拖雷的儿子蒙哥取得了拔都汗的支持,前往金帐汗国参加忽里勒台,继承了大汗的宝座,汗位从窝阔台系转移到拖雷系。在蒙哥汗即位的忽里勒台上,窝阔台的3个孙子由于心怀不满,打算发动叛乱,结果被察觉,这成了蒙哥汗稳固自己政权的大好机会,大约77名官员因为参与叛乱而被处死,并且以此为开端,发生了一系列斗争及镇压。最终,窝阔台和察合台家族在朝廷中的势力被严重削弱,窝阔台的封国也基本被剥夺瓜分了。此后直到元末,大汗的宝座一直属于拖雷一系的子孙,没有再动摇过。

此后与皇位相关的几位重要人物,蒙哥、忽必烈、旭烈兀和阿里不哥都是拖雷的儿子。拖雷一共有10个儿子,这4个是由正妻唆儿忽黑塔尼别吉所生,所以这4个儿子都有继承汗位的权利,事实上,这4个孩子后来或长或短都当上了汗王。蒙哥继承贵由的汗位,成为元宪宗。忽必烈就是我们所熟知的元世祖,他开创了大元的国号,成为元朝的第一位皇帝。旭烈兀是伊利汗国的第一位汗王。阿里不哥是拖雷正妻所生的最小的孩子,也是跟忽必烈争夺汗位的重要人物,他听说忽必烈称汗后,立刻在哈剌和林称汗,当了很短一段时间的大汗,然后被忽必烈的军队打败了。唆儿忽黑塔尼别吉的4个儿子如此荣耀,她堪称世上最有权势的母亲。

忽必烈即位的过程颇多曲折。1259年7月,蒙哥在攻打南宋合州城时去世,此时,忽必烈正在河南蔡州,受蒙哥之命率领东路诸军,准备进取鄂州。最初他听说蒙哥去世的消息时,并未因此改变军事计划,虽然他的汉人谋士多次进谏,建议他先回到北方,争取汗位,但他还是打算先坚持把鄂州拿下。然而鄂州城内得到蒙哥的死讯后,士气大振,奋力守城,一时难以攻克。11月,传来了阿里不哥打算在和林宣布继承汗位,并且已经开始

忽必烈

征发各路军队的消息,忽必烈才匆忙与贾似道议和,轻骑北还,星夜兼程,很快抵达了燕京。他假传蒙哥的遗命,解散了阿里不哥征发的军队,开始着手准备争夺汗位。

1260年年初开始,忽必烈和阿里不哥双方的使者数次往返,阿里

不哥想让忽必烈到和林参加忽里勒台,选举新大汗,忽必烈则在拖延时间的同时,派遣使者动员东北诸王,拥戴自己。最终,忽必烈抢先于3月在开平举行忽里勒台,即大汗位。阿里不哥听说这个消息,急忙在5月也于和林即位。两位大汗兵戎相见。

这场战争持续了4年,窝阔台的孙子海都支持阿里不哥,而忽必烈得到了旭烈兀和察合台汗国阿鲁忽的支持,最终取得了胜利。由于当时旭烈兀控制了波斯地区,他的转向对于取得战争的胜利非常重要,忽必烈同意把"从阿姆河岸到密昔儿(埃及)的大门,蒙古军队和大食人的地区"都交给旭烈兀掌管,以此作为旭烈兀支持自己的条件。因此,旭烈兀在波斯建立了伊利汗国。

忽必烈在位共34年,起初他立自己的长子真金为太子,但真金在至元二十二年(1285)去世了。忽必烈死后,真金的长子甘麻剌和幼子铁木儿争夺皇位,最终铁木儿得胜,也就是成宗。元成宗在位11年,他曾立自己唯一的儿子德寿为太子,但几个月后德寿就去世了,因此他死后围绕着皇位继承权发生了复杂的斗争,一方是忽必烈的另一个儿子安西王忙哥剌之子阿难答,他继承王位之后住在西安,成宗的皇后卜鲁罕想让他继承皇位,有人认为这是因为他们俩都信仰伊斯兰教的缘故,另一方是真金次子答剌麻巴剌的两个儿子海山和爱育黎拔力八达。当时海山在漠北跟窝阔台汗国的海都打仗,爱育黎拔力八达先干掉阿难答,夺取了皇位。海山很快率军返回大都,也就是今天的北京,爱育黎拔力八达手中没有军队,只好把皇位让给哥哥,自己获得了太子的位置——当时的蒙古人弄不清楚太子的确切含义,认为就是指皇位继承人,所以虽然爱育黎拔力八达是海山的弟弟,却仍被立为皇太子而非皇太弟。于是海山成为元武宗。

海山立弟弟为太子的时候,就约好了爱育黎拔力八达即位之后,必须立海山的儿子为太子。海山在位仅4年,他去世前夕,曾经起过传位给儿子的念头,因为担心弟弟即位之后不遵守约定。但在大臣的反对下,这个念头没有付诸实现。爱育黎拔力八达如愿即位,成为元仁宗。此后海山所担心的事果然发生了。仁宗并不打算把皇位传给武宗的儿子,他先在延祐二年(1315)把武宗的长子和世瓎封为周王,派他去镇守云南。等和世瓎走远之后,于延祐三年(1316)十二月把自己的儿子硕德八剌立为太子。周王和世瓎此时到了关陕一带,听说此事后非常愤怒,发动了关陕之变,但他手无兵权,失败后逃到窝阔台汗国。此后元仁宗心神不定,生怕自己的儿子不能顺利当上皇帝,甚至打算逊位当太上皇,把皇位先让给儿子,但在大臣的反对之下没有成功。延祐七年(1320)元仁宗去世,硕德八剌即位为元英宗。

由于英宗当皇帝有点名不正言不顺,因此对待宗室和大臣比较严苛。按照惯例,元朝政府每年要赐给宗室亲王一些钱,被称为岁赐,元英宗竟然把这一旧例废除了。元朝皇帝虔诚地信仰佛教,每每在作法事的时候赦免犯人,他也一反旧俗,不许赦免。这些政策虽然不错,却大大地得罪了蒙古贵族和怯薛集团,以至于在位3年之后,他的大臣和怯薛串通,将他暗杀了。暗杀他的人找到甘麻剌的儿子也孙铁木儿来当皇帝,也就是元泰定帝。

由于这本书涉及的内容主要在忽必烈汗之前,所以之后复杂的帝位传承情况就不再介绍。为了让读者更容易弄懂此前的汗王和其他重要人物,以及他们之间的关系,列一简表如下:

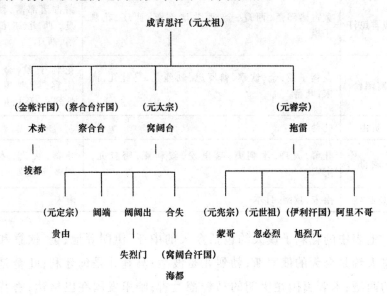

·欧·亚·历·史·文·化·文·库·

应该说明的是,拖雷虽然有一个庙号叫做元睿宗,但他并没有做过皇帝,是忽必烈当了皇帝之后,于至元三年(1266)把自己的父亲追封为皇帝。答剌麻巴剌也是这种情况,在甘麻剌和铁木儿争夺皇位的时候,他已经去世了,然而等他的儿子海山当上了皇帝,他也得到了一个元顺宗的封号,甘麻剌成为元显宗,也是泰定帝在位时追封的。皇帝的父亲如果没当过皇帝,现任皇帝一般会给父亲一个追封的帝位,这在中国古代历史上是一种惯例。

蒙古人的征战

在这本书中,常常会提到蒙古军队征战四方的路线和地点,因为在忽必烈之前,蒙古国的历史基本是一部征伐史。因此有必要在这里简要介绍一下忽必烈之前诸汗王所发动的历次征服战争和所征服地区的情况。

为了使读者了解诸位大汗征伐期间各自征伐和攻灭的地区,先列一简表如下:

大汗	攻略部落和地区	征服部落和地区
成吉思汗	蒙古诸部落,西夏,金,西北诸部落,西辽,花剌子模	蒙古诸部落,西夏,西北诸部落,西辽
窝阔台	花剌子模,金,钦察,斡罗思,勃烈儿,马札儿,南宋,吐蕃	花剌子模,金,钦察,斡罗思,勃烈儿,马札儿
贵由	吐蕃	
蒙哥	吐蕃,大理,木剌夷,哈里发,叙利亚,密昔儿,南宋	吐蕃,大理,木剌夷,哈里发
忽必烈	南宋,越南,日本	南宋

上表中的花剌子模大约包括今天的中亚、伊朗等地;金、钦察和斡罗思大约是今天的俄罗斯;勃烈儿是波兰;马札儿是匈牙利;吐蕃是今天的西藏;木剌夷国在伊朗的马赞德兰省;哈里发国在巴格达;密昔儿

则是今天的埃及。

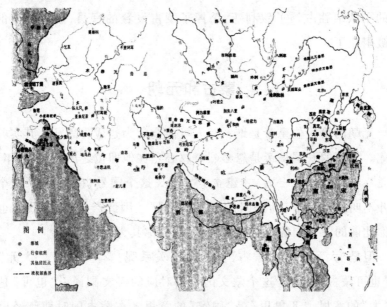

蒙古西征

　　窝阔台汗时期对钦察、斡罗思、勃烈儿、马札儿等地的进攻是由各宗室的长子率领的军队进行的,被称为"长子西征"。西征军队的首领是术赤的长子拔都。这次西征战无不胜,所向披靡,使欧洲诸国非常震惊,但西征的队伍渡过多瑙河后,就传来了窝阔台汗的死讯,于是拔都率军东还。在到达伏尔加河下游的时候,拔都在此立国,建立了钦察汗国。

　　贵由汗在位的时间相当短,在这一时期,贵由本人并没有出征吐蕃,而是由窝阔台的次子阔端率领军队控制了吐蕃,并由此开始了藏传佛教的传入,直到最终藏传佛教成为元朝的国教。这其中的具体情况,在具体的章节中还会详细提到。

　　蒙哥汗在位时期,主要精力用来攻宋,同时派遣他的弟弟旭烈兀镇守波斯,并讨伐没有降伏的木剌夷国和哈里发国。

　　旭烈兀攻下木剌夷和哈里发之后,又攻下了叙利亚,这时候传来了蒙哥汗的死讯,旭烈兀率领军队回到波斯,留下他的先锋官怯的不花率领 2 万军队继续前进。但密昔儿的马木鲁克王朝的算端杀死了蒙

·欧·亚·历·史·文·化·文·库·

古的使者,进兵巴勒斯坦,战胜了蒙古军队,怯的不花阵亡。然后密昔儿的军队乘胜占领了叙利亚,杀掉了蒙古设置的官员,蒙古西征的势头被阻止了。

蒙古和元朝

元朝的第一位皇帝是谁?有人可能会认为是成吉思汗。其实并非如此。元朝的开国皇帝是忽必烈。忽必烈在他即位之后的第12年,即至元八年(1271)十一月,才建立了"大元"这个国号,在此之前,这个国家并不叫做"大元",而是叫做"大蒙古国"。因此严格说来,我们也不能称此前的蒙古国统治时期为元朝,只能称其为蒙古王朝。

但是"大元"和"大蒙古国"是什么关系呢?有人认为,"大元"是与"也可蒙古兀鲁思"这个蒙文国号相对应的汉文翻译。"也可"是蒙文"大"的意思,"兀鲁思"是"国家"的意思。在蒙古国时期已经出现了好几种"大蒙古国"的汉文翻译,譬如"大朝蒙古国"、"蒙古大朝国",或仅称为"大朝国"。后来忽必烈确定了汉文的国号为"大元",所要表现的,仍然是"大"的意思。元朝人自己后来编了一本《经世大典》,其中解释了这个国号的意思,说"元,就是大的意思。'大'这个字还不足以表现得大,就称为'元',元就是大的极致。"总之,"大元"和"大蒙古国"这两个国号是有密切关系的。

但也不能说"大元"就完全等同于"大蒙古国"。对于忽必烈来说,建立国号是遵循中原"古制"行事,与此同时,目的是宣称自己继承了中原传统王朝的传承,他在建立国号的诏书中说:"我敬奉天命,统一四海,居于至尊之位,应该确定一个国号,继承历代帝王的传统。"这是忽必烈想要确立本朝的正统地位之意图的说明。而成吉思汗确定"大蒙古国"这个国号的时候,是绝对没有想过要和夏、商、周、汉、唐并列的。

另一方面,大元和大蒙古国实际统治的区域也大不一样了。从成吉思汗开始,蒙古国历代汗王发动的征服战争,把这个帝国的统治地域大大地扩展了。它向西达到多瑙河、小亚细亚和两河流域,向东达到朝鲜半岛,南边达到西藏地区和南中国海,北边包括了西伯利亚。成吉思汗把蒙古东部地区封给弟弟们,阿勒台山以西封给了术赤、察合台和窝阔台,怯绿连河到按台山由自己亲自管理。又分别设置了燕京等处行尚书省,管理中原地区,别失八里等处行尚书省管辖畏兀儿至河中地区,阿姆河等处行尚书省管辖阿姆河以西。总之,在忽必烈以前,大蒙古国全境都统一在大汗的统治之下。

中统年间(1260—1264)忽必烈和阿里不哥之间持续4年的争夺皇位战争,是大蒙古国历史的转折点。忽必烈依靠中原汉地雄厚的经济和军事实力,战胜了据有蒙古本土的阿里不哥,继承了蒙古大汗之位,但他实际统治的范围却发生了重大变化。忽必烈为争取旭烈兀和察合台后王阿鲁忽的支持,以大汗名义将阿姆河以西直到密昔儿边境的所有蒙古军队和"大食百姓"委付给旭烈兀掌管,将阿勒台山以西直到阿姆河的所有百姓和部落委付给阿鲁忽掌管,阿勒台山以东直到海滨则由自己掌管。从此以后,在蒙古国时期由大汗管辖的波斯和中亚两大行政区,实际上分别成为伊利汗国和察合台汗国的统治区。斡罗思距离蒙古国中心太远,早已处在拔都家族控制之下,大汗政府在那里的影响力很小,忽必烈以后完全成为钦察汗国的属境。因此元朝政府直接统治的地域就只限于元朝的中书省和各行省,以及吐蕃的宣政院所统辖的区域。因此,忽必烈才大规模使用中原传统的统治模式,模仿金朝建立官制、法制,确定了年号和国号等等,都是为了充分利用中原的政治资源。由此即可看出元朝与大蒙古国的巨大差异。

虽然元朝的实际统治区域已经与蒙古国时期很不一样,但忽必烈以及之后的元朝皇帝,仍然具有大蒙古国大汗的身份。虽然这个帝国实际上已经分裂,但在名义上,大汗还是帝国的最高君主。元朝建号以后,"大蒙古国"这个国号在汉文的公文中已经不再使用,但并没有废除,蒙文文书中仍然使用此号,不过通常是与汉名的国号并称,写作"大元大蒙古国",或称为"大元的大蒙古国"。"大元"和"大蒙古国"的关系就是这么错综复杂。

15

·欧·亚·历·史·文·化·文·库·

这样看来,从成吉思汗于1206年建立大蒙古国开始,到1368年元朝的最后一位皇帝元顺帝退出大都,蒙元王朝的历史共有163年,但元朝的历史要从1271年算起,所以元朝的寿命只有98年,这也是有人说元朝国祚不足百年的原因。

不过这些只不过是历史学界约定俗成的说法而已。1368年元顺帝逃亡上都,两年后死于应昌(今天的内蒙古克什克腾旗达里诺尔)。太子爱猷识理达腊继位,退到和林。这个政权此后仍在北方草原上活动了几个世纪。爱猷识理达腊和他的继承者们在相当一段时间内仍然使用大元和大蒙古国的国号,被明朝人称为"北元"。

从名义上看,在使用"大元"国号的这段时间内,元朝还没有灭亡,只是把统治的范围缩小到了北方草原之内。但我们不再把这段时间算成元朝的历史,因为元朝对中原地区的统治已在1368年被推翻了。说来有趣,成吉思汗虽然于1206年建立大蒙古国,但1211年攻打金朝之前,他还一直作为金朝的附属,给金朝进贡。然而学者们仍然把这段历史算作大蒙古国的历史。因此说蒙古国和元朝的断代,只是史学界公认的说法。在这本书中,有时候会使用蒙古时期,有时候使用元朝,有时候统称蒙元王朝,使用的时候很难追求完全精确,只要我们能弄清楚这里面的复杂关系,明白两者的区别就可以了。

蒙古人的宗教观

大部分蒙古人在蒙元时期,尤其是蒙古国时期,是信奉萨满教的。然而萨满教与基督教、伊斯兰教等宗教不同,并没有多少排他性。萨满教不是一神教,而是多神教,认为万物皆有神灵。因此,如果有一天,萨满教徒们发现在他们所敬奉的长生天之外出现了释迦牟尼、太上老君、基督耶稣、真主等神灵,并非难以理解、不可接受之事。

意大利传教士柏朗嘉宾和法国传教士鲁布鲁克在出使蒙古的行记中都提到,在蒙古的国土上遇到过基督教徒,并且得到了他们的帮助。鲁布鲁克在前去觐见蒙哥汗的路上饥寒交迫、干渴疲惫,他的向导本来很看不起他们,不想给这些贫穷且微不足道的人带路,但后来向导发现他们是神职人员,于是带他们去给蒙古富人作祈祷。这些蒙古富人并不理解基督教的教义,也不知道传教士的祈祷有什么意义,但他们相信宗教人士的祈祷能够带给他们福气,因此鲁布鲁克和他的同伴们才能在一路上得到足够的食物。

由于蒙古人曾占领了匈牙利等欧洲国家,因此他们中的某些人对于基督教也有一些了解。但在他们心目中,基督教跟萨满教大概没什么区别。当传教士们为他们祈祷后,他们会给鲁布鲁克金钱和衣物来感谢他们,类似于向萨满贡献金钱举行涤罪仪式。他们甚至询问教皇是否真的有 500 多岁。教皇在他们心目中,应该是大萨满一类具有神通的人。

鲁布鲁克在蒙哥汗的斡尔朵里居住了几个月。他发现蒙哥汗的长妻信仰聂斯托里派基督教,她会带着儿子去教堂作弥撒。蒙哥汗还有两位妃子根本不知道基督教,而是信奉萨满教和佛教,但是当基督教士进入她们的营帐,她们也完全按照教士的指导向十字架礼拜。

据说拔都汗和他的儿子撒里答都是基督教徒,因此鲁布鲁克奉教皇之命前去拜见撒里答。撒里答接见了使者团,没有要求使者向他下跪,认真地看了香炉、《圣诗》、《圣经》、十字架等物,并且询问十字架上的像是否是基督、《圣经》中是否包括《福音书》等问题,次日又向鲁布鲁克等索取圣油。可见撒里答很可能的确信奉基督教。然而撒里答手下的官员和书记等告诫鲁布鲁克,不要把撒里答称为基督徒,"因为他不是基督徒,而是蒙古人"。也许他们把"基督"这个词当做了一个氏族部落的名字,因此强调撒里答不会加入"基督"这一部落。这个有趣的说法充分体现出了蒙古人对于其他宗教的态度。因此鲁布鲁克在自己的书中说:"他们散布说撒里答是基督徒,事实上他不是。他们是那样狂傲,以至于尽管他们可能信点基督,他们仍不愿被叫做基督徒,想把蒙古名字凌驾于其他一切之上。"

当鲁布鲁克见到蒙哥汗后,也受到了蒙哥汗的礼遇。他在那里见到了一些其他的基督教教士,有一些是聂斯托里派教士。他发现,如果

·欧·亚·历·史·文·化·文·库·

占卜者告诉蒙哥汗某一天是黄道吉日,或者聂斯托里派的教士宣称某一天是圣日,蒙哥汗就会举行宴会,然后基督教士、穆斯林、佛教僧侣都会依次来为蒙哥汗祷告。一位亚美尼亚僧侣告诉鲁布鲁克说:"蒙哥汗只相信基督徒,但他让所有人都为他祈祷。"但鲁布鲁克很明确地指出:"蒙哥什么都不信。教士们像苍蝇趋蜜一样奔赴他的宫廷,而他对一切人都加以赏赐,他们就认为自己受到了大汗的宠爱,都为他祝福。"

马可波罗在他的游记中也记录了相似的情况。他来到中国的时候,已经是世祖忽必烈在位时期,但经过了几十年,蒙古人对宗教的态度并未改变。马可波罗在游记中写道:"每年三月复活节的时候,大汗都会召集大都所有的基督教徒来到他的面前,并令他们携带包含四种福音的《圣经》。然后让人焚香,礼敬《圣经》,大汗会虔诚地亲吻《圣经》,同时命在场的一切高官贵族举行同样的仪式。他对于基督教的主要节庆,譬如复活节、圣诞节等,都会遵循此例而行。对于回教徒、犹太教徒、偶像教徒的主要节庆,也会同样礼敬。有人问他这样做的缘故。他说:'全世界所崇奉的预言者有四种,基督教徒说他们的天主是耶稣基督,回教徒说是穆罕默德,犹太教徒说是摩西,偶像教徒说他们的第一神是释迦牟尼。我对于这四种人,全都加以礼敬,因此天上最高最真实的神一定会受到我的崇奉,从而保佑我。'"

然而如果简单地说蒙古人尊重一切宗教,却也不尽然。蒙古人并不了解和遵守一切宗教的各种规定,而是要求其他宗教不得违反蒙古人的风俗习惯。譬如在柏朗嘉宾的行记中提到,斡罗思的王公米歇尔是一个虔诚的基督教徒,因为不肯跪拜成吉思汗的像——基督教禁止偶像崇拜——而被拔都汗处以死刑。对于柏朗嘉宾来说,这是非常可怕的事件。虽然蒙古人秉持着宗教自由的态度,如柏朗嘉宾所说"从不曾强迫任何人背弃自己固有的信仰或违背自己的戒律",但由于米歇尔王公的事件,他不得不担心,如果蒙古人征服了欧洲,会不会强迫所有的人崇拜偶像。如果真的那样,"基督教将因此毁于一旦"。

但对于蒙古人来说,这并非宗教的冲突。对他们来说,不肯跪拜成吉思汗，与其说是信仰，毋宁说是一种不恭的怪癖。拔都汗没有反对基督教的意思，但在他看来，即使是基督教徒，也必须对成吉思汗的偶像保持恭敬。

　　还有一个与此相似的例子可以更充分说明蒙古人对其他宗教的态度。在忽必烈统治时期，曾发生过禁止穆斯林抹杀羊的事件。蒙古人宰杀牲畜的习惯是剖腹法，用刀子割开牲畜心脏的部位，然后用手拧断心脏附近的大血管。这样牲畜的血仍保留在体内，可以用来制作血肠等食品。羊血肠这种很有特色的食品，至今在蒙古餐厅中仍是一道著名美食。然而伊斯兰教的教义中禁止食用动物的血，禁止食用"不颂真主之名而宰杀的动物"。所以穆斯林宰杀牲畜时都要由阿訇进行祈祷，然后使用断喉法，割断牲畜的脖子进行放血，之后才能食用。由于内地宰杀牲畜的方式不符合穆斯林的习惯和伊斯兰教的教义，所以在元朝统治期间，常发生穆斯林使者在内地的驿站不肯吃准备好的食物，要求重新准备的情况，造成了很多麻烦。忽必烈一怒之下，禁止穆斯林按照自己的习俗宰杀牲畜。他在发布的圣旨中说："成吉思汗征服了日出到日落地方的诸国，都尊重他们各自的风俗。但这许多百姓中，唯有这回回人号称'我不吃蒙古之食'。上天护佑下，我收服了你们，你们是我的奴仆，却不吃我的茶饭，这怎么行？都得吃，断喉抹杀羊的人，断罪。从今以后，穆斯林也好，犹太人也好，不管是什么人杀的肉，都得吃，不许抹杀羊！"

　　由此可见，对于蒙古人来说，一切宗教都是好的，一切神也都是好的，所有的神职人员都是用来跟长生天沟通和祈祷的，都可以为自己祈来福分。至于其他宗教的各种清规戒律，没有必要了解也没有必要遵守。这就是蒙古人对其他各种宗教的态度，这可以说是一种宗教平等政策，不过这些相互平等的宗教，其地位都不是特别高。

·欧·亚·历·史·文·化·文·库·

1 蒙古人早期的原始信仰

蒙古贵族很早就与汉地佛教僧人有了接触,后来道教和藏传佛教先后成为蒙元王朝地位最尊的宗教,伊利汗国的蒙古人在阿八哈汗改革之后,逐渐信仰伊斯兰教,但在蒙古人接触到这些诸多宗教之前,他们也有自己的本土宗教,即萨满教。虽然藏传佛教成为元朝的国教,为皇室虔诚尊奉,但这只是流行于蒙古宫廷的宗教信仰,并未在普通蒙古牧民中普遍传播。直到明代中晚期,蒙古草原上的绝大部分游牧民的信仰仍以传统的萨满教为主,16 世纪下半叶,俺答汗和三世达赖喇嘛索南嘉措在青海会面之后,藏传佛教才逐渐征服了这个民族,此后绝大多数的蒙古人都尊奉藏传佛教了。

萨满教是蒙古的传统宗教,它是从早期的图腾崇拜发展而来的。在蒙古国早期,萨满教对于蒙古国的政治、战争和生活产生了极大的影响,了解萨满教对于理解蒙古国早期政治非常重要。如果单从宗教方面来看的话,如果我们先对萨满教稍作了解,就更能够理解蒙古人在面对其他宗教时的态度以及最终选择藏传佛教作为国教的原因。

1.1　图腾

导言中介绍,《蒙古秘史》说蒙古人的祖先是一头青色的狼和一头白色的鹿。学者通常认为这是早期的两个部落的图腾,而这两个部落相结合产生了后来的蒙古部落。狼和鹿是古代北方民族中很常见的图腾形象。北方民族有很多关于狼的传说。《史记》中说:"周穆王率军征伐犬戎,得到四头白狼、四头白鹿回来了。"白狼和白鹿可能就是犬戎部落的图腾。又记载说:"汉代的乌孙王昆莫,他刚出生时部落就被匈奴攻灭,他被扔在荒野中,狼给他喂奶,后来成了乌孙王。"匈奴的图腾就是狼,《魏书》的《匈奴传》中记载了著名的狼生传说,认为高车是匈奴单于的女儿和狼的后代。西方也有关于狼养育的孪生子建立罗马的传说。

在拉施特的《史集》中记载了另一种关于蒙古族图腾的传说,说最早的突厥诸部落分为 24 支,每一支都有自己的称号、印记和翁衮。"翁衮"这个词据说出自突厥语的"吉祥"一词,其实是每一个部落分支都有一种动物,作为自己的图腾。如果某种动物成为某个部落的图腾,这个部落的属民就不侵犯它,不抗拒它的攻击,也不吃它的肉,因为这种动物就成了这个部落的吉兆。根据传说中所说的,翁衮有以下这些动物,包括白海青——海青是一种非常凶猛的猎食天鹅的鹰,秃鹫,猎食兔子的鹰,隼(也称为鹘),山羊,青海青等。

另外一种图腾的表现方式,是用动物身上的一部分作为部落的标志。在节日庆祝的宴会上,每个部落分支所得到的肉应该是动物身上的什么部分,都有明确的规定。有的部落得到肩胛骨,有的分得大腿肉,有的是肋肉,有的得到背部的肉。总之这种固定的分法,逐渐成为一种仪式。这在中国古代传统的祭祀中,也有相似的仪式。

1.2 翁衮

有的时候图腾会和翁衮混为一谈,例如《史集》的那则传说就把图腾翻译成了翁衮。其实图腾是一种标志,而翁衮则大概相当于灵魂,后来逐渐成为神灵。我们从一则布里亚特蒙古的传说中可以看到蒙古人对翁衮的最早理解。某天夜里,一个布里亚特蒙古人,看见睡在他旁边的一个朋友的鼻孔中爬出了一只蜜蜂。他密切地观察这只蜜蜂,蜜蜂在他们居住的帐篷中飞来飞去,后来落在水缸的边沿,不小心掉进水中,尽力挣扎终于脱险,然后又飞回到朋友的鼻孔中。等朋友醒后,他向朋友询问这件事,朋友在梦中的经历竟然和蜜蜂的经历完全相同。因此布里亚特蒙古人绝不会伤害飞进帐篷里的蜜蜂,他们认为这些蜜蜂可能是某些人的灵魂。

由于相信灵魂是独立于身体的存在,因此相信身体死亡之后灵魂

欧·亚·历·史·文·化·文·库·

仍在,而这些失去了身体的灵魂就被称为翁衮。翁衮和神的概念是不同的。蒙古族萨满教中有各种各样的翁衮,除了人翁衮外,还有牛翁衮、羊翁衮、马翁衮、草木翁衮、山河翁衮等等,但绝没有天翁衮、太阳翁衮、雷电翁衮、风雪翁衮等。因为翁衮只是精灵,人们从自己有灵魂推论出世间的其他自然物应该也有灵魂,但只有可见可及的、能够把握或能部分把握的对象才会产生翁衮。而天、日月星辰、风雪雷电等等都是可见不可及、完全无法把握的东西,因此他们是神灵而非翁衮。由于翁衮最初只是一些灵魂,因此有善的翁衮,也有恶的翁衮,不过后来一些翁衮被赋予神性,就与神灵重合了。翁衮与神灵重合之后,蒙古人就开始崇拜翁衮。对翁衮的崇拜是一种偶像崇拜。蒙古人会用毛毡制作各种形状的布偶,这些布偶就是其家神的象征,蒙古人会用绵羊、山羊、牛和马初次所产的奶来祭祀供奉这种偶像。

在海西希的《蒙古的宗教》这本书中记载了一个非常著名的蒙古传说,讲述了翁衮逐渐与神灵结合的过程,以及萨满巫师的来源。在蒙古族最古老的传说中,有一位修习巫术的老翁,他在临死之前告诉他的孩子,如果他们能够隆重地埋葬并祭祀他,他就可以在死后庇护他们。他的儿子们在他死后的确这样做了。他们把他埋在一处高地——蒙古人有明显的高地崇拜——并且每个月的一、七、九日都去父亲的墓前举行茶祭、水祭、奶祭和酒祭。于是老翁的亡灵与当地的神灵及贵族建立了友谊,同时变得越来越强大,可以保护家族,或者降下灾难。此后这一亡灵归附了腾格里天神,因此他与主宰一切的长生天结合了。

当他们的母亲去世后,儿子们又以同样的方式埋葬并祭祀她。于是她与其他的先祖亡灵结合,获得了飞行、控制乌云和雷电、操纵雨水和冰雹的本领,并可以在牲畜中降下瘟疫。于是人们将其作为“老奶奶”来崇拜。

已故父亲的神灵有时候会附体于某人,此人就会开始颤抖,并获得了神灵的本领。已故母亲也是如此,她会附身于一位妙龄少女。于是人们就开始虔诚地祭祀这两位被附身的人,他们也可以保护居民并且驱除灾难。人们称他们为男萨满和女萨满。之后,人们又制造了他们的模拟像,用一只一岁口的羔羊皮制作其身体,再用黑色的谷粒做成眼睛。于是这些形象就成了"翁衮"。

这一则短短的传说包含了很多内容,它讲述了翁衮和萨满的起源,讲述了翁衮和神灵相结合,被赋予神性的过程,同时体现了蒙古人的祖先崇拜和高山崇拜。老翁要求子女进行隆重的葬礼,于是他的孩子就把他埋在高山上。因为他们相信,如果把祖先埋在高山,尤其是著名的高山上,再不断进行祭奠,山上蒸腾而起的云雾在山顶聚集、升腾、消散,最终,死者的灵魂就可以与天地诸神友好地合为一体。

除了祖先的翁衮之外,还有其他各种各样的翁衮。有的翁衮是畜群的保护神,被认为可以赐给牲畜丰产,并使牲畜繁衍旺盛,因此这样的翁衮脚下可能会放置用毛毡制作的乳房,表示乳汁的赐予。有些是家庭的保护神,所以被挂在蒙古包门前的一根杆子上面。如果有孩子生病,孩子的母亲可能会非常虔诚地制作一个翁衮,放在孩子的床上,因为这样可以驱除魔鬼带来的疾病。

大多数时候,人们把翁衮偶像放在一个小木盒里,把小木盒挂在蒙古包前,或放在蒙古包里面。有时候翁衮会放在一个小的皮子制作的袋中,被人们带在身上。现在我们在哥本哈根的博物馆里,还可以看到用毛毡片做的翁衮偶像,放在一个皮制小袋中,便于随身携带。更晚的时候,因为藏传佛教传入后极力压制萨满教,为了便于隐藏翁衮,人们也会把它绘制在丝绸上。

如前所述,人们会用初次挤奶时挤出的乳汁来供奉这些家庭守护神,除此之外,在喝饮料和吃东西之前,也要先向守护神供奉食物和饮料。如果屠宰牲畜,要用碟子盛放所宰杀的牲畜的心脏,供奉在偶像之前,一直放到第二天清晨,然后再撤下来煮熟吃掉。总之,最好的、最神圣的东西都要供奉给守护神。譬如无法被驯顺的烈马,致死也没有人能骑上去,这样的马死了之后,就会用来供奉给神。为了使得贡品保持纯洁,不能折断牲畜的骨头,而是用火来焚烧。

在萨满教看来,翁衮偶像是很久以前死去的伟大的人或伟大萨满的灵魂,成吉思汗死后就成为一位伟大的守护神,被作为偶像来祭祀

欧·亚·历·史·文·化·文·库·

供奉,他成了最有力量的翁衮之一。同时也有一些恶人的灵魂变成翁衮,各种灵魂与山脉、江河、湖泊以及森林诸神联合,既是守护神又是魔鬼,既带来幸福和丰产,又带来疾病和各种灾难。在萨满教的系统中有诸多恶神,譬如魔鬼阿达、鬼火等,都是飞翔在空中,出其不意地捕捉人、传播疾病、导致灾难的各种邪恶势力。根据蒙古族的神话传说,在远古时期,九十九尊腾格里天神和睦地生活在一起,后来因为权力之争,分裂成为两大阵营。西方的五十五尊腾格里天神是善神,善神的首领是霍尔穆兹达,东方的四十四尊腾格里天神是恶神,恶神的首领就是阿达·乌兰。在九十九尊天神之下还有众多僚属神灵,也都分别归属于这两大派。因此,萨满教是一种与现实生活联结相当紧密的宗教,这种信仰与人们生活的各方面都息息相关。在与藏传佛教结合之前,萨满教并没有彼世的思想,即不存在另外一个世界或者阴间等概念,亦没有转世、轮回等概念。人们相信亡故的祖先就住在阳间的墓地里,并获得其他类似神灵的力量,而萨满可以接触死者的亡灵。每个地区都有自己当地的守护神,不同部落的族外联姻,使得各种翁衮系统四处传播、彼此结合,形成了一系列复杂的神化祖先。

1.3　萨满教

萨满教被认为是原始巫教的通称,这个概念的含义相当广泛。有人认为一神教出现之前的所有巫术、原始宗教都可以包含入萨满教中,除了东北和西伯利亚之外,美洲的印第安人也有萨满教,中国南方一些民族的巫师、鬼师等,都是萨满的遗迹。虽然如此,狭义的萨满教,指的应该是起源于西伯利亚及中国东北的森林地区,并以此为中心向四周传播的一种宗教形态,因为萨满教在这一地区表现得最为典型和完整。

在辽宋金时期,南方的传统汉族政权和北方的少数民族所建立的政权长期对峙,彼此之间都开始关注对方的文化,因此也有一些南方的汉人注意到了北方民族所信仰的萨满教。南宋高宗时的进士徐梦莘,感愤于靖康之耻,长期研究宋金关系,编写了一本书叫做《三朝北盟会编》,其中记录了北宋末年至南宋初年,宋徽宗、宋钦宗、宋高宗这三朝中宋金和战方面的大量史料。这本书里就记载了金人信仰萨满教的内容,并解释说萨满是女真语"巫婆"的意思。

实际上,现代学者认为萨满是鄂温克语,本来的意思是"激奋者"、"癫狂者"。这是与神灵世界沟通时所必须达到的一种状态。如前所述,在受到藏传佛教的影响之前,萨满教没有彼世或阴间的概念,他们认为人、死者的亡灵以及各种神灵,都在同一个世界中活动,但普通人无法与亡灵和神灵进行沟通。而某些人拥有通神的能力,这些人就是萨满,萨满教即因萨满而得名。萨满通过一种如痴如狂的状态,可以与神灵相通。另一种观点认为,萨满可以被神灵附身,当某个神灵附身于萨满体内,萨满的表现就不再代表他本人,而是代表那个神灵。这种说法类似于我们所熟知的跳神。还有一种观点是,萨满的灵魂可以从他的体内飞出,在神灵世界中遨游,可以与神灵谈话,也可以与之搏斗。譬如有一个关于萨满的传说,说一位法力高强的女萨满,为了拯救病人,她的灵魂可以把死者的灵魂带回来。这个故事体现出了萨满灵魂出窍的观点。

萨满教与一神教非常不同,他们相信,谁拥有的神灵最多,谁的势力就越大,伟大的萨满通过驱使自己所掌握的神灵与各种邪恶的翁衮和神灵斗争。因此萨满教是一种多神教,他们所敬奉的神灵非常多,万物皆有灵。不过萨满教主要的保护神是祖先的灵魂。在萨满教的观念中,祖先的灵魂会和当地的神灵合体。譬如一些生活在森林中的民族,拥有自己氏族的神树,同时他们保持着树葬的风俗。人们用马车把死者送进大山,放在树上,因为他们相信人死后,灵魂应该返回氏族的神树,这样死者的亡灵就与树神相结合,获得了力量,从而护佑自己的子孙后代。

《敖包相会》是一首非常著名的蒙古族民歌。这首歌中所提到的敖包也是萨满教信仰的产物。蒙古人会用土和石头堆成敖包,在中间插上一丛树枝,把它们看成是高山和森林的象征。现在在蒙古族聚居

·欧·亚·历·史·文·化·文·库·

地区,敖包仍是随处可见。笔者参观内蒙古锡林郭勒盟正蓝旗的元上都遗址,见到在遗址处进行考古发掘的工人和学者也用挖掘的土和砖块堆起了敖包,在上面插上木条。在古代某些地方的人,譬如一些鄂温克人,所祭祀的敖包是一棵大树,人们称之为"敖包树",因为祭祀敖包的信仰本来就与神树崇拜有关。

萨满教是一种泛神论宗教,认为万物有灵,但某些神灵是特别被敬奉的。其中最重要的就是天神,其次有地母、山神、雷电等。古代的蒙古人会在早晨进食之前,把食物和饮料贡献给各种神灵。

敖包

在萨满教中,至高无上的神灵是头顶的"长生天",蒙语称之为"蒙克·腾格里","蒙克"是"长生"的意思,蒙哥汗的名字就是这个词。"腾格里"是天的意思,这在蒙古族是一个常用的名字,著名的歌唱家腾格尔就是这个名字。

我们可以大概推测蒙古人早期信仰的发展过程,起初最重要的是祖先和翁衮崇拜,其次翁衮被赋予神性与神灵相结合,然而各种神灵分成了善神和恶神的两个派别,这象征着蒙古人形成了不同的部落,各部落联盟之间进行相互斗争。再后来发展出了最高的至上之神——长生天,有学者认为这是伴随着成吉思汗统一草原部落而出现的。

元代以皇帝的名义下发的诏旨,都会以"上天眷命,皇帝圣旨"或"长生天气力里,大福荫护助里,皇帝圣旨"这样的词句开头。"长生天气力里"是按照蒙语的语法直译过来的汉文,被称为硬译公牍文体,意译之后就是"上天眷命",到明清时期发展成为"奉天敕命"或是"奉天承运,皇帝诏曰"等,这些都是蒙古族信奉萨满教、崇拜长生天的结果。在元代之前,圣旨中是不会提到上天的。现在有些古装电视剧,表述唐、宋,甚至秦汉时期宣读皇帝的圣旨的场景,都会用"奉天承运,皇帝诏曰"来开头,这是编剧缺乏历史知识的表现。

蒙古民族对于长生天的崇拜极其普遍,无论是皇帝、贵族还是平民,在大小场合都要向长生天祈祷,在《蒙古秘史》中还记载过一种用长杆挂着肉祭天的仪式。皇帝即位,将军征战之前,都要祈求长生天的护助。蒙古人认为,长生天是所有天神中最高者。

除了长生天之外,萨满教也非常崇拜地神。古代蒙古人称苍天为"慈悲仁爱的父亲",称大地为"乐善好施的母亲"。他们认为天地是浑然一体的,天赋予人生命,地赋予人形体。著名的马可波罗在他的游记中写到:"他们有神,名字叫做'纳赤该',意思是地神。地神可以保佑人们的子女、牲畜、田麦,因此受到人们的礼敬。每一家都一个地神像,用毡和布做成,并且还制作神的妻子、儿子的像。神的妻子放在神的左侧,神的儿子放在神的右侧。进食的时候,要取肥肉涂在神、神妻、神子之口,然后取肉羹,洒在家门之外,说这样神和神的家属就可以得到贡献。"柏朗嘉宾也在他的《蒙古史》中提到蒙古人对土地的崇拜。地母的形象本来是一个满脸皱纹、慈爱地保护万物生灵、慷慨地将福祉赐予人们的母亲形象,不过到马可波罗游历中国的时候已经到了世祖时期,随着母系社会向男性崇拜社会的发展,地母似乎已经变幻成一位男神了,然而这位地神有自己的妻子、儿子,喜欢吃肥肉。这是一个相当人格化的神,表现出鲜明的萨满教的特点。

除了天、地之外,山的意义也很重要。前面已经提到过,蒙古人对敖包的崇拜就是来源于高山崇拜。并且在关于翁衮的传说中,也提到要把祖先埋葬在高地。早年成吉思汗被蔑儿乞部攻击,妻子被抢走了,自己逃进不儿罕山。脱难后,他捶胸祷告,感谢不儿罕山救了自己的性命,许愿要每天早上祭祀,每天祷告,让子子孙孙都要遵行。然后将腰带挂在项上,帽子挂在手上,向着太阳下跪 9 遍。

蒙古人还极其崇拜雷电。《史集》中记载,同为现代蒙古人的祖先的兀良合部落人,在雷电大作的时候,就会咒骂天,咒骂乌云,朝它们喊叫。如果闪电落在牲畜的身上,打死了牲畜,他们就会远远避开,不吃牲畜的肉。他们认为,如果这样做雷声就会停止。但当时的蒙古部人非常不同,打雷的时候他们非常害怕,坐在帐篷里不敢出去。蒙古人认为闪电是来自于类似龙的动物,而且他们仿佛亲眼见到这种动物从天上降落到地下,用尾巴打击地面,蜿蜒游动,并且从口中喷出火焰。甚至有的蒙古人宣称自己曾不止一次见过这种情况。

在蒙古的巴儿忽真隘地区(也就是今天的新巴尔虎左旗、新巴尔虎右旗地区,在内蒙古的最东北部)经常有连续的闪电,那里的人相信,如果把酒、酸马奶、酸牛奶或淡奶洒在地上,闪电就很有可能打到牲畜身上,尤其是会打到马的身上,如果洒出了酒,就会发生更严重的后果,闪电会打到家里。这是因为雷电惩罚浪费了酒和奶的人。因此蒙古人在倒酒或奶的时候,都非常小心谨慎。他们还相信,如果一个人从脚上脱下毡袜,想在太阳下晒干,雷电也会打到牲畜身上,因此他们只会在帐篷之内晾干毡袜。总之,在巴儿忽真隘,这些征兆非常灵验,那个时代的史书说,这是那个地区所独有的现象。因为那一地区经常打雷,雷电成为居民的重大灾难,所以人们把雷电和某些现象相联系。也因为这个原因,这一地区的萨满非常多,简直难以计数。

除了天地、山川、雷电等,萨满教中还有一个流传甚广的信仰,是对白老人的崇拜。传说中的白老人手持着坚硬的手杖,身穿白衣,头发和胡须都是白色的。萨满的形象往往就是白老人的形象,穿白袍,骑白马,直到近代科尔沁的萨满仍然穿白色的法衣。

白老人是牲畜的守护神,象征着丰收,因此后来也被认为是所有土地和所有水域的主人。同时,由于萨满教具有把神灵和魔鬼看做一体的特点,他们也认为,牲畜的疾病和死亡,都是白老人的魔鬼所招致的。

1.4 成吉思汗时代的萨满

帖卜·腾格里是成吉思汗时代一个非常有名的萨满。

帖卜·腾格里的父亲是蒙力克·额赤格,额赤格是蒙语"父亲"的意思,蒙力克是成吉思汗幼年时一直抚养他的养父,因此被称为蒙力克父亲。蒙力克和他的父亲察剌合都是铁木真的父亲也速该亲信的仆人。铁木真9岁的时候,也速该带着他去母方亲族聘娶姑娘,求娶弘吉剌部德·薛禅家的女儿孛儿帖,把铁木真留在了德·薛禅家。也速该在回家的路上遇上了塔塔儿人的宴会,蒙古人的习俗是必须参加路上遇到的宴会,于是也速该就参加了。但塔塔儿人想起之前征战的宿仇,在食物里下了毒。也速该回家后就死去了。临死前他的身边只有蒙力克,于是也速该把孩子和寡妻托付给蒙力克。

蒙古萨满

　　蒙力克不负重托,把铁木真从德·薛禅家接了回来。也速该死后,他所聚集起来的百姓被泰赤兀人带走,察剌合老人前去劝阻,被泰赤兀人刺伤了后背。此后蒙力克和察剌合老人尽力照顾也速该的妻子诃额伦和幼小的子女。成吉思汗的义父克烈部王汗与其子桑昆设诡计,假称请成吉思汗来参加婚宴,意图捉住他,蒙力克揭穿阴谋,劝他不要去,将计就计攻灭了克烈部。后来诃额伦夫人嫁给了蒙力克。

　　成吉思汗非常尊敬蒙力克,在1206年建国时,大汗向大家讲述蒙力克的功劳,分封九十五千户时,蒙力克排名第一。《史集》说:“无论是遇到祸福或苦乐,蒙力克总是和成吉思汗一条心。成吉思汗让自己的母亲月伦·额客嫁给了他。他与成吉思汗并排坐,坐在他的右边,高于一切异密之上。”月伦是诃额伦的另一种翻译,额客是蒙语“母亲”的意思,异密是波斯语的“贵族”之意。蒙力克一家对于成吉思汗家族如此忠心,又有这样的渊源,因此成吉思汗极其信任他们。

　　蒙力克有7个儿子,帖卜·腾格里是第4子。他的名字叫阔阔出,但蒙古人把他称作帖卜·腾格里,这是一个典型的萨满的名字,意思是天神的使者。

·欧·亚·历·史·文·化·文·库·

他是当时著名的大萨满,惯于揭示玄机,预言未来的事情,经常说:"神在和我谈话,我在天上巡游。"他常常在冬天的时候去斡难河(今天的鄂嫩河)和怯绿连河(今天的克鲁伦河)的发源地,肯特山中最寒冷的地方,全身赤裸坐在冰上,凝固的冰被他的体温融化,升起腾腾蒸气,一些蒙古人看到这种景象,就说他骑着白马上天去了,因此帖卜·腾格里在蒙古百姓中有很高的威信。在14世纪伊利汗国的史学家拉施特看来,这些是当地百姓的无稽之谈。他认为帖卜·腾格里是一个善于使用骗术和伪装的人。然而他也承认,虽然帖卜·腾格里肆无忌惮,但他所说的话起到了安定人心的作用,对成吉思汗是一种重要的支持。

铁木真经过多年征战,最终统一了蒙古高原的大部分部落。1206年春,他在斡难河源头举行忽里勒台,成为大汗,建立了大蒙古国。帖卜·腾格里说:"如今地面上被称为古儿汗的各国君主都被你征服,他们的领土都归于你的统治之下,因此你也应该有高于普天之下所有汗的尊号。我奉了上天旨意宣布,你的称号应该是'成吉思汗'。"

古儿汗是一个突厥语汗号,也被翻译成菊儿汗,是突厥语中对最高统治者的称呼,也是当时北方游牧民族君主最常采用的尊号,意思是"世界之王"或者"王中之王"。之前札木合就被推举为古儿汗,率领呼伦贝尔诸部落联盟攻打铁木真,但是被铁木真击溃。现在铁木真不愿意使用战败者用过的称号,因此帖卜·腾格里借用神的旨意把"成吉思汗"这个称号授予铁木真,拥护他成为大汗。"成吉思"是一个奇怪的称号,这并不是一个有意义的蒙文单词,现在我们还无法确定这个称号的意思,也许这种神秘感正是帖卜·腾格里和铁木真所希望的。一个没有确切的含义的词,似乎更像是神的旨意。

关于这个称号的含义有多种说法,南宋人赵珙在他写的《蒙鞑备录》中说成吉思"乃是'天赐'这二字的译音"。拉施特的《史集》中说,这个词是蒙文,"成"的意思是"坚强",而"成吉思"是"成"的复数形式,因为古儿汗的"古儿"这个词是"坚强"的意思,而成吉思汗这个称号被认为具有同样的含义,并具有更崇高的意义,因此它是一个复数形式。西方近代的汉学家伯希和说,这个词源于突厥语,意思是"海",

成吉思汗的意思就是像海一样广大的皇帝,这种说法曾被广泛采用。也有人认为,这个词来源于古突厥语的"可怕的"、"强健的"一词。

帖卜·腾格里号称天神的旨意,献上至高无上的尊号,对成吉思汗的统一大业立下了特殊的功劳,因此他的地位和权势大大提高。铁木真即位后,帖卜·腾格里继承蒙力克的地位,与大汗并坐,高于一切亲王和贵族。

从后来的情况来看,帖卜·腾格里很可能是希望提高萨满的地位,使宗教权和汗权并驾齐驱,建立政教合一的政权。他越来越放肆,开始滥行权力,干涉一切。有一次,他们兄弟7人联手打了成吉思汗的亲弟弟合撒儿,合撒儿向成吉思汗申诉,但成吉思汗正因为别的事发怒,又烦恼于弟弟和大萨满之间起了矛盾,因此训斥合撒儿说:"你平常不是总是说没有人打得过你吗?怎么会被他们打了呢?"合撒儿流着泪出去了,对成吉思汗颇为不满。

帖卜·腾格里怕合撒儿报复他,对成吉思汗说:"长生天的圣旨,神来对我说:'一次命铁木真管领天下的百姓,一次命合撒儿管领天下的百姓。'所以你应该尽早除去合撒儿,否则不知道今后会怎么样。"

合撒儿本来是著名的勇士,成吉思汗对他不无猜忌,此时受了帖卜·腾格里的挑唆,连夜派人去逮捕合撒儿。有人把这件事告诉了他的母亲诃额伦夫人,她知道后,立刻乘着白骆驼驾的车赶去,清晨到达的时候,成吉思汗正在审问合撒儿。合撒儿被绑住双手,去掉了帽子和腰带。成吉思汗见到母亲来了,大吃一惊,非常畏惧。

诃额伦怒气冲冲地下了车,亲手为合撒儿松绑,并把帽子和腰带还给他。她怒不可遏,露出双乳,对成吉思汗说:"你看到了吗,这是你们小时候吃过的乳房。合撒儿有什么罪,你们竟然骨肉相残。当初你能够吃尽我一个乳房的奶,合赤温和斡惕赤斤两人吃不了我一个乳房的奶,只有合撒儿能把我两个乳房的奶全都吃尽,使我胸中畅快。铁木真你是有才能、有心胸的,合撒儿是有力气、善骑射的,但凡有百姓不服叛离,合撒儿能用弓箭收捕他们。如今敌人已经全部讨平,所以你就容不下他了。"

31

欧·亚·历·史·文·化·文·库·

成吉思汗等到母亲怒气平息,向她认罪。但他对合撒儿仍怀有戒心,他背着母亲,夺取了分给合撒儿的百姓,只给他留下一千四百户。诃额伦知道这件事后,心中忧闷,不久就去世了。

帖卜·腾格里利用自己的影响力,把大量的百姓都拉拢到自己的周围,聚集在他身边的人比成吉思汗身边的人还要多。成吉思汗的弟弟斡惕赤斤的百姓也有一部分被帖卜·腾格里夺走了。斡惕赤斤派人去讨要自己的百姓,帖卜·腾格里打了使者,又夺了使者的马,让使者背着鞍子步行回去。次日斡惕赤斤亲自去找帖卜·腾格里,蒙力克的7个儿子一拥而上,把斡惕赤斤围在中间,质问他:"你怎么敢差人来讨要百姓?"说着就要打他。斡惕赤斤很害怕,承认自己不该派人。帖卜·腾格里说:"你既然承认自己不对,你应当认罪。"于是让斡惕赤斤跪在自己的帐篷后面。

第二天成吉思汗还没起床,斡惕赤斤就进帐哭诉。成吉思汗尚未说话,孛儿帖夫人坐起来哭着说:"他们是怎么了?之前把合撒儿打了,现在又要斡惕赤斤下跪,这是什么道理!现在你还在世,他们就已经欺辱残害你的已经长得像松柏一样的弟弟。以后你过去了,你的像乱麻、群鸟一样的百姓,谁来掌管呢?你的三四个幼弱的儿子,那些人还能等他们长大成人,让他们做主吗?你为什么眼看着他们欺辱自己的弟弟不闻不问?"

成吉思汗听了孛儿帖夫人的这番话,发现自己过于助长萨满的势力,于是对斡惕赤斤说:"今天帖卜·腾格里来了之后,听凭你们处置他吧。"于是斡惕赤斤找了3个勇士在帐前等候。

不久,蒙力克带着7个儿子来了。斡惕赤斤抓着帖卜·腾格里的衣领说:"昨天你叫我认罪,今天我要同你比试。"抓着他的衣领就往门口拖去。帖卜·腾格里也用手揪着斡惕赤斤的衣领,两人争斗起来。成吉思汗说:"不要在帐房里打架,要比就出去比试吧。"两人扭打着走出帐篷,刚走到门外,预先等候的3个勇士就走了上来,捉住帖卜·腾格里,折断了他的腰,并把他扔在了东边的车旁。

斡惕赤斤走进帐内说:"帖卜·腾格里昨天逼我认罪,今天要同他比试他却不肯,耍赖躺在地上不肯起来,真没用。"蒙力克察觉到自己的儿子已经死了,流下泪来,对成吉思汗说:"你现在拥有大地一样的领土,江海一样的权势。可是当初这土地只像泥块、江海只像小溪时,我就同你做伴了。"说着,他的其他6个儿子把门堵住,围着炉灶要动手。

成吉思汗喝道:"躲开,让我出去。"走到帐外,他的箭筒士和怯薛就围在他的周围,列阵守护他。成吉思汗看到帖卜·腾格里的尸体,命令人用一顶青帐覆盖,自己驾车起营,迁到了别处。3天后,帖卜·腾格里的尸体不见了。成吉思汗对百姓们说:"帖卜·腾格里打了我的弟弟们,又离间我们兄弟的感情。因此上天厌弃他,把他的性命和身体都取走了。"同时他责备蒙力克说:"你不好好管束你的儿子,他想和我有同等的地位和权力,所以丢掉了性命。若早知道你们是这样,就应该早先灭了你们。"过了一会,他又说:"因为之前答允过你9次犯罪不罚,若朝令夕改,令人耻笑,因此遵守前言不罚你。"息怒之后又劝慰蒙力克:"如果早先就谨慎行事,谁能比得上你们蒙力克家族呢?"

成吉思汗在统一蒙古之前、发展自己势力的过程中,需要萨满和宗教力量的支持。但他当上大汗之后,宗教权力就和世俗权力起了冲突,早先他依赖过的宗教势力现在反而成了他集中权力的障碍,这是他和大萨满之间发生矛盾的根本原因。除了帖卜·腾格里外,另一个大萨满豁儿赤也给成吉思汗带来过麻烦。

大约1180年,铁木真靠王汗和札木合的帮助,战胜了蔑儿乞人,夺回了妻子。然后他和札木合回到他的驻地扎营,再次结为安答,也就是义兄弟。然而札木合的部众有很大一部分是当年铁木真的父亲也速该的旧部,在也速该死后离散,被札木合收编为自己的百姓。现在札木合和铁木真一起游牧,铁木真逐渐拉拢这些旧部众,无形中削弱了札木合的势力。最终,一对3次结义的安答各奔东西了。

铁木真走了之后,一些札木合的部众前来跟随,其中有巴阿邻部的豁儿赤和兀孙老人,这两人都是萨满。豁儿赤对铁木真说:"我和札木合是同一氏族,按说不该同他分离,但天神降临我身,使我见到了一头黄白色乳牛围绕着札木合走,撞了他的帐房和车子,又撞札木合,撞折了一只角,然后扬起尘土,对札木合连声吼叫'还我的角'。又有一头无角的黄白色公牛驮着拉着大帐房的下桩,从铁木真后面循着大车路而来,吼叫说:'天和地商量好,让铁木真当国主,管领百姓,我把国家载来了。'这是天神降临,使我亲眼所见。铁木真,我向你预报了吉兆,如果日后你做了国主,怎样让我享乐?"

铁木真说:"如果我真的掌管了国家,就给你一个万户。"

豁儿赤说:"我告诉你许多道理,你只给我一个万户,有什么享乐?你需封我做万户,还要从全国的美好女子中,任我挑选30个为妻。还有,不管我说什么话,你都要听我的。"铁木真答应了。

后来果然如豁儿赤所预言的,铁木真和札木合反目成仇,多年征战,最终杀掉札木合之后,铁木真当上了大汗。在封授九十五千户时,豁儿赤被排名第四被封为千户。其后,成吉思汗追述豁儿赤的功劳,说:"你曾预告先兆,从我年轻时至今,你曾与我共同经历艰辛,做我的护福神。你曾说:'如果我预告的先兆应验,符合天意,请给我30个妻子。'现在你预告的先兆已经应验,我恩赐你从归附的百姓中选取30名美妇、美女为妻。"然后他在三千户巴阿邻部人之上,添满一万户,让森林百姓皆归豁儿赤掌管,听他命令,违反者可以毫不犹豫地惩罚,让他充当万户。

豁儿赤受封之后,高高兴兴地去森林部落秃马惕部选取30个美女。然而森林中的部落并不是温和驯顺的部落,比起游牧民更为彪悍。而且森林的狩猎民族以把姑娘嫁给游牧民为耻,在导言中提到过,如果森林中狩猎民族的父母责骂女儿,会吓唬她们说,要把她嫁给放羊的人,女孩子听到这样的责骂会绝望地哭泣。豁儿赤在预言吉兆的时候,曾要求铁木真称汗后要听他的话,铁木真当时虽然答应了,称汗之后想起这个允诺,未必打算心甘情愿地照做。他把森林部落划归给豁儿赤,让他去挑选30个妻子,其实别有用意。

果然,豁儿赤在秃马惕部挑选美女,本来已经投降的秃马惕部因为此事又造反了,把豁儿赤抓了起来。成吉思汗听说之后,派遣熟悉森林部落情况的忽都合前去调解,结果忽都合也被抓起来了。成吉思汗又派四杰之一的博尔忽率军出征秃马惕部。博尔忽到达之后,带着两个人走在大部队前面,进入阴暗的森林,顺着小路前行探查情况。秃马惕部的哨望者从背后偷袭,杀死了他。

成吉思汗听说博尔忽被秃马惕人杀了,勃然大怒,想亲自出征,被博尔术和木华黎二人劝阻,成吉思汗又派朵儿伯·多黑申前去。他对朵儿伯说:"你要严整军队,向长生天祷告,试着去征服秃马惕百姓吧!"

朵儿伯吸取博尔忽的教训,他派一部分军队在各处路口虚张声势,转移秃马惕部民的注意力。他则亲自带着大军进入森林,绕到秃马惕部的后面。《蒙古秘史》写道"他们沿着野牛走的路前进",其实就是在茂密的树林中没有路的地方前进。朵儿伯命令:有人畏缩不前,就要用木条抽打责罚他。士兵用斧、锯、凿等砍伐阻挡去路的树木,登上山顶。秃马惕人正在举行宴会,忽然大军从身后的山上冲下来,把他们俘虏了。

降伏秃马惕人之后,豁儿赤得到了 30 个女子。由于博尔忽牺牲,成吉思汗把 100 个秃马惕百姓赐给了他的家属,又把部落首领的妻子赐给了忽都合。

帖卜·腾格里死去之后,萨满教的势力大大减弱了。豁儿赤因为引发叛乱,折损了成吉思汗的大将,又失去了秃马惕的百姓,也不敢有更多要求。成吉思汗让多年跟随自己,一直非常驯顺忠诚的巴阿邻部兀孙老人掌管萨满教事务,他对兀孙老人说:"你是对我不隐晦所见、不藏匿所闻的人,凡是知道的、想到的,都对我说。兀孙老人,你可以做别乞,做了别乞,穿白衣,骑白马,坐在上座,主持祭祀,选算年月吉凶。"兀孙老人做了大萨满,从此教权绝对服从于汗权。

1.5 萨满与窝阔台和拖雷的斗争

虽然经过宗教权力和大汗权力的斗争,萨满的权力有所下降,但

·欧·亚·历·史·文·化·文·库·

蒙古人仍然虔诚地信仰萨满教,并向萨满咨询各种问题,甚至在战争中倚仗萨满的法术,萨满对于政治的影响依然十分巨大。1230年,也就是窝阔台即位的第2年,窝阔台和拖雷继承成吉思汗的遗志,开始了征服金朝的战争。关于对金朝的战争,《史集》中记载了这样一个故事:

拖雷率军攻下了河中府,向东准备攻打潼关。潼关是当时金朝的都城开封的一道重要防线。如果蒙古军队突破潼关,就可以顺着黄河一路西行,无异于开封城敞开了大门。因此金廷派遣大量军队镇守潼关。拖雷的军队比较少,希望尽量避免进行攻城战,于是派失吉·忽都忽那颜——那颜就是蒙语"贵族"的意思——带领300骑兵来回驰骋,意图引诱金军出兵,进行野战。然而金兵保持阵形,丝毫不为所动,并且用傲慢的言语侮辱蒙古军。拖雷无法与金兵作战,因此决定掉转方向直接进发到金朝的都城,与窝阔台会合,于是向右驰去。金兵向他们挑战,但拖雷不加理睬地离去了,金军于是开出关隘进行追击。蒙古人的军队人数处于绝对劣势,因此小心翼翼地进行快速行军,走了三天三夜。金军紧追不舍,并且突袭了朵豁勒忽所率领的断后部队,在一片沼泽中击杀了40个蒙古人。朵豁勒忽和拖雷的军队会合后,报告了所发生的情况。于是拖雷下令随军的萨满施行法术。这是一种召唤雨雪的法术,把施过咒语的石头取出来,放进水中洗濯,即使在盛夏的天气,也会马上起风、变冷、下雪,满天阴霾。拖雷的军队中有一个精通此种法术的萨满,他依照拖雷的命令作法。拖雷下令全体军队穿上雨衣,三昼夜不离马背,迅速前进,来到一个村庄。村庄的居民已经逃走,留下了财产和家畜。于是蒙古人的军队在村子里暂时驻扎,把马都牵进屋里,用毡子和草盖起来保暖。而金军来到了之前萨满施法术的地方,那里下起雨来,第二天又开始下雪,并且刮起了寒冷的暴风雪。金朝的军队看到夏天比冬天还要冷,都非常胆怯惊惶。他们无法行军,不得不停留在寒冷的原野上,在暴风雪中待了三天。第四天,拖雷见自己的军队安然无恙,吃饱穿暖,寒冷对他们和马匹没有造成丝毫伤害,而金朝的军队却由于过度寒冷,像羊群一样挤在一起,衣物破烂,武器上结满了冰。于是他下令擂起鼓来,全军进发,像狮子扑向羚羊群一样扑向了金兵,歼灭了大部分敌人,很多金兵四散逃走,死在山里,只有很少的人从河里逃了命。获得了这样一场伟大的胜利后,拖雷派出急使向窝阔台告捷,自己也作为一个胜利者向大汗所在的方向前进。

《史集》在作者拉施特由于远在伊利汗国,本人没有到过蒙古,蒙古、中原的事件大都是听从汉地过去的孛罗丞相所叙述,因此时间地点往往弄混。这里描述的这场战役就弄错了时间,把几件事情弄成了一件。但《史集》中详细描写了萨满施展法术的过程,非常生动有趣。通过《元史》、《金史》等书,我们可以弄清楚事情的过程,然而由于《元史》和《金史》是汉人编写的,所以对于萨满施法只是一笔带过。

从《元史》的记载来看,1230年窝阔台出征金朝,大汗自己率领中路军,从山西南下,拖雷带领西路军,从陕西攻打潼关,斡陈那颜率领东路军,攻打山东。1231年拖雷攻打潼关,金朝本来想保住陕西,但他们的军队移动速度远远低于蒙古骑兵,只要出兵救援陕西,潼关就暴露在高度危险之下,最后只好采取了放弃陕西、死守潼关的策略,宁可坐视凤翔被围,也不离开潼关一步。这就是《史集》所说的"拖雷引诱金军出兵,但金军丝毫不为所动"。

由于金朝拼死抵抗,潼关未能攻破。于是拖雷转而向西,攻下凤翔。凤翔有一个投降的汉人叫李昌国,他献计说:"金朝迁都到汴京(开封),所倚仗的就是黄河和潼关的天险。如果过宝鸡,进汉中,沿汉江东行,不到一个月就能抵达唐州(河南南阳市唐河县)和邓州(河南南阳市邓州县),金朝人听说我们从这里出现,一定会觉得我大军是从天而降,必然疏于防备,可以打他们一个措手不及。"拖雷非常赞同这个建议,向窝阔台进言,窝阔台也高兴地同意了,于是派拖雷率军从南方迂回,自己从洛阳进军,斡陈那颜从济南进军,约定三路军队次年春天在汴京会合。

当时汉中属于南宋的领土,拖雷过宝鸡后派遣使者向南宋借道,

欧·亚·历·史·文·化·文·库·

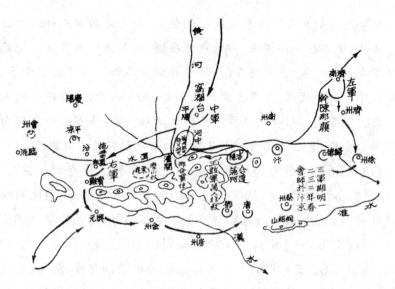

蒙古攻金

并要求南宋出兵。南宋拒绝了拖雷的要求,并且杀掉了使者。拖雷一怒之下,攻入汉中,进袭四川,一直打到了阆州(今天四川南充市的阆中),然后往东北方向经过金州(陕西安康)、房州(湖北十堰的房县),在武当山击败了金朝的防守军队,过汉江,往钧州(河南许昌禹州市)方向前进。整条路线像一个大大的耐克标志。过江之后,拖雷就派人通报窝阔台。窝阔台正打算派军队去支援他,见到使者,听说了捷报,派人奖慰拖雷,自己也朝着钧州前进。

拖雷渡过汉江,出现在汴梁的南方,金朝的都城向南没有屏障,岌岌可危。金朝大将合达只好下定决心在河南开阔的平原上阻击蒙古军队,他带领 20 万军队在邓州据守。此时拖雷的军队不满 4 万,这就是《史集》所说的蒙古军队的人数处于绝对劣势。

听到情报后,拖雷留下辎重,轻骑前进,十二月,与金军在邓州的禹山打了一仗,因为人数太少,难以攻破金兵的防守,蒙古军假装败北,引诱金军出战,但敌人不为所动。于是拖雷放弃邓州,转向北边,朝钧州前进,让札剌带领 3000 骑兵断后。金朝大将合达率领军队追击,在大雾中袭击了札剌的军队,双方死伤相当。札剌因为打了败仗而受到惩罚。以上是《史集》中所记载的故事的整个前半段。

1232 年正月,合达发现蒙古军绕过了自己的防线,向北进发,直逼都城,只好带领 15 万人追击。到钧州的三峰山,拖雷命令失吉·忽都忽诱敌,并且在夜间不断扰乱金朝的军队,等待窝阔台派遣的援军。窝阔台派来的大将口温不花率领的先锋军到达之后,蒙古军和金军布阵对峙,金军在地上挖掘壕沟,打算包围蒙军。拖雷开始命人向长生天祈祷下雪帮助蒙古人,并且烧羊胛骨占卜,得到了吉兆。果然,从正月十二日晚上开始下雨,第二天转成暴风雪,雪非常大,白雾遮天,人面对面站着也看不见对方。大雪连下三天,金军僵立在壕沟中,铠甲和武器上都结了冰,口粮断绝三天,无法生火做饭。但蒙古军队对这种天气非常习惯,可以吃生的牛羊肉干和奶食。看到金朝的军队已经丧失了战斗力,拖雷决定出击,将领们劝说:"等窝阔台汗到了之后再出击也不迟。"拖雷说:"机不可失,等他们逃进城里,就不容易再攻击了。而且大敌当前,怎么敢留给君王呢?"于是奋力出击,金军大败奔逃。金朝的精锐部队在此役中被歼灭殆尽,从此再也没有力量抵抗蒙古铁骑。金军的大将合达和几百残兵逃入钧州,不久被擒。

这是《史集》中所记载的那场由于萨满的法术而取得大捷的战争,也就是著名的三峰山之战。这一战是蒙金之间的关键一战,决定了金朝灭亡的命运。

然而如果确有天神的话,神意着实难测,萨满让天神降下大雪战胜了金朝大军,之后却让奄奄一息的金朝又延续了两年时间。萨满在这场战争中帮助拖雷取得胜利,不久之后却要了拖雷的命。

拖雷取得了三峰山之战的胜利后,窝阔台带领蒙古军的主力部队到达钧州。他大大地赞扬拖雷,说:"没有你的话,不能取得这样的大捷。这真是你最大的功劳!"诸侯王说:"的确如皇上所说。不过拖雷最大的功劳是安定社稷。"

所谓的"安定社稷",是指拖雷拥立窝阔台当大汗的事。成吉思汗死后,众位亲王依照成吉思汗的遗旨,拥戴窝阔台,但窝阔台不断推辞,拖雷继承了成吉思汗的遗产,势力和人望极高,无法决定谁最终即位。也许是窝阔台真心推辞,也许是窝阔台还在观望大家的意愿,而拖雷还在等待机会,总之拥戴大汗的忽里勒台大会迟迟不能召开。最后耶律楚材前去劝说拖雷带头拥戴窝阔台,他说:"这件事关系到宗庙和社稷,我已经占卜了吉日,应该尽早决定。"拖雷仍有些犹豫,说:"事情还没有准备好,重新选择一个吉日行不行?"耶律楚材说:"过了这个吉日之后,就没有吉日了。"拖雷只好宣布召开忽里勒台。耶律楚材又对察合台说:"您虽然是大汗的兄长,但从地位上来说,又是大汗的臣子,您应该带头跪拜,如果您跪拜的话,就没有人敢不拜了。"拥戴窝阔台本来就是察合台的主意,因此他很赞同耶律楚材的意见,带头率领皇族和臣僚向大汗跪拜。窝阔台的地位就此稳固。这里值得玩味的是,耶律楚材说"就没有人敢不拜了",似乎有人不愿下拜,针对的是谁呢?虽然史书中没有明说,却令人深思。

窝阔台即位

拖雷是成吉思汗最小的儿子。蒙古人有"幼子守产"的风俗,也就是最小的孩子继承家产。这并非对其他的孩子不公,因为其他的孩子会被封给新征服的地区。成吉思汗的4个儿子,长子术赤的分封地建立了金帐汗国,次子建立了察合台汗国,三子窝阔台继承了汗位,掌管整个国家,而拖雷继承了成吉思汗的私人财产。

作为一个游牧国家,绝大多数的军队、财产、营帐都属于成吉思汗帐下,因此拖雷实际上继承了这个国家大部分的财产和军队,主要是继承了大量的千户,即人口和兵力。这使得拖雷权势很盛,再加上拥立大汗的时候,拖雷显得有点心不甘情不愿,最终迫于无奈才拥戴窝阔台,可以想象,窝阔台汗对他颇为忌讳。

此次三峰山之战,拖雷立下大功,又有诸侯王在一边说拖雷的大功在于拥戴社稷,这话就像是在提醒窝阔台随时牢记,大汗的位置简直就是拖雷让给他的,难免会引起窝阔台的不满。拖雷立刻说:"我没有什么功劳,这都是长生天的气力、皇帝的福荫。"大家都称赞他不居功。其实拖雷这样说也是有缘故的,窝阔台出征金朝前曾对察合台说:"我继承汗位,坐在父汗成吉思汗现成的大位上,岂不要被人说:'凭什么能力坐上大位?'我如今想,咱们的父汗尚未把汉地百姓的金国完全征服,如果察合台兄长同意,我去征服金国。"察合台也表示支持。可知是为了要证明自己有当大汗的能力,窝阔台才出征金朝,结果最大的功劳仍是拖雷的,怎能不让窝阔台猜忌呢? 所以拖雷尽力谦让,但最终仍未能逃过一劫。

窝阔台大军攻下钧州,擒获合达,扫荡河南,诸郡望风而降,大将塔思要求一鼓作气,攻下汴京。窝阔台命萨满占卜,却得出不利的结果,因此窝阔台决定休战,派使者前去劝降,最后索要了金朝降臣的家属27家,又带走了曹王讹可当做人质,罢兵回北方避暑。金廷因此又延长了两年的寿命。

五月,窝阔台在返回北方的途中得了重病,不能说话。大家命令萨满们占卜生病的原因。萨满说:"金国的百姓、人口被掳,城池被毁,这是金国的山神和水神因此急遽作祟。"占卜的时候,萨满们许诺用百姓、金银、牲畜、替身等祈禳替代,神都不答允,窝阔台的病反而越来越急。最后萨满问神:"用亲人做替身可以吗?"这时窝阔台的病情减轻了,他睁开了眼睛,要水喝,问萨满:"我怎么了?"萨满们说:"因为金国的百姓被掳,城池被毁,所以山川之神作祟。占卜的时候,许诺用别的

·欧·亚·历·史·文·化·文·库·

东西祈禳替代,神作祟愈急。问神可否用亲人做替身,作祟就慢了。所以听凭大汗裁决。"

窝阔台问:"如今我身边的宗王有谁?"此时拖雷正在窝阔台身边,于是主动要求替代窝阔台承难,他说:"神圣的父汗成吉思汗像选骟马、选羯羊一样,在众多兄弟中选中了兄长,把大位指给了你,让你担当统治百姓的重任。让我在兄长身边,把你忘记的事情提说,在你睡着的时候唤醒。若失去了我的兄长,我向谁提说忘记的事,谁睡着了要我去唤醒呢?如果合汗兄长真有不测,众多蒙古百姓将成为遗孤,金国人必然快意,让我来替代我的合汗兄长。巫师你来诅咒吧。"于是喝下了萨满诅咒过的水而死。

在《史集》中是这样记述这件事的:窝阔台得病之后,萨满们集合起来为他施行巫术,对他的病念了咒语,并且用念过咒的水来清洗他的疾病。这时候拖雷汗走进大帐,极其诚挚地说:"长生天,如果你对罪恶发怒,那么我的罪恶比他更多,我在战争中杀的人更多,我掳走他们的妻子儿女,迫使他们的父母洒泪。如果你是为了面貌美丽、体态优雅,为了经验和技能、善良和英勇,想把自己的奴隶带到自己的住所去,那么我也更加相称,更加适合。请把我代替窝阔台汗取走吧,让他病愈,把他的病加于我吧!"说完这些话后,他极其诚恳地祷告,然后把萨满用咒语在其中洗过窝阔台汗的病的那杯水拿来喝掉了。之后窝阔台汗痊愈,而过了几天,拖雷就生病死了。

拖雷这一番话说得颇为蹊跷,仔细琢磨一下,好像是在说:"我在战争中的功劳比窝阔台更多,我的外貌更美,体态更优雅,经验和技能都超过窝阔台,更加善良和英勇。因为这个,我得代替窝阔台去死。"这哪里像为了兄长的疾病来祷告,自愿替代他死呢?反而像是被逼无奈,自知不能免于一死的时候,发自内心的怨言。

拖雷死去之后,他的妻子唆儿忽黑塔尼别吉和儿子们仍然在窝阔台的身边。史书中说,窝阔台非常尊重他们,满足他们的一切要求。唆儿忽黑塔尼别吉曾经向窝阔台索要一个商人,大汗不愿给她。她哭着说:"我心爱的人为谁作了牺牲?我心爱的人为谁死了?"这话传到大汗耳中,他说:"唆儿忽黑塔尼别吉是有权力的。她像无辜的少女,像新娘一样无可责难。"于是他请求她的原谅,并且满足了她的要求。

　　然而另一方面,大汗又削弱拖雷一系的势力。首先,窝阔台想让唆儿忽黑塔尼别吉嫁给自己的儿子贵由。蒙古人有收继婚的风俗。因为根据习惯,丈夫死后,营帐和财产会由妻子和孩子继承,为了保证家产不会流失,父亲去世后,儿子可以收继母亲,兄长、叔父去世之后,弟弟和侄子也可以收继婶、嫂。如果唆儿忽黑塔尼别吉嫁给窝阔台的儿子,那么原属于拖雷的财产也会归入贵由的名下。窝阔台怀着这样的想法,向唆儿忽黑塔尼别吉派去了使者。使者呈递诏书之后,她回答道:"我怎么能违背诏命呢?但我有一个愿望,想要抚养这些孩子,把他们抚养到成年和自立的时候,竭力使他们受到良好的教育,彼此不分开,相互不离弃,从他们的同心同德中得到好处。"这是一个非常委婉但是非常坚定的拒绝,因此窝阔台也就没有强迫她。后来她始终没有出嫁,保全了拖雷留下的财产。

　　没能够让唆儿忽黑塔尼别吉嫁给自己的儿子,窝阔台就采用其他的办法削减拖雷的军队。他没有和诸王宗亲商议,把拖雷汗及其儿子们的军队中速勒都思部落的 2000 人给了自己的儿子阔端。拖雷帐下的那颜们得知此事后愤愤不平,当着诸王的面说:"这 2000 速勒都思人军队,按照成吉思汗的诏敕,是属于我们的。合汗把他们给了阔端,我们怎么能允许此事呢,怎么能违背成吉思汗的诏令呢?我们要禀告合汗陛下!"唆儿忽黑塔尼别吉说:"你们的话是公正的,但是我们所继承的和自己取得的财产中并无不足,什么也不缺,军队和我们,同样全都是合汗的,他知道他在做什么,我们应该服从他的命令。"唆儿忽黑塔尼别吉这样说了之后,那颜们全都默不作声了。唆儿忽黑塔尼别吉心中知道,虽然因为拖雷之事,窝阔台对她和她的孩子们心怀歉疚,可以满足他们的一些要求。但拖雷的死亡,就是因为他的军队和土地的数量超出了合汗所能够容忍的限度,既然她坚持独身,没有嫁给大汗的儿子,那么对于大汗削弱他们势力的举动,最好乖乖地闭上嘴。

　　了解这一系列的事件,对古代宫廷政治稍有敏感的人就会怀疑,

欧·亚·历·史·文·化·文·库

拖雷之死很可能是窝阔台早有预谋。窝阔台想要逼死拖雷,他所采用的方法就是通过萨满之口传达山川之神的怒火,指定平息怒火的只有窝阔台本人和他的至亲,再通过萨满之手把致命的水交给了拖雷。我们有理由怀疑,如果拖雷坚持不喝施咒洗病的水,窝阔台也会在几天之后痊愈。然而当窝阔台的皇权加上萨满的神权,拖雷只能无奈地屈服了。

随着蒙古国疆土的扩大,蒙古贵族所接触的宗教也越来越多。蒙古人施行宗教自由的政策,对各种宗教都采取宽容态度,因此各位帝王和贵族所信之教也不相同。从现有的资料来看,窝阔台的儿子贵由汗信奉的是基督教,而蒙哥汗很有可能信奉佛教,到忽必烈之后,元朝皇帝大概全都信仰藏传佛教了。其他的宗王贵族也有信仰伊斯兰教或道教者。不过广大的蒙古牧民仍是萨满教的信徒。

1.6 欧洲人眼中的萨满教

13世纪,蒙古人扩张速度飞快,征服了东亚和中亚的大部分国家,且曾一度挺进到波兰和匈牙利,导致西欧诸国的君王和教皇颇为不安,担心战争蔓延到本国,因此急欲探查蒙古人的动向、军情、实力、作战习惯等,以制订抵御的方案。当时的意大利传教士柏朗嘉宾在65岁高龄,于1245年奉英诺森四世教皇的旨令出使蒙古,就是为了这个目的。同时教皇还期望柏朗嘉宾能够规劝蒙古人皈依基督教,接受洗礼,甚至期待双方建立盟邦关系,因此对于蒙古人的宗教信仰也很关心。

柏朗嘉宾把自己出使所见写成了一本书,叫做《蒙古史》,也被翻译成《柏朗嘉宾蒙古行纪》。由于他担负着"军事间谍"和传教士的双重使命,因此对于蒙古人居住的地理环境、风俗习惯、使用的武器、战术韬略等记录得相当详细。其中有一章专门记录"鞑靼人崇拜的神、他们认为是罪孽的事、占卜术、涤除罪恶和殡葬礼仪等"。在这一章里,他首先注意到并详细记录了蒙古人对翁衮偶像的崇拜,由于基督教禁止偶像崇拜,柏朗嘉宾对于蒙古人崇拜偶像这一点非常重视也极其担

44

蒙古进攻欧洲

心。他在书中写到:斡罗思的一个强大的王公米歇尔前去觐见钦察汗国的拔都汗,蒙古人让他面朝南方跪拜成吉思汗的偶像。但米歇尔拒绝了,因为他是一个基督教徒。他说他可以向拔都以及他的侍臣们跪拜,但不能向死人的像跪拜,因为基督教禁止偶像崇拜,这是基督教的十诫之一。蒙古人坚持让他跪拜,但他始终拒绝,即使拔都汗威胁说要杀掉他,他也不肯屈服,反而回答说:"宁可一死,也不能违背基督教的戒律。"于是米歇尔被处以死刑,拔都派了一个士兵用脚踢他腹部靠近心脏的地方,直到他死去。

对于柏朗嘉宾来说这是非常可怕的事件。虽然蒙古人秉持着宗教自由的态度,如柏朗嘉宾所说:"从不曾强迫任何人背弃自己固有的信仰或违背自己的戒律,唯有上述的米歇尔的情况例外。"由于米歇尔王公的事件,他不得不担心,如果蒙古人征服了欧洲,会不会强迫所有的人崇拜偶像。如果真的那样,基督教将因此毁于一旦。

柏朗嘉宾提到,蒙古人还崇拜和敬仰太阳、月亮、火和水,还包括土地。他们每天用最早的第一份饭菜和饮料供奉它们,并且这一仪式一定在清晨吃饭甚至喝水之前举行。蒙古人把月亮称为"月亮大皇帝",对其进行跪拜和祈祷。他们还声称太阳是月亮的生母,因为后者是从前者那里得到光芒的——这倒很符合现代科学知识。

因为崇拜火,蒙古人对于火有很多禁忌,包括不能用刀子接触火,也不能用刀子从锅里取肉,不能在火的旁边用斧子砍东西,认为这样

·欧·亚·历·史·文·化·文·库·

会使火受到伤害。可以想象这是从远古时期小心翼翼地保存火种的行为中流传下来的禁忌。他们相信火能净化万物,因此使者或王公来到汗庭,都要经过两堆火的中间,防止他们可能会施魔法、带来毒素或妖孽。这体现了萨满教对火神的崇拜。在萨满教中,火是圣洁的象征,具有去污禳灾的功能,所以蒙古人把火看成家庭的保护者。这一点可能是受到了中亚文化的影响。世界上拜火的宗教很多,譬如中亚的琐罗亚斯德教,又被伊斯兰教称为拜火教,在中国被称为祆教(注意不要和"袄"字弄混,这个字读作"显"),就是崇拜火的宗教。他们认为火是最高的光明之神阿胡拉·玛兹达最早创造出来的儿子,象征着神和至善,火是创造一切的纯粹的本质。因此中国北方民族对火的崇拜,有可能是由突厥人从中亚带来的信仰。蒙古人还相信火种不断,意味着子孙繁衍、人丁兴旺。蒙古人的幼子守产风俗,幼子所继承的就是家中的火灶,被称为"守灶火之子"。

除此之外,还有一些千奇百怪的禁忌,柏朗嘉宾提到以下这些情况都是有罪的:依靠在马鞭上,用鞭子触及箭支,捕捉或射死雏鸟,用缰绳抽打马匹,用一块骨头砸碎另一块骨头,把奶或某些食物饮料泼在地上,在帐篷内撒尿,踩王公幕帐的门槛,把吞下去的东西又吐出来等。如果有意犯这些罪,就要被处死。如果是无意的,要向萨满缴纳一笔巨款用来赎罪,如果天火——显然是指雷电——降临到牲畜或人的头上,他们认为这是由于自己的恶行或厄运引来的,也必须请萨满举行赎罪的仪式,那些被亵渎的物品或幕帐从两堆火中通过,就可以涤除罪恶。

1253 年,法国传教士鲁布鲁克奉法兰西国王之命,到蒙古国拜见拔都汗的儿子撒里答。因为传说撒里答是一个虔诚的基督徒,并且传说蒙古地区有大量的基督徒,因此法兰西国王派他前去表示友好,并探听情况。鲁布鲁克将所见所闻写了一部书,叫做《东方行纪》,也被翻译成《鲁布鲁克东行纪》,这本书中也大量提到了他所见到的蒙古人的偶像崇拜和萨满教仪式。

他同柏朗嘉宾一样,首先注意到蒙古人幕帐里的翁衮,描述到:

"主人的头上总有一尊用毛毡制成的像,好像玩偶或塑像,他们称之为主人的兄弟,主妇的头上也有类似的像,称为主妇的兄弟,这些像附在墙上。两尊像之上还有一个细小的像,算是全屋的保护者。主妇把一张有绒毛的山羊皮放在右手卧榻足下,旁边有一个很小的像。妇女一侧的幕帐入口处还有一个为挤奶妇女安置的母牛乳房的像,入口的另一侧朝着男人的方向,有另一个为挤马奶的男人安置的母马乳房。"很显然,这里描述的是祖先的翁衮、全家的保护神翁衮和保佑牲畜丰产繁荣的翁衮。

他还讲到蒙古人喝酒之前敬奉各路神灵的仪式:"他们先把酒洒向主人头上的像,然后依次洒向其他的像。接着一名仆人拿着杯子和酒走出屋外,三次向南方洒酒,每次都要下跪,这是向火献祭,然后是东方,是祭风,又向西祭水,向北则是向死者献祭。主人举杯欲饮,也要先洒一些在地上。"这是把酒分别献给翁衮、水、火、风、祖先和地母。鲁布鲁克写的大概不全,现在的蒙古人喝酒,之前也有先洒向天空,然后洒向地面,最后抹在前额,分别表示献给天、献给地、献给祖先。因此不应该缺少向天献祭的步骤。

鲁布鲁克还讲到萨满进行占卜的方法。他在蒙哥汗的宫帐附近居住了 5 个月,随着蒙哥汗的斡尔朵迁徙,因此观察到不少萨满的活动。有一次,他看到萨满捧着羊的肩胛骨在营帐外面烧,直到骨头烧得像碳一样黑。他很奇怪这是干什么用的,于是打听此事,才惊讶发现"大汗如果不先向这些骨头请教,就不干世上的任何事。如果不先跟骨头商量一下,他甚至不许人进入他的宫室"。因此每天总有萨满在营地里寻找没有烧过的羊肩胛骨,然后蒙哥汗拿着三块骨头,向骨头询问是否该做某件事。萨满们在固定的房间里烧这些骨头,直到烧成黑色再送还给他。如果骨头被彻底烧裂,那么想干的事是可行的。如果骨头裂成横斜纹或出现小圆点,那么不可行动。只要三块骨头中有一块令人满意,就可以行动。

蒙哥汗非常信任萨满,他当面对鲁布鲁克表示:"萨满就是我们的教士,萨满说的任何话,必须马上去做。"鲁布鲁克在书中专门有一章

47

描写萨满,他把他们称为"占卜家"。他说:"他们(萨满)的人数极多,有一个头目,好像教皇。他始终把他的住所安置在蒙哥汗的大宫室之前,距离只有一投石之遥。"这里提到的就是成吉思汗所设置的别乞一职,也就是大萨满。"萨满们懂得一点天文,尤其是头目,他们向人们预报日蚀和月蚀。此外,他们预报任何一件事的吉凶,如果没有他们的允许,蒙古人就不调集军队或进行战争。"

"萨满还在孩子出生的时候,被叫去预测他的前程。有人生病的时候也找他们。他们念着咒文,向病人说明这是天生的病,还是因巫术所致之疾。"萨满可以回答人们想知道的一切,他们在夜间把想求问魔鬼的人——对于鲁布鲁克来说是魔鬼,不过对于蒙古人来说,当然是神灵——把这些人集合在营帐中,并把煮熟的肉摆在帐幕当中。请神的萨满开始反复念咒,并用手里拿着的鼓猛烈敲打地面,最后他进入癫狂的状态,让人们把自己捆缚起来,于是魔鬼就在黑暗中降临了。给他供上肉食,他就给予各种回答。

由于萨满负责解释一切,因此他们可以任意掌控人的生死。鲁布鲁克讲了一个惊人的故事。某次运来一些珍贵的毛皮,存放在蒙哥汗的一位妃子的斡尔朵里。萨满在把毛皮从火堆中穿过,使之净化的过程中,留下的毛皮比自己应得的更多。看守妃子库藏的一个女仆向女主人揭发此事,妃子责备了这些萨满。不久之后,妃子病了,四肢疼痛。萨满被召集过来,他们坐在不远处,让侍女把手放在女主人身体疼痛的地方,把她抓到的东西拿出来。这位侍女抓住一小片衣服上的毛毡扯了出来。萨满让她把毛毡放在地上,这块毡子开始蠕动,放进水里之后,变得像水蛭一样。于是萨满说,有一个巫婆使用妖术给皇妃带来灾害。他们指控之前揭发他们的那个女仆是巫婆,因此她被带到帐外,连续七天遭到殴打和其他酷刑,让她承认罪行。女仆始终不愿承认。最后妃子死了。由于女仆始终没有招认,蒙哥汗命令让她活着。于是萨满改为指控妃子女儿的奶妈,她是一个基督徒,她的丈夫是一个受人尊敬的聂斯托里派教士。这位奶妈和她的婢女又被严刑逼供。婢女招认说她的女主人曾经使用妖术,跟马说话并寻求回答。奶妈自己也承认曾经施展了一些希望让蒙哥汗更宠爱那位妃子的法术,但没有做伤害皇妃的事,于是她被处死了。她的丈夫尽管无罪,也被流放。

萨满的这种报复手段极其好用,鲁布鲁克提到,甚至有的时候,因为自然原因天气冷得使人受不了时,萨满也会从营帐中找出几个人,说寒冷是因为他们而引起的,然后他们就会被处死。

柏朗嘉宾和鲁布鲁克分别在贵由汗和蒙哥汗时期到达蒙古。等到著名的马可波罗来到元朝上都时,已经是忽必烈统治时期了。《马可波罗游记》中也提到了跟随大汗的巫师和占星者。他描写上都城的时候写到:"大汗每年居留在上都城的三个月之中,有时天气非常恶劣。跟随大汗的有巫师和占星者,他们谙练巫术,足以驱除宫室之上的一切风云暴雨。这一类巫师有两种,分别叫脱字惕和客失木儿,都是偶像教徒。"马可波罗所说的脱字惕是吐蕃的音译,客失木儿即克什米尔,很明显,这时候跟随忽必烈的巫师已经不再是萨满,而是来自西藏和克什米尔的藏传佛教喇嘛。马可波罗还在游记里提到:"他们所施展的无疑全都是魔法,不过他们假称是练就神功。而且这种巫师还有一个风俗,如果有人犯罪,依法处决后,他们会把尸体取来煮熟吃掉。然而若是善人死去则不吃。"食人显然不是萨满教中所有的现象。因此可知忽必烈之后,蒙古宫廷已经流行信奉藏传佛教。虽然此时萨满教仍流行于广大牧民之中,但它对于蒙元王朝政治的影响力已经不再。

1.7　萨满教的衰落

蒙古普通民众对萨满教的信仰,一直保持到明代16世纪后半叶。在元代,虽然藏传佛教萨迦派非常盛行,成为国教,但其实萨迦派当时的传播范围仅限于上层社会,大量的蒙古牧民仍然信仰萨满教。元朝覆亡之后,萨满教又重新成为蒙古人信仰的最主要的宗教。即使是明代蒙古的大汗,也都信奉天命,遇事向天祈祷,占卜以决疑。

直到明代中后期,蒙古土默特部俺答汗的势力控制了青海,于是西藏的藏传佛教格鲁派,又被称为黄教,就由西藏,经青海传入了蒙古。

·欧·亚·历·史·文·化·文·库·

在俺答汗和他的妻子三娘子的支持下,黄教寺庙在蒙古各地纷纷建立,大量的人出家为僧。藏传佛教和萨满教产生激烈的冲突。1585年,达赖三世到蒙古传教,要求蒙古人一律放弃萨满教,毁弃家家供奉的翁衮,改尊藏传佛教。他提出了严厉的要求,如果汗王的属民不皈依藏传佛教的话,就要抄家,没收帐幕、牲畜等全部财产。一本记载明代蒙古历史的重要书籍《蒙古源流》中记录这段历史,说"达赖喇嘛三世将蒙古地方的龙、鬼、魑魅、骆驼、马、牛、羊、猫、雕像、狼首各项妖魔,尽行拘收镇服"。这其实体现了当时的藏传佛教对萨满教多神偶像崇拜的彻底毁灭。当时蒙古各部王公都皈依了佛教,到17世纪上半叶,藏传佛教得到了广泛的传播。到1640年的《蒙古—卫拉特法典》中出现了这样的规定:"取缔萨满教的祖先神翁衮,违反者处以财产刑。招徕男女萨满者,按照人数多少科以多少财产刑,萨满也要支付一匹马的财产刑。诅咒贵族之家的萨满,科以五匹马的财产刑。凡是为了祭祀而杀死牲畜者(包括野鸭、麻雀和狗),依照所杀牲畜的数目多少科以财产刑。"经过了七八十年的斗争,萨满教彻底被从法律上归入非法宗教。

　　一种宗教在传播的时候,必须融入当地文化,藏传佛教也不例外。藏传佛教在蒙古传播的手段,其实是将萨满教依照藏传佛教的形式进行改造。譬如藏传佛僧们搜集了很多蒙古民间传诵的祷告词,填入藏传佛教的内容,以此种方式促进藏传佛教在民间的传播。总之,最后民间的萨满教也大部分接受了藏传佛教的信仰,改用喇嘛的祈祷仪式和经文进行祭祀。不过在少数地区,譬如今天东北地区的科尔沁、巴尔虎等蒙古部落中,萨满教一直零星地保存下来,到今天还可以看到萨满的活动。这可能是因为,藏传佛教在蒙古的传播路线大概是自西向东,当蒙古的大部分部落都皈依藏传佛教的时候,东北的各个民族,包括满族、赫哲族、鄂伦春族等,都还保持着古朴的萨满教,所以对于东北地区的蒙古人产生了影响。因此在17世纪初,《蒙古—卫拉特法典》已经确定了取缔萨满教的政策,东蒙古地区还是萨满教占统治地位。这个地区信仰藏传佛教,是直到皇太极决定支持藏传佛教,接见了内齐·托音,准许他前往科尔沁传教开始。

内齐·托音是一个著名的喇嘛,关于他的资料,有一本叫做《内齐·托音一世传》的书,是一个名叫额尔德尼毕力衮达赖的人写的。这本书记载了内齐·托音的生平事略、宗教活动和政治活动。内齐·托音出身于西部卫拉特蒙古土尔扈特部的一个王公家庭,曾经赴西藏求法,并曾在呼和浩特附近的山洞中修炼了 35 年。之后,他决定率领弟子去科尔沁传教,于是到达了当时后金的国都盛京,在今天的辽宁省沈阳市,谒见了清太宗皇太极。皇太极赐给他用于缝制袈裟的红布,允许他前往科尔沁传教。

内齐·托音来到科尔沁蒙古之后,进行大量的传教活动,据说他对蒙古王公说:"你们这里的王公、贝勒、贝子、大小诺颜(诺颜是蒙语"贵族"的意思)等虔诚的教徒们,以往昔的德业和三宝加持的力量,获得了善神,非常美妙。但众人却都供奉翁衮,这对此生此世,不但无益,反而有害,并且十分不利于永恒解脱。你们只要放弃供奉翁衮,崇奉卓越的三宝,今后一定有益于二乘。"因此诸位钦敬喇嘛的王公和诺颜都按照喇嘛的旨意,纷纷派遣自己属下的使臣,每人带着一名佛教僧侣,乘马奔赴各地,走遍左右的诺颜、官员和平民的家里,命令他们把翁衮交出来。

有的人立刻就交了出来,有的人仍然怀有对翁衮的信仰,不敢亲自去拿,也不敢用手指,只是努嘴示意:"在那儿。"最终,僧侣和使臣把翁衮全部收集起来,从四面八方把翁衮送到喇嘛的宅邸外面,堆起来足足有四片哈那墙的蒙古包那么大一堆,然后用火全部烧掉了。

除了强行取缔萨满教、毁弃翁衮之外,蒙古王公和喇嘛还鼓励牧民皈依藏传佛教。科尔沁的土谢图汗宣布:"无论什么人,只要能背诵教义的大意,本王将赐给他一匹马。只要能背诵《阎曼德迦陀罗尼经》,本王将赐给他一头奶牛。"因此很多穷苦的牧民拼命地背诵经文,出现了很多信徒,藏传佛教就这样广泛传播开来。

除了威逼利诱之外,内齐·托音也努力让藏传佛教和萨满教相融合,藏传佛教中也含有很多巫术的成分,包括针对驱邪的法术。内齐·

51

托音在传教的时候,把这些法术和萨满教的仪式相结合,使得下层的贫民容易接受。

但无论如何,东北地区的蒙古部落中,萨满教还是有相当的存留。有一些传说故事记录这个过程。其中一个非常著名的是达尔罕旗的王爷烧萨满的故事。据说这个故事大概发生在20世纪初。达尔罕王叫人传令,说王爷病了,命令把所有的萨满都找来。他们先后花了约一两个月的时间,找到了百分之八十的萨满。王爷对萨满们说:"今天我要考考你们。我在这里备下了场子,请你们在里面作法,外面我要架起一圈大火。等火烧完了,你们才许出来。如果你们能够忍受,以后才能自由地作法。"话音刚落,很多萨满都害怕了,纷纷下跪求饶。王爷说:"如果不敢进去,就得发誓一辈子不当萨满。"有的萨满就发誓不干了。也有一些萨满说:"既然当了萨满,只好生死由天了。"王爷就把他们赶进了一个用枯枝干柴围起来的10多米宽的场子。

一个70多岁的老萨满叫察嘎烈,要求王爷给他一缸水。王爷说:"你想藏在缸里吗?"察嘎烈说:"不是,我们萨满祖传的鼓是用火制造的,如果进入火场,内火、外火碰在一起,会出乱子,所以必须把鼓浸在水中。"于是王爷就给了他三缸水。

当时正是初春天气,刮着猛烈的西南风,火一点燃,就蹿起了一丈高的火苗。王爷命令旗兵手持刀剑和套马杆把火场围起来。萨满们忍受不了大火的灼烧,纷纷向外逃跑,旗兵就用套马杆把他们打回去。后来火越烧越猛,下风口的旗兵也被火熏得站不住,包围圈就裂开了一个缺口,很多萨满拼命从缺口往外冲,被旗兵用刀剑砍死了不少,一小部分萨满逃走了。大部分萨满不是被砍杀,就是被抓回火场,但火焰中有几个萨满始终没有跑,隔着浓烟烈火,只听见他们在敲鼓。最后浓烟散尽,木柴烧成了红疙瘩,火焰变成了透明的红雾。人们看见火中只剩下察嘎烈萨满,腋下夹着他的两个徒弟,好像在风雪中艰难地跋涉,身后跟着一个女萨满,手里敲着鼓。最后烈火燃尽,四个人走了出来,不停地哆嗦。察嘎烈说:"差点没冻死。"一边说,一边把胡子上的冰碴往下甩,原来他施法术,利用三缸水在火场中下起了大雪。达尔罕王目瞪口呆,吩咐让这几位萨满脱掉法衣,下去休息。察嘎烈说:"不行啊,脱衣有祖辈的规矩呢。"于是他站在门槛里,面向门外,跺着门槛唱道:

戴着红顶子帽出生的那颜
是别人给他发财的结果。
从通红的火中出来冻僵的我
是水中出生的灵魂。

戴着蓝顶子帽出生的那颜
是别人给他挣财产的结果。
在通红的火中炼出寒冷的我
是冰中出生的灵魂。

达尔罕王下令犒赏了这四个萨满,又命令被抓回来的萨满们拜察嘎烈的两个徒弟为师。就这样,在达尔罕旗,萨满教又传了下来。

· 欧 · 亚 · 历 · 史 · 文 · 化 · 文 · 库 ·

2　蒙元时期的道教

　　丘处机谒见成吉思汗,取得了成吉思汗的信任,全真道在蒙古国时期成为势力最强大的宗教。全真道创立于金末元初。这一时期北方地区出现了一些与传统道教不同的道教流派,被称为"新道教"。全真教是当时"新道教"中最有影响力的三大教派之一。由于全真教获得蒙古朝廷的优待,所以在蒙古国时期发展极盛,教徒众多,宫观遍布各地。

　　然而在蒙哥汗和元世祖忽必烈时期,道教在宗教辩论中输给了佛教,全真教的地位一落千丈。藏传佛教成为元朝国教。不过道教中最为传统的一个流派,南方的正一道,因为作出了忽必烈将统一天下的预言,从而得到忽必烈的信任,从此,正一道取代了全真道的位置,成为势力最盛的道教流派,在宫廷中的地位仅次于藏传佛教。

　　由于金庸小说《射雕英雄传》和《神雕侠侣》的流行,全真教、王重阳、全真七子等都是我们耳熟能详的名字。然而全真教到底是一个什么样的教派? 王重阳、全真七子、尹志平、李志常等是否确有其人? 这一教派在道教发展史中的地位如何? 与全真教同时的其他道教派别情况怎样? 正一教的历史渊源是怎样的? 这一教派在元朝又如何发展起来了? 这些都是笔者曾好奇过的问题。

　　想要弄清楚这些问题,必须了解关于道教的产生和发展的一些基本知识,南宋道教的情况,金末元初出现"新道教"的原因,"新道教"与传统教派的区别,全真道的创立、发展和对元朝政治和社会的影响,正一道的兴起,以及当时其他道教派别的情况。

2.1　道教和道家

　　道教是中国的本土宗教。中国最早的道教宗教组织是五斗米道和太平道,五斗米道的创始人张陵声称老子是道教的始祖,并且奉老子的《道德经》五千言为圣典,因此很多人都认为道教起源于老子的道家学说,其实这只不过是道教徒的伪托,事实并非如此。了解这一点,对于我们理解金元之际北方地区新道教的产生至关重要。

道教的起源,最初与古代的巫术和神仙术有关。巫是一种原始宗教,包括卜筮、与神灵沟通等,类似上一章所讲述的萨满教。神仙术士以长生为目标,宣称能够炼成不死仙丹,吃后可以飞升成仙。到战国时期,齐国的邹衍创造出阴阳五行学,依靠德(五行)和运(阴阳)来推算兴亡休咎。邹衍的阴阳五行学是一种哲学理论,并非宗教,但它是早期道教的主要思想来源。战国末年,巫师的巫术和神仙术士的仙方,结合邹衍的阴阳五行学说,出现了一批神仙家。神仙家帮秦始皇、汉武帝等求仙药、寻神仙,这种活动得到朝廷的支持,非常盛行,以至于儒学也出现了神秘化的倾向。汉代的今文经学家吸收阴阳五行学说,创造出谶纬之学。谶是一种宗教语言,使用隐语来预测吉凶,好像一种猜谜游戏,创造出一个谜语,假托是圣人所作,其中隐含着对未来的预测。纬与经书的“经”相对,是对儒家六经的神秘化解释。谶用来配合纬,纬书用来配合经书,里面有大量的神仙鬼怪之说,与神仙巫术区别甚微,今文经学家的书中甚至包括求雨的仪式和登坛作法的过程等内容。由于任何人都可以根据自己的需要创造谶纬,谶纬常常被野心家和反对当前政权者所利用,因此到东汉时期,政府已经开始控制谶纬的数量和使用,最终在刘宋时期被完全禁止。然而这种谶纬之学为神仙术士创立宗教提供了方便,可以说直接影响了道教的产生。道教中的很多说法和做法都受到了谶纬之学的影响。

在西汉末年,已经有人把方士称为道士,但这里的道士并不是指道教徒,因为当时把追求道德、行为高尚的人,都称为道士,就好像佛教中的佛,本来是智者、觉者的意思,释迦牟尼佛,从客观的角度来看,很可能只是一个追求人生哲理的精神导师。

不知道什么时候起,早期的道士把老子和黄帝奉为始祖,被称为“黄老之学”。老子之所以被封为始祖,是因为老子的《道德经》充满了

·欧·亚·历·史·文·化·文·库·

哲学、思辨和神秘主义意味,其清净无为和养生的观念也很适于神仙术士的学说,便于和阴阳五行学相联系。后来的道教徒经常任意发挥《道德经》中的话,譬如有内丹派的道士就认为《道德经》中"仿佛中有象有物,杳冥中有精有信"、"不贵难得之货"等,明显指的是金丹。而且《史记》中的《老子列传》对于老子的记载更是非常传奇。说孔子向老子问礼。离开之后,孔子对弟子说:"鸟,我知道它能飞,鱼,我知道它善于

老子

游,兽,我知道它善于跑。善于跑的动物,可以用网来捕捉,善于游的鱼,可以用钓鱼竿钓上来,善于飞的鸟,可以用箭射下来。但是龙是怎么样的呢?我一无所知。龙乘风驾云而直上九天,我今天见到老子,他就像龙一样啊!"也就是说老子高深莫测,孔子自认为远远无法达到,甚至无法理解他的境界。《史记》中还提到:"有人说老子活了160多岁,有人说活了200多岁,因为他善于修道养生。后来他西出函谷关,不知道去了哪里,也不知最终怎么样了。"老子这一神秘形象非常适合被附会为教主。

当时与老子并列,被道士奉为先圣、教主者,还有黄帝、庄子等。《史记》中记载黄帝与炎帝打仗前,曾经调和五行之气;打败蚩尤,统一天下之后,又多次举行鬼神山川的封禅仪式,获得了宝鼎和神策(在后来的道教传说中,宝鼎用来炼制丹药,神策是用来推算阴阳、卜筮、计算所用的蓍草)。他的德行广布天地,所以阴阳调和,海水不起波浪,山中的珍宝全都出世。因此有一些早期道教派别,譬如三皇经派,比较轻视老子,更崇奉三皇五帝,尤其以黄帝为尊。庄子的书中有很多神仙故事,还有与呼吸吐纳、守神修心之术相关的篇章。因此,黄帝和庄子被道士作为托言附会的对象也是可以想象的了。

但无论如何,黄帝是一个虚无缥缈的传说。老子、庄子虽然确有其

人,他们的学说只是一种哲学思想,属于先秦学术中的道家,而早期道教是巫术、神仙方术、阴阳五行学和谶纬之学相结合的产物。虽然早期道教借用了"道"这个概念,吸收了一部分老庄学说,但道教本身与道家思想其实是两回事。道教所尊奉的老子是天上的神灵,但实际上老子是一个真实存在过的哲学家。虽然《史记》中对他的记载模糊而神秘,但他的身份与道教神灵还是有所冲突。为了弥缝这种矛盾,汉末出现了一种道教经书叫做《老子变化经》,经书称老子托形化生,本来是天地的根本、万物的魂魄,而且能千变万化,随世沉浮,退则养精,进则成为帝王的老师,教化天下。然后又历数了老子的 9 个名字和历代化现的名字。这种老子变化思想虽然解决了老子的哲学家身份与神仙身份的冲突,却在后来成为佛教批判道教的重点之一。

随着道教的逐渐发展,道教徒不再拘泥于一定要找个真实存在过的人物作为道教的始祖,于是又编造出了很多凌驾于老子之上,时间更早于老子的各路神仙。说道教起源于天地产生之前,是由太元之气所生的元始天尊所创,这样老子就成了元始天尊的徒弟。这种故事越编越多,老子之前的神仙越来越多,老子在道教中的地位也越来越不重要,这更说明道教起源于老子只是道教早期的附会之说了。但是道教这一系列为了抬高自己地位的神奇说法,后来也成了佛教攻击道教的理由之一。

弄清楚道教和道家是两回事,对于理解金元之际新道教的产生是很有用的。宋朝末年,道教出现了很多问题,遭到了知识分子的批评,不得不穷极思变,变化的结果就是出现了北方的"新道教"。当时的人描述"新道教"的宗旨和教义,往往说是恢复了早期道教老庄之学的传统。实际上如果我们弄清楚道教最初并非老庄之学,就知道新道教的产生,与其说是一种恢复,不如说是一种改革,是大量吸收佛教、儒教和老庄道家思想,改变道教面目的一种努力。

2.2 道教的特点

与佛教、基督教、伊斯兰教这世界三大宗教相比,道教有一些非常

·欧·亚·历·史·文·化·文·库·

独特的地方,这些特点是由道教产生的背景和发展的历史所决定的,这些特点是道教赖以生存、区别于其他宗教的基础,但同时也成为其他宗教批判道教的口实。为了理解后面我们将会大量叙述的佛教对道教的批评,我们有必要先了解道教的这些基本特点。

道教的第一个显著特点是多元化。

世界三大宗教都有明确唯一的创始人和最初最根本的一部或者一批经典。这最初的经典就是该宗教后来产生的一切经典或教义的起点、核心和依据。譬如佛教的创始人,也就是佛,是释迦牟尼,是古代迦毗罗国的王子。他一生所说的言教、制定的戒律,加上僧人和菩萨对于教理的解释和研究,被称为经、律、论,这就是佛教的主要经典。基督教的创始人和救世主是耶稣,根本经典是《圣经》。基督教还有一批最早跟随耶稣,被他赋予了传教使命的使徒,他们是基督教最早的骨干。伊斯兰教的创始人是穆罕默德,根本经典是《古兰经》。这些都是非常明确、众所周知的。

然而道教却没有固定的创始人和最根本的经典。道教徒声称老子是创始人,《道德经》是根本经典,前面我们已经说过这并非真实情况,不过是后来的附会,到后来连最高神也不再是老子,而变成了虚构的元始天尊。实际上道教只有某一些派别有创始人,譬如天师道的张道陵、全真道的王重阳等。也有不少派别甚至连创始人也没有。道教是由众多个人和派别逐渐汇合后形成的,道教汇合的目的,除了有相似信仰和共同理论基础外,毋宁说是为了对抗外来的佛教。道教正式形成之后,还不断有新的派别加入。因此从整个道教来讲,并没有唯一的创始人和与之紧密相关的根本经典。我们也无法指出某一部或一批道经来代表道教所有派别的教义。这是道教一个十分显著的特点。然而这一特点并不被道教徒所承认,他们往往宣称自己的根本经典是《道德经》,创始人是老子。因此当佛教徒提出其他非老子所作的经典为伪经,要求他们只尊崇《道德经》的教化时,道教徒就有苦难言了。

道教的第二个重要特点是包容性极强。在中国古代的各个时期,都不断吸收其他各种宗教的特点,变成自身的一部分,尤其是受儒家思想和佛教的影响很深。

儒家思想本来就是道教的思想渊源之一。在汉代,今文经学家和道士的界限已经有些模糊,前一节也已经提到,儒家的谶纬之学是道教思想的来源之一。而且儒家的六经之一《周易》也几乎可以看做是一部道教经典,《周易》中的宇宙生成理论是道教的基础理论之一。道教还全面吸收了儒家的伦理思想,《太平经》里已经在反复宣扬忠孝仁义等行为准则。此外,汉代盛行的天人感应、善恶报应等思想,敬天祭祖等仪式,也被道教大量吸收了。总之,两汉时期,中国最盛行的就是儒家学术,这个时候产生的道教团体,不可能不深受儒家思想的影响。

在魏晋南北朝时期,为了对抗外来的佛教,消除和农民起义相联系的不利影响,道教开始从内部进行改革,大量吸收儒家和佛教的思想和仪式,在教义、仪轨、修持等各方面都有了相当的发展,无论是从外表还是内涵,都脱离了早期原始的,甚至粗陋的成分。这与当时北方的寇谦之,南方的葛洪、陆修静、陶弘景等一批士人是有很大关系的。这一批在魏晋时期不断改造道教的人,多少都带有儒家或佛教的色彩,因此道教也成了一种兼容并蓄的宗教。

葛洪、陆修静和陶弘景生活在南朝。葛洪著有《抱朴子》一书,是著名的道教经典,分为内篇和外篇。其中内篇是专门讲道教的,但外篇却是讲儒家思想的。这本书的主要目的是论证道教为本,儒家为末,但同时他也把大量的儒家伦理纳入了道教教义。

陆修静也是一介儒生,但对于道术非常倾心。他整理了大量的道教典籍,编写了《三洞经书目录》,第一次把道教经典做了分类整理。后来《道藏》编写的三洞七部一十二类分类法,基本上是沿用陆修静的方法。

陶弘景是陆修静的再传弟子,也是南方道教活动的集大成者。他用图谶的知识帮助梁武帝称帝,跟皇帝的关系很密切,有"山中宰相"之称。他编写了《真诰》这本书,这本书大量吸取了佛教《四十二章经》的内容,里面叙述了道教中的仙真、品位,神、鬼们居住地洞府窟宅,还有许多神仙们降灵时说的话。他还写过一本书叫《真灵位业图》,其中

59

记录了天上神仙的官阶品位秩序——基本是按照人间官府的尊卑结构而设计的。除此之外,由于陶弘景进行过很多试炼丹药、采集服食的活动,因此留下了不少医药方面的书籍。

寇谦之和崔浩是北方人。寇谦之早年修习道术,自称曾经见到过太上老君,并且被老君授予天师之位。崔浩出身于清河崔氏,是信仰天师道的世家大族。寇谦之曾向北魏太武帝拓跋焘进献《图箓真经》,号称是老子亲笔所写,由神人传授给他,让他辅佐北方太平真君。这番话满朝大臣都不太相信,只有崔浩上书说古代圣贤帝王受命登基,一定有上天的祥瑞作为呼应,神人授书是前所未有的祥瑞,劝皇帝接受。崔、寇二人共同努力,竟然让太武帝在 440 年改年号为"太平真君",并亲自到道坛接受符箓,从此崇奉天师,宣扬新法。寇谦之和崔浩无疑都是尊崇传统礼法的儒士,或许是为了在异族统治下保留中原文化的延续传承而采用了宗教的手段。因此寇谦之所创的北宗天师道,也大大加入了儒家的背景。

因为上述这些人的努力,道教的势力有了很大发展,其内涵也被大大丰富了。因此,在后来能够获得朝廷和士大夫们的欣赏。

道教思想也很明显受到佛教经典的影响。由于东汉魏晋时期,很多农民起义都是打着道教的旗号,因此统治者和上层阶级对道教采取了压制和排斥的态度,使得当时道教在上层社会的影响力远逊于佛教,错过了发展的时机。因此道教不得不在很多方面借鉴佛教。佛教最先把佛教全集称为《一切经》,道教只好把道经全集称为《一切道经》,"道藏"一词的正式确立,也是在佛教的《大藏经》出现之后。从一些具体的道经名称中更能清晰地看出来此种影响。佛教把佛经分为十二部经,这十二类的名字都是由梵文意译的典型佛教词汇。其中有一类是因缘经,讲述见佛闻法的因缘和佛说法教化的因缘。佛经中有《因缘僧护经》、《闻城十二因缘经》、《贝多树下十二因缘经》等,道教也有《太上洞玄灵宝业报因缘经》、《太上洞玄灵宝出家因缘经》等。还有一类是本生经,内容是佛讲述自己过去世的因缘,佛教有《大乘本生心底观经》,道教也有《玉清无上灵宝自然北斗本生真经》。除名字之

60

外,模仿佛经内容的也很多,譬如陶弘景的《真诰》就有抄袭《四十二章经》的内容。《太上灵宝元阳妙经》抄过《大般涅槃经》,《洞玄灵宝太上真人问疾经》抄过《法华经》。《续道藏》里有《太上中道妙法莲花经》,明显是整部模仿佛教的《妙法莲华经》,文字不太相同,意思都差不多,经书的内容是说元始天尊在大罗天中为诸真人演说道法十七品,普度众生,演说的内容大概是因果报应之类,旨在劝人们行善戒恶。这部道经里面有很多佛教的名词术语,譬如七宝、轮回、因缘、须弥山、狮子吼、四大天王、勇猛精进等等,受佛教思想影响极为明显。

道教的很多神仙都可以从佛教中找到根源,有的从佛教来的神还是用原来的名字供奉。譬如我们非常熟悉的哪吒,也就是现在新加坡还有人拜的莲花三太子,就本是一尊佛教神明,他这名字来自于梵文,他的父亲是毗沙门天王。但经过中国通俗小说的渲染,哪吒变成了道家的神仙,成了元始天尊的徒孙、太乙真人的徒弟,因为死过一次,由莲花托生,因此有了莲花三太子这样的称呼。而他的父亲毗沙门天王,在小说里变成了托塔李天王。《水浒传》第八回《柴进门招天下客 林冲棒打洪教头》里面,提到林冲看管的天王堂,所拜的就是他。

道教还吸收了佛教的很多观念,譬如道教把天分为数层,从最初的九层到后来的三十六层,这是从佛教中来的。道教本来讲五方、六合,后来吸收了佛教的十方的概念,在道经中增加了十方救苦天尊。道教中本来没有来世、转世等概念,佛教流行之后,才开始吸收了这些观念。因为承认转世,所以有了超度的观念,因此类似于佛教的盂兰盆节,道教也开始盛行中元节。在道教超度的程序上,主持仪式的法师是源自于地藏王菩萨的太乙救苦天尊,也就是哪吒的师父太乙真人。此外,早期道教追求成仙时,认为能否成仙要看是否有仙根,这是命中注定的。后来吸取了人人均能成佛的佛性说,创造了人人均可成道的道性说。有很多学者专门研究佛教对道教的影响,下面在讲到金元时期的三教合一时,还会更详细说到全真教吸取的佛教思想。

总之,上述种种,说明了儒家、佛教、道教早已是相互有很深的影响。尤其是道教作为包容能力极强的一种宗教,处处采纳新的思想来

·欧·亚·历·史·文·化·文·库·

源。后来佛道辩论的时候，佛教严厉批评道经的内容抄袭佛经，明显都是伪经，道教徒难以反驳。其实这种模仿的能力和包容性，正是道教得以不断发展壮大的重要原因。

道教的第三个值得注意的特点是好生恶死和功利主义。好生恶死决定了这种宗教追求现世的幸福，从而产生出功利主义的特点，而功利主义的宗教则更易于与政权相结合。

大部分宗教都相信除了我们所生活的人世间之外，还有另外一个或多个世界供神灵和人死去之后居住，相信除了此生之外，死后还有另外的时间和空间需要考虑。佛教相信有前世和来生，有六道轮回，基督教也相信天堂和地狱。但道教在最初产生时并无来生和轮回的概念，也不考虑存在另一个世界的可能性。

佛教流行之前，道教中没有过去世和未来世的思想。道教最重要的思想来源之一是神仙方术，古代的神仙家不考虑死后的事，而是志在飞升成仙，只关心现世的幸福，克服现世的死亡。受到佛教的影响后，道教中才出现了地狱和超度的观念，开始有三世轮回的概念。根据中国传统信仰，人死后仍然在这个世界上，只不过都要往东去泰山报道，归泰山府君管辖。这种信仰与萨满教颇为类似，同时令人想起了萨满教中东方主宰死亡的观念以及高地信仰。受到佛教的影响，道教中出现了十殿阎君，阎罗王成为其中之一，十殿阎君中还有一个很不起眼的泰山王，就是中国民间传统信仰中的泰山府君。后来的民间信仰中，泰山府君变成了阎罗王的书记官。虽然如此，我们仍可发现，无论是道教的丹鼎派或符箓派，最重视的仍然是此生的延续和享乐。丹鼎派的目标是长生成仙，符箓派更类似于一种魔法，对于道教符箓派来说，神灵和鬼怪更只是他们用于追求此生幸福和利益的工具。从这一点来看，道教和萨满教还是颇有相似之处的。

道教徒相信神仙世界是与人间世界并存的，凡人修道的时候，有可能通过做梦的方式遨游神仙世界。道经中所描写的神仙世界与凡间世界并无本质不同，只不过是没有苦恼，只有享乐。但这种享乐，不客气地说，仍是一种世俗的享乐，包括金碧辉煌的宫殿、莺歌燕舞的美女、佳肴美酒、仙乐异香等,甚至神仙的等级划分也与人间的官僚层级并无不同。

一种宗教的存在和发展,既需要下层民众的信奉,也需要上层统治者的支持。东晋一个著名的僧人道安曾说:"不依国主,则法事难立。"没有上层支持,很难有稳定的经济来源,然而要获得上层的支持,则必须能够有利于上层阶级的利益。从本质上来讲,一切宗教都是功利主义的,但大部分宗教所要解决的问题都存在于另一个世界,所承诺的利益未免有点雾里看花,远水不解近渴。而道教的目的是解决此世的问题,承诺眼前的幸福,更容易引起上层阶级的兴趣,对于统治者来说,也是更容易利用的工具。不过对于现世的上层事务干预过多,也会造成很多问题。在北宋末年,林灵素创建的神霄派几乎成功建立了政教合一的政权,道教此种问题的严重性也达到了前所未有的程度。

2.3 道教的派别

道教的派系极多,传承也很复杂,根据北京白云观的抄本《诸真宗派总簿》中所记录的就有 86 派,当然这份记录从历史角度来讲是不可靠的,譬如其中有老子所传的混元派和尹喜所传的尹喜派,显然都是后人伪托。前面已经讲过,道教的特点之一就是多元化,最初形成时,就由很多派别汇合而成,形成之后,又不断有新的派别加入,因此我们只能大概了解一些比较粗疏的分类,帮助我们理解道教的内容和发展过程。

由于道教的思想来源多种多样,因此内容也是纷繁芜杂。根据不同的思想来源,道教可以大致分为两大派。早期道教的主要思想来源是神仙术和巫术,神仙术士所追求的目标是长生、成仙,以炼丹服药为主。巫术则以招魂驱鬼、符箓禁咒、占卜祈雨之类为主。后来以神仙术为主的道教发展为道教丹鼎派,而以巫术为主的道教发展为道教符箓派。

早期道教以丹鼎派比较盛行,因为皇帝贵族大都希望长生不老,

·欧·亚·历·史·文·化·文·库·

对于丹鼎派的炼丹成仙之术更感兴趣。最早出现的道教经典《周易参同契》就是一本讲述炼丹术的道经。这本书是将炼丹术和《周易》的理论相互参同,使之契合,运用《周易》学说来论述炼丹成仙的秘法。譬如书中将人的五脏分别与五行相对应,然后用《周易》所讲的乾坤六十四卦的规律来解释搬运五行之气,使之炼成金丹的方法。这本书是丹鼎派非常重要的经典,创造了修炼金丹的基本理论。《周易参同契》中所讲的炼丹方法,包括内丹术和外丹术两种。内丹术就是修炼内在的精气,用神志搬运精气,使之在体内结成金丹,具体的方法包括呼吸吐纳、导引之术等(导引之术可以理解为体操,譬如华佗的五禽戏就是一种著名的导引术),炼成金丹之后即可长生成仙。这种法术有点像武侠小说中描写的内功心法。外丹术则是采集药物,炼成仙丹。奉行外丹术的道士认为,炼成的丹药可以像金子一样历久不坏,因此人服用了这种丹药也就可以长生不死,飞升成仙,所以外丹术炼成的丹药也被称为金丹。这种法术又有点像武侠小说中描写的炼制可以提升若干年功力的珍贵灵药。后来丹鼎派又分为内丹派和外丹派,分别以修炼内丹和炼制外丹为主。

虽然丹鼎派最早得到了皇室的扶持,因此盛行一时,但这种法术成功的很少,除了一些传说故事,没有严肃的历史记载过吃丹药飞升成仙的事件。炼制外丹的主要原料是中草药加上含有铅、汞等重金属的矿物质,这样才能炼出像金子一样历久不坏的金丹。可想而知,吃这种东西很容易中毒。不但没有听说过因为服食金丹而长寿的人,还有不少人因服食丹药中毒而死。修炼内丹成功飞升的传说很多,但实行起来也少见实效。而且无论修炼内丹还是外丹,都需要大量的金钱和时间,不是普通人可以负担的。因为这个缘故,丹鼎派只能在短时间内盛行于上层社会。而普通民众之中,以巫术为主的符箓派渐次流行,于东汉时期建立起两种最早的符箓派道教宗教团体,即五斗米道和太平道。

五斗米道是汉中的张陵所创,据《后汉书》和《三国志》中记载,因为他规定入道的人都必须缴纳五斗米,因此而得名。有人认为"五斗米道"是当时人对他们的俗称,从他们信奉的经典《正一盟威箓》来看,他们可能自称为正一道,后来因为教团内部把领袖称为天师,逐渐发展为天师道。太平道是河北的张角所创,主要流行于河北、河南、山东一带,因其所尊奉的《太平经》而得名。他们领导了著名的"黄巾起义",直接导致东汉的灭亡。

有人认为,无论太平道也好,五斗米道也好,最早的道教宗教团体本质上是一种民间政治团体,是以建立政权为目标的,只不过以宗教为号召,以信仰的力量结合更多人而已。三国时期,张陵的孙子张鲁,成为第三代天师,他的母亲貌美,擅长道术,经常出入于益州牧刘焉的家,于是刘焉任命张鲁为督义司马。他和太平道的张修一起进攻汉中,夺取汉中之后,张鲁杀掉张修,合并了他的部队,并不因为同为道教而结盟互助,足见其宗教意味确实有限,政治意味更加浓厚。张鲁占据汉中后,建立了政权。汉末皇室衰微,无力讨伐,封他为镇民中郎将、汉宁太守。他在汉中的统治颇为成功,建立统治机构,首领被称为"祭酒",分别率领教化一部分道众。他要求大家诚信、不得欺诈,生病的人都要忏悔自己的罪过,犯了小罪的人无须受刑,只需修路一百步即可抵罪。还建立很多义舍,在里面放置义米肉,也就是义务食堂,路过的人都可以免费吃到饱。后来张鲁自称汉宁王,汉中人民在他的领导下安居乐业,关中的百姓因为苦于战乱,大量前来投奔,数以万计。215年曹操南伐,张鲁投降曹操,被封为镇南将军。张角所领导的太平道也比较类似于军事组织,分为三十六方,分别设立首领统治部众,号称"苍天已死,黄天当立,岁在甲子,天下大吉",于中平元年(184)头戴黄巾起义,转战大江南北,声势极其浩大。在魏晋时期,南方的天师道信仰非常盛行。著名的书法家王羲之、王献之一家,世代都是五斗米道的忠实信徒。东晋末年著名的孙恩、卢循起义也是打着五斗米道的名号,召集了大量教众,声势浩大,是东晋灭亡的重要原因。

符箓派道教组织从一开始就和农民起义联系在一起,后来又屡屡成为起义军用于号召和宣传的旗帜,因此遭到了上层阶级的排斥和压制。与丹鼎派相比,符箓派道教比较缺乏思想内涵和哲学理论,很难引

·欧·亚·历·史·文·化·文·库·

起知识分子的兴趣。再加上魏晋时期,佛教在中国大为流行,道教为了对抗佛教,有必要统一自身的力量,加强深度。到了南北朝时期,有不少士大夫开始从内部改造道教,进行汇合统一的工作,汇集经典,创造教义,传承源流和神话传说,使其获得上层统治者的支持,最终成为除了儒家、佛教之外,士大夫阶层的主要信仰。

北朝著名的道士寇谦之,修习张道陵之术,号称曾遇到老子,老子命令他继承张道陵的道法担任天师。他把丹鼎术和符箓术合二为一,开创出新的北宗天师道。南朝刘宋的陆修静是南方道教改革的集大成者。他将当时的道教经典收集整理,共得1090卷,编成《三洞经书目录》,"洞"就是"通",意思是经典可以引导人通向玄妙之境。三洞分别是洞真部、洞玄部、洞神部,当时的道教并没有明显分派,但经书的传承各有系统,这三洞对应三种主要的经书传承体系,分别是上清经、灵宝经和三皇经。

上清经,据《真诰》的记载,是由几十位男女神仙降临传授。这些神仙中有魏齐王曹芳时期的南岳女祭酒魏华存,世称魏夫人,被封为上清派第一代太师。这一派经书被收入洞真部。此派不重视符箓、斋醮、外丹等术,以存神服气、积累精气等内修之术为主要的修行方法。上清派在三派中势力最大,上清经被认为是最纯正的经典,没有伪经,所以叫洞真。上清派最初流行于江南一带,后来主要在江苏茅山地区活动,又被称为茅山宗。这一派由于支持李渊政权,在唐代最受重视,茅山道士也成了道士的代名词。但到了元代,正一道势力最大,上清派也被并入正一道中。

灵宝经有旧经、新经之分。传说三国时期由三真传给葛玄的是旧经35卷,葛玄传给子子孙孙一直到葛洪,葛洪再传至从孙葛巢甫。葛巢甫又增撰了不少,扩大到55卷,被称为新经。这些经书被收入洞玄部。灵宝派比较重视符箓、科仪、斋戒,是典型的符箓道教派别。灵宝派强调用符咒驱鬼降魔、祈福禳灾、救苦度厄、济世度人,主要经典是《度人经》。洞玄经被认为妙用无穷,毫无滞涩。灵宝派的活动中心在江西的阁皂山,元代以后,也被并入正一道。

三皇经传说是三国时期的帛和最早获得,后来传给葛洪,我们通常认为是葛洪集结的各派经典。这一派经典直接继承了两汉方术神仙道的分散组织和个人教派,其内容突出神仙信仰和神仙方术,更为崇拜三皇五帝,比较轻视老子。包括不少事神召鬼等巫术内容,以符箓为主,被收入洞神部。洞神经被认为法力深广难测。然而这一派经书较为杂芜,唐代初期,朝廷下令焚禁三皇文经,以《道德经》取代。

三洞经书的汇集,体现出南北朝道教形成时期,江南流行的主要派别之间相互调和和统一的情况,三洞成了道藏的代名词,也有不少道士自称三洞弟子、三洞法师。然而三洞经书只能代表江南的道经。还有活跃于各地的五斗米道——也叫做正一道,北魏有寇谦之创立的北宗天师道,以楼观台为中心的楼观派当时也有很大影响,还有重视著书立说的重玄派,重视传授的金丹派,此外还有很多其他流派。在《三洞道经目录》编成之后,还不断地出现新的道经,因此到唐初又出现了四辅,即太玄、太平、太清和正一,作为三洞分类的辅佐,与三洞统称七部。其中太玄部包括重玄派最重视的《道德经》等,是比较理论化的派别;太平部表示太平经出则天下太平,以太平道的《太平经》、《太平洞极经》为主;太清部表示升入太清仙境,以金丹经为主;正一部"正以治邪,一以统万",包括《正一盟威妙经》等,显然与正一道有关。四辅与三洞有辅佐的关系:太玄部辅洞真部,太平部辅洞玄部,太清部辅洞神部,正一部号称是对以上各部经书的解说和补充,实际上说明后来正一道的势力大大发展了,囊括各派。就正一部来说,《正一经》中并不承认自己"辅"的地位。通常七部的排列顺序是:洞真、洞玄、洞神、太玄、太平、太清、正一,但在《正一经》中,这个排列顺序变成了:洞神、洞玄、洞真、太清、太平、太玄、正一。这个顺序初看颠倒混乱,实际是正一部重新从低到高地排列,正一经居于首位,四辅在三洞之前,这种排列体现出正一派后来居上的地位,非常有趣。

隋朝统一南北,为南北道教的融合和发展提供了有利条件。隋末政局不稳,群雄并起,很多道士为各个政治集团制图谶,其中最为流行的就是"李氏当为天子"和"老子度世,李氏当王"。这些谶语继承了东

·欧·亚·历·史·文·化·文·库·

晋以来就非常流行的"李弘出世"的信仰。李弘被塑造为太上老君降世的化身,可以带来太平治世。茅山宗陶弘景的徒弟王远知,受到隋炀帝的优待,从南方到北方传道,就在唐高祖李渊起兵前,秘密地告诉他符命,又预言李世民将会成为太平天子。李渊起兵之后,楼观道士岐晖预测他是"真君出世",立刻前来投奔。因此李渊称帝后立刻宣称,李氏兴起称王是上天指定的,实在是天命所在,并且确认老子是他的祖先。王远知、岐晖等都被封为高官,道教的地位大大提高。李渊曾在诏书中说:"悉达太子求道六年,方才成佛,可见道能生佛,佛由道成,道是佛的父师,佛是道的弟子。道大佛小,由此可知。"这种态度引起了佛教徒的不满,导致了佛道之争。但李渊明显偏祖道教,因此又规定:"道教和儒教是本土的宗教,佛教是后来兴起的,应该以客人的礼节对待。下令老子先,其次孔子,最后释教。"此后经常指责佛教,要求沙汰僧人,减少佛寺。之后唐太宗李世民和唐高宗李治都继承了这种崇道抑佛的政策。老子被封为"玄元皇帝",道士都隶属宗正寺,排在诸王后面,被当做皇家宗室来对待。《老子》成了科举考试的内容,人人都必须学习。武则天掌权时期,依靠佛教为其制造舆论,僧人呈上《大云经疏》,说武则天是弥勒下生,因此短时间内,佛教盛于道教。但唐玄宗李隆基登基后,把道教抬到了更高的地位。玄元皇帝老子被加上了更多尊号,并在全国建玄元皇帝庙。道观被尊称为宫,庄子、文子、列子等都被列入道教传承系统。唐代皇帝大都相信神仙长生之术,炼丹服药,唐玄宗更是为此投入大量财力物力,他不但自己服药,还把药物赐给臣子,服药成为一种贵族风尚。唐代后期的皇帝,个个求仙服药,愈演愈烈。

唐代是一个道教各派别相互融合的时代。首先,由于朝廷对《道德经》的推崇,讲求老学义理的重玄派融入了各个教派。其次,因为需要道士举行大量的斋醮活动,灵宝派最擅长的斋醮仪式也被各派普遍遵行。茅山宗在唐代地位最高,它融合各教派成为唐代道教的主流,在南北各地都有普遍发展。

到北宋末年,出现了一个符箓道教派别神霄派。从历史的角度来看,神霄派是北宋末年的王文卿、林灵素所创造的,但由于他们自称传自唐玄宗时期的道士汪真君,所以也有人认为这一派源自唐代的符箓道教。由于林灵素取得了宋徽宗的信任,神霄派一度势力极盛,虽然得势时间很短,但对北宋的政治和道教的发展都产生了很大的影响。

神霄派得势的过程颇为有趣,充分体现了道教追求现实幸福、易于与政权结合的特点。后来丘处机在会见成吉思汗的时候,也讲到了关于林灵素与宋徽宗的故事,描述其君臣相得的融洽关系来劝说成吉思汗信道。这是耶律楚材所非常反感的,也成为耶律楚材批评丘处机的原因之一。为了理解新道教产生的背景、丘处机对成吉思汗讲述这一事件和耶律楚材对此表示反感的原因,我们不妨占用一节,了解一下北宋末年的神霄派与林灵素。

2.4　北宋末年的神霄派

宋徽宗的佞道,对于传统道教的衰微和新道教的兴起是有很大影响的。宋徽宗是北宋的第八位皇帝,也就是我们熟悉的,被金人掳走的徽、钦二圣之一,算是北宋的亡国之君。他信奉道教,自称道主教君皇帝,大建宫观,并为道士设置官阶二十六阶,发给道士俸禄。金兵第一次南下的时候,他传位给宋钦宗,当了太上皇,又自称道君太上皇帝,真是道教的忠实信徒。他在位期间,非常宠信一位道士叫做林灵素。在林灵素入宫期间,徽宗的崇道达到了顶峰。林灵素为宋徽宗设计了一套政治和宗教相结合的制度,称宋徽宗是玉皇大帝的长子神霄玉清王下凡,是玉皇大帝任命的人间主人,朝廷百官都是神霄玉清王府的成员,达到了政教合一的地步。

南宋有一位文人叫赵与时,是宋太祖的七世孙,他的儿子就是著名的书法家赵孟頫。赵与时写过一部笔记叫《宾退录》,内容颇为八卦,记录的都是平常与宾客闲聊之事,等到客人走了之后,把聊天的内容写下来,因此叫做《宾退录》,是一部很有趣的笔记。这部书里有一条很详细地记载了林灵素的生平和得到宋徽宗信任的经过。

·欧·亚·历·史·文·化·文·库·

　　林灵素本名叫做林灵噩,早年间穷困潦倒,最初投入寺庙,打算当和尚,但因为行为不检,嗜酒成性,被僧人笞打辱骂,赶出了寺庙,于是弃佛从道。他于政和三年(1113),来到京都开封,住在东太一宫。

　　政和五年(1115)的一天,宋徽宗做了一个梦,梦到自己受东华帝君的邀请,游览神霄殿。他醒来之后觉得很奇怪,认为可能是神仙给自己的启示,于是让道录徐知常去寻访有关神霄的事迹和异人。徐知常身为道录,管领道教事务,应该对道家各派都很熟悉,但是居然没听说过这么一派,觉得非常为难。这时候有人告诉他:有一个温州的林道士,经常提到神霄,现在住在东太一宫。徐知常很惊讶,立刻找到林灵噩,带他来见徽宗。

　　徽宗问他:"你有什么本领?"林灵噩说:"我上知天宫,中识人间,下知地府。"于是徽宗向他询问关于神霄的事。他说:"天一共有九重,神霄是最高的一重。管理神霄这一重天的机构叫做神霄府。在神霄天上神霄府中有一位玉清王,是上帝的长子,他主宰南方,名号是长生大帝君。而陛下您就是他降临在世间的化身。神霄玉清王的弟弟被称为青华帝君,主宰东方,他就是在梦里请你过去玩的那个人。我自己乃是您的神霄府中的仙卿,名字叫褚慧,现在也下至凡尘,辅佐您统治天下。"

　　说完这番故事,徽宗很是高兴,然后他又给当时的各个得宠的官员,都按照他们的官位安上了合适的玉清王府神仙官名。譬如宰相蔡京是神霄府左元仙伯,翰林学士承旨王黼是文华吏,盛章、王革都当过开封尹,也就是京都的最高长官,因此是园苑宝华吏,当时皇帝的宠臣郑居中、童贯等人,都有神仙官位。刘贵妃正在得宠之时,因此是九华玉真安妃。徽宗和大臣们非常满意。于是徽宗赐给林灵噩一个名字,叫林灵素,并且封他为"金门羽客通真达灵玄妙先生"。

　　关于林灵素的发家过程,《宋通鉴长编纪事本末》中有另一种说法。说林灵素常年在僧寺中乞讨,和尚们都很讨厌他。后来他来到湖北一带,跟当地的恶少打架,被带到官府,当地的通判官——可能也是对道术很感兴趣的人——发现他懂得道术,因此把他救了出来,请到自己家里,询问他关于呼吸吐纳、烧炼丹药、飞升之术等事。后来这位通判官带他到了京城,把他推荐给蔡京。蔡京又带他见到皇帝。然后林灵素就大言不惭,说徽宗实际上乃是长生大帝君,蔡京乃左仙伯,而他自己则是褚慧等等。

这两种说法倒并不矛盾。由于宋徽宗喜好道教,因此臣子们投其所好,专找道士来讨他欢心,这是很有可能的。大概蔡京碰到了林灵素,发现他口才好,又有点本事,正想方设法地要把他推荐给皇帝,正好皇帝又做了关于神霄的梦。根据《宾退录》的说法,徐知常是完全没听过神霄这回事儿的,但有人告诉他有一位林道士很擅长这一派,这个人未必不是蔡京或蔡京的同党。至于神霄,虽然是一个常见的道教名词,但这一派的出现,可称是林灵素首创,后来在南宋直到元代还有很多人修习,一切均可算来源于徽宗的那个梦。

徽宗得知自己是神霄玉清王下凡后,对林灵素非常宠信。政和六年(1116),京师发生了很严重的旱灾,徽宗让林灵素作法求雨,结果林作完法事,毫无反应,还是没有下雨。当朝宰相蔡京上奏,说林灵素是一个妄人,应该降罪逐出,不再诏见。皇帝很着急,秘密把林灵素找来,说:"我什么事儿都听你的,你快快作法,求得三天大雨,以免大臣们议论毁谤。"于是林灵素赶紧召来了建昌军南丰(今天的江西抚州)的道士王文卿,说王文卿乃是神霄府的甲子之神兼雨部,也就是专门管理下雨事务的神仙官员。然后林和王一起祷告祈禳。王文卿来了之后,设坛作法,果然下了三天大雨——之前本来大旱,又作法,又找王文卿,王文卿从江西抚州赶到河南开封,又继续作法,拖了这么久,大概也该下雨了。皇帝非常高兴,赐王文卿为神殿侍宸一职务,从此更加宠信林灵素。王文卿大概是个真正的道士,他不愿做官,又回山里修道去了。

有一次,宋徽宗对林灵素说:"我上次到青华帝君那里去,他告诉我要改除魔虐,这是什么意思?"林灵素过去当和尚时,因为不守清规戒律,吃了很多苦头,还被赶出寺院,对和尚非常痛恨。此时听到宋徽宗的梦,真是天缘巧合,赶紧对徽宗大讲佛教害道的理论,恨不得让皇帝下旨禁绝佛教。对于灭佛,徽宗大概还有些犹豫,林灵素出主意说:

71

"现在虽然不能灭佛,但是应该改正,让佛教从属于道教。把佛刹改为宫观,释迦牟尼改为天尊,菩萨改为大士,罗汉改尊者,和尚改德士,尼姑改成女德,管理佛教的机构僧录司改成德士司。所有的和尚都要留头发,带道冠,手拿写有姓氏和师号的木简。"于是徽宗就听从林灵素的建议,下了圣旨,将天下的天宁观都改作神霄玉清万寿宫,没有观的地方以佛寺代替,在观里都设了长生大帝君和青华大帝君的像。

为了宣扬道教,皇帝下令每个月初七日由林灵素讲道,所有的宰执、百官僚属、三卫亲军、亲王贵族、士子庶民全都来听讲。重和元年(1118),在林灵素的规划领导下,制定了道士的官阶二十六等,并且给道士发诰命——相当于官员的任命书,道士可以享受到与文职官员相同的政治待遇。同时在各地的学校以及中央太学设置专门的道教学习班,学生毕业之后,成绩优异者可以直接做官。政府鼓励儒生和佛僧转而学道,道教的势力飞速发展,林灵素本人的地位也越来越高。这就威胁到了当朝宰相蔡京的地位。当年林灵素是经蔡京引见得以入朝,如今他的权势大盛,盖过蔡京,显然会引起蔡京的不满。于是蔡京开始找碴儿跟林灵素过不去。据说林所居住的通真观有一个房间,是他打坐入静的时候用的,平常都锁着,就算是皇帝来了也进不去。蔡京派人去查,发现里面有用黄罗布做的大帐,还有雕刻着金龙的朱红桌子以及刻有金龙的香炉等违禁犯上之物。蔡京奏告皇帝,请皇帝亲自去看。但皇帝到了之后进去,发现里面什么都没有,空空一间屋子,四面皆壁。这件事情无论是否蔡京诬告,都犯了皇帝的大忌,虽然此时皇帝对于林灵素还非常信任,却埋下了猜忌的种子。

皇太子对于皇帝毁佛崇道的做法颇为不满,上殿当面与皇帝争辩,并且找了西域的僧人 12 人、五台山的和尚 2 人与林灵素斗法。具体斗法的过程不得而知,但由于皇帝偏袒道教,斗法之中可知僧人极为不利。最终僧人斗败了,情愿戴道冠,皇太子替僧人求情,请求皇帝饶恕僧人的罪过。皇帝下圣旨说西域僧人可以饶恕,五台山的和尚是汉人,不能免罪,于是送开封府,在脸上刺字,判刑惩戒。经过这件事,林灵素算是把太子大大地得罪了。

从此，蔡京和皇太子联合起来，利用佛教界对林灵素的不满对他进行打压。宣和元年(1119)，林所居住的通真观的墙壁上居然出现了一首以吕洞宾的名义写的诗："捻土焚香事有因，世间宜假不宜真，太平无事张天觉，四海闲游吕洞宾。"大意是讽刺林灵素以假乱真，欺骗世人。这首诗被印成小册子，沿街叫卖，买的人非常多。皇太子亲自买了几本拿给宋徽宗看。宋徽宗非常吃惊，出赏钱一千缗，让开封府的人抓捕主谋。不久，太学的一个仆人叫做王青前来自首，说是一个福州人叫黄待聘印制，出钱雇他去卖的。经过大理寺的审问，原来黄待聘的兄弟、亲戚都是僧人，不愿意从属道教，带道冠，执木简，所以他写了这样的诗，并且雇了太学的仆人叫卖。于是王青和黄待聘都被斩首。

　　就在这一年，京城发洪水，徽宗让林灵素去作法事退洪水。同上次求雨一样，法事还是不起作用。退洪水不比求雨，来不及找别的道士帮忙。于是林灵素回来告诉徽宗："并不是我不能治水，这里面有两个原因。第一因为这件事乃是天道，人力是没有用处的。第二因为大水是从皇太子那里来的，所以必须皇太子去拜，才能退水。"这明显是因为之前佛道斗法和吕洞宾诗的两件事，林灵素怀恨在心，陷害皇太子。但是徽宗仍然相信，于是赐给太子御用的香，让太子去退水。

　　太子登上城墙，点燃御香，虔诚下拜4次，水居然退了4丈——这里面大概不乏传说的成分，也可见大家对皇太子的拥护。林灵素装神弄鬼，仗势欺人，快把人得罪遍了，现在又陷害皇太子，因此当时抵御洪水的民工纷纷要用大棒打他，他赶紧跑掉，才没有挨打。到当天晚上，水退了。京城的人们都认为这是太子的圣德所致。这件事对林灵素来说着实是一大打击。当年九月，御史台弹劾林灵素，说他妖言惑众，诽谤大臣，改除佛教。太子又趁机向皇帝告状，说他遇到自己竟然不让路——中国古代，地位低的人给地位高的人让路，已经形成一种制度，是必须遵守的。据赵与时所载，林灵素在京城4年，不可一世，从不给人让路，遇到亲王，都要与亲王争抢道路，此时被皇太子告了出来，皇帝大怒，令林灵素回温州。又有人告状，说林灵素的住宅过于豪华，不合制度，因此他又被贬至楚州。因为同一年连续被贬，长途奔波担惊受

·欧·亚·历·史·文·化·文·库·

怕,林灵素就在这一年去世了。他骤然得势,不知收敛,信手妄为,打击面太大,得罪的人太多,导致佛教界、朝廷大臣,甚至皇太子都反对他,不得不如此下场。

其实林灵素取得宋徽宗信任的这套说法还是颇为新颖的。以往的宗教人士想要神化君主,一般都说君主是由神仙选定的,或者君主是神仙的后代,倒比较少说君主本人就是某神仙下凡,更少见到声称整个朝廷官员全都是神仙,各个都有名号,连后妃都是神仙之一。这种说法后来被继承并广泛发扬了。丘处机就采用了此说来吹捧成吉思汗。后来往往有文曲星下凡或某某星下凡等说法,号称贵盛之人都上合星宿,未必不是从此而来。

其次,过去的"君权神授"说,往往中间还有一个神职人员来传达神的旨意,这位神职人员地位就高得有点可疑,让皇帝常常心怀猜忌,此神职人员也较易滥用权力,成吉思汗的大萨满帖卜·腾格里就是死于此因。但林灵素声称自己只是皇帝所领仙府之下的一个小神仙,专门来辅佐神仙下凡统治天下的皇帝。这一招既让皇帝放心,也为自己留下了退路。

再者,林灵素所创造的这套说法,把皇帝和天上的神仙合一,也正因为在道教传统中,神仙在天上的生活和凡人的生活并无太大不同,连神仙的等级制度都和人间的官僚机构差不多。只不过天上没有人间的痛苦烦恼,只有人间的各种享受。在道经的描述中,神仙居住的地方金碧辉煌、美女成群、佳酿美酒、香气醉人,这就是所谓琼瑶仙境,所以这种天上生活与帝王生活非常容易融合,也让皇帝非常向往。比起佛教的西方极乐世界和基督教的天堂,似乎道教的天上仙境更为人性化,简直就是人间的翻版。

经过林灵素的这一番闹剧,社会上,尤其是士大夫阶层,对于符箓道士普遍产生了反感情绪。尤其是宋徽宗成了北宋的亡国之君,大家更是把他的佞道和亡国联系在一起,传统道教的声誉一落千丈。北宋失国之后,上层的符箓道士基本跟随南宋朝廷南渡,北方的道教遭到战争的破坏。由于人们对于传统道教的反感,道教内部的改革可谓势

在必行。宋末金初的三教合一、北方新道教的产生,就是这种改革的
体现。

2.5 新道教兴起的原因

元代的道教主要分为四派,分别是全真道、真大道、太一道和正一
道。这其中,正一道也就是天师道,是源自于东汉末年的五斗米教,在
南北朝时期被改造后形成的传统旧道派。全真道、真大道、太一道三者
都是宋朝偏安南方之后,在河北兴起的新教派。西行会见成吉思汗的
长春真人丘处机就是全真派道士。所谓蒙元早期,道教在北方大为盛
行,成为最流行的宗教,也是以全真派为主。

实际上,全真道在最早创办时,创教的宗旨是"苟全性命于乱世,
不求闻达于诸侯",本质上是一个隐居修行的团体。可能创办者王重
阳自己也未必认为自己所创的是一个道教支派。因为这个教派不是
佛教,也不算儒家,只是与传统印象中的道家较为接近,大家就把它归
为道教。如果说它是道教的话,也与传统的道家非常不同,算是道教中
的革新派。

元代有一个著名的文人叫王恽,他对于全真教的兴起有自己的一
番看法。他在一篇文章中写道:

真正的修道者,其实是古代品行高洁的隐逸之士。他们居住
在山林之中,饮山涧的泉水,用竹草制衣,吃山果野菌,不像世间的
人,被华丽的衣服所控制,被功名利禄所驱使。修道之人不被世俗
所约束,避世于方外,性情高远,情志清妙,就像天边的晚霞和云间
的明月一样,普通的人怎么能够达到这样的境界呢?

然而汉朝之后,真正的修道者都隐于山野,而那些持有法术
的人开始夸耀自己,结果飞升成仙、炼丹采药、醮祭鬼神、祈禳禁咒
等等,都被归入道家,如果考察古代的情况,道家并没有这些内容
啊。但后来大家都遵循这些雕虫小技,忘记了道家的本义,直到北
宋徽宗时期,这种情况达到了顶峰。堕落到极点就不得不改变,所

·欧·亚·历·史·文·化·文·库·

以才有了全真道的兴起。

全真道的修行者,讲究心境如深渊一样宁静,这样才能清楚自己的志向,淬炼自己的道德,道德高妙之后,所主张的理念才能施行。理念施行之后,追随他们的人蜂拥而来,生徒众多。大家都各寻其处,分别修行,自食其力,耕田凿井,待人接物怀有慈悲之心,期望能够教化世人,使世间的风气逐渐淳厚良善。全真道人不玩弄那些荒诞玄幻的事情,敦厚淳朴,实在是有上古隐逸之人的遗风啊。

王恽的这种观点,也是元代的主流观点,认为全真道的出现,是因为宋徽宗佞道,导致道教堕落到极点,因此发生了改变,恢复到上古道教的本来面目,一反后世偏离本义的方术之学,继承老庄的道家精神。

这显然是在全真派空前流行的年代产生的观点,受到了全真派自己说法的影响。实际上这种说法有点混淆视听。前面我们已经谈到,所谓的老庄道家学说,与原始道教本来是两种东西。老庄的道家思想是一种学说,既非宗教,也不主张立教。而最初的道教团体,即东汉末年的太平道和五斗米道,不如说是一种民间政治团体。道教这一宗教从产生之始,就讲究内外修炼或符箓方术。直到全真道出现,与其说是恢复了上古道家的传统,毋宁说是道教内部的宗教改革。这一宗教改革,正如王恽所说,与宋徽宗宠信林灵素,导致政治败坏最终亡国有直接关系,同时也有一些其他原因。

首先,如前所述,道教是一种好生恶死的宗教,追求长生不死是道教丹鼎派教徒的主要目标。为了达到长生不死的目的,丹鼎派创造了一系列的炼丹修道的方术。其中外丹术是非常重要的一种。外丹,简单地说,就是服食丹药。因为这种丹药是金石草药炼成的,与自己用体内的气所修炼的内丹相对应,所以称为外丹。由于外丹的主要原料是硫黄、朱砂,所以里面含有大量的铅和汞。早期丹鼎派理论中,服食外丹是成仙的必由之路。由于唐代的皇帝尊奉道教,在唐代这种风气达到最盛。据说唐代有三分之一的皇帝都是因为常年服食外丹,慢性中毒而死。还有很多唐士大夫的死也与服食丹药有关。韩愈就是因为服用硫黄而死的。白居易也写过一首诗,讲自己终年炼丹,到晚年碌碌无为一事无成。到宋代,由于种种前车之鉴,大家对于丹药的毒性有了一定的警惕性。虽然还有很多人宣扬合药炼丹、长生飞仙的理论,道士也经常进献金丹,但皇帝基本都没有接受。士大夫也写了很多文章,揭示炼丹服食的危害。宋代的苏轼从小喜欢道教,但他看到周围的修炼服食的人不断衰老死去,对于服用外丹追求长生的理论也颇感怀疑。

因为外丹学说遭到了质疑,所以有的道士开始从内部改革道教长生的理论,说养生应该内外结合,以内为主。人的精气不能靠丹药来凝结坚固,而是要自己修炼。之前的人之所以枉死,是因为内丹没有炼成,过早服食外丹,身体不能承受。要修成内丹之后才能服食外丹,内外同修,就可以成仙了。世间的俗人追求外丹,不肯修炼内丹,世外高人修炼内丹但不肯服食外丹,都不能返老还童、延年益寿。

这种理论显得比较有说服力,赢得了不少人的信任,苏轼就很赞同这种说法。因此在北宋时期,内丹派开始流行,大家非常熟悉的吕洞宾就是宋代内丹派道士。金丹派受到社会的普遍怀疑,这是新道教产生的第一个原因。

除了外丹致人中毒,大量的斋醮活动浪费财物也引起人们的反感。斋醮是道教主要的宗教活动,是一系列的祈祷和祭祀,就是我们俗称的做道场。宋代的斋醮活动非常流行,主要是因为皇室大力提倡。北宋真宗与辽战争失败,朝野震动,打算迁都南逃,在寇准的坚持下,真宗御驾亲征,最终北宋战胜,与辽议和,签订"澶渊之盟",宋向辽缴纳岁币。战胜反而赔款,一下子满朝哗然,为了转移大家的注意力,挽回朝廷的尊严,宋真宗演出了一场天书封禅的闹剧,说是天上降下天书,要到泰山封禅。为此把年号改为"大中祥符",并增加了天贶节、天祺节、天庆节、先天节、降圣节等节日来纪念天书降临,这些节日都要举行斋醮。皇帝推崇道教,引导了全国的风气,因此斋醮在士大夫中间也很流行。过多的斋醮活动引起人们的反感,这是新道教产生的第二个原因。

后人评价王重阳创建全真教,说他可以破除服食金丹、铅汞毒害的误人,可以破除符箓的怪诞,是全真教的两大功德。这的确说出了在全真教等新道教创立之前,道教的两种严重弊病。除此之外,全真教主张过一种"不求闻达于诸侯"的隐居修行的生活,正是针对以林灵素为代表的道士参与政治的行为。这是新道教产生的第三个原因。

新道教的三大派有一些共同的特点,譬如他们都很重视实践,富于庶民色彩,而且都吸收了儒家和佛教的思想。萧抱珍所创立的太一道是最早出现的,因此它的传统倾向最强;刘德仁开创的真大道吸收了

斋醮

大量的儒家观念;而王重阳所创的全真道有极明显的佛教烙印。这三大教派体现出当时重要的思想潮流,即三教合一。三教合一的思想潮流在宋金元时期产生了很大的影响,宋代的理学是大量吸收佛教禅宗思想的产物,而禅宗本来也是吸收了儒家思想的汉化佛教,而三教合一表现在道教方面就是新道教的产生。与儒家和佛教相比,在新道教,尤其是全真道中,三教合一体现得更为明显、更为彻底。

2.6 全真道中的三教合一思想

所谓的三教,是以孔子为代表的儒家,供奉老子的道教和供奉释迦牟尼的佛教。这三教中,儒家从来不认为自己是一种宗教,也从未发展出真正的宗教团体,但三教这个名称早在魏晋南北朝时期就出现了。因此三教指的并不是三种宗教,而是中国古代哲学的三种思想体系。

这三种思想体系在长期的发展过程中,一直都在相互影响、相互融合。佛教作为一种外来宗教,在中国传播和发展的过程中,本来就与中国传统思想进行了大量的融合。道教也是一个包容性极强的宗教,

在对抗佛教的过程中形成,同时吸收了大量佛教和儒家的思想。到唐宋以后,三教合流的趋势变得更加明显。

隋朝的大儒王通对于后世主张三教合一思想的人有很大的影响。王通留下一本书叫《文中子中说》,文中子是他的弟子给他加的谥号,这本书是弟子们记录他的言行所编成的。从书中可以看出,王通对于三教都是赞成的,尤其赞成三教合流。他说:"《诗经》、《尚书》等经书流行而周朝灭亡了,这不是孔子的罪过。玄学盛兴而晋灭亡了,这不是老子、庄子的罪过。佛教盛行而南梁灭亡了,这不是释迦牟尼的罪过。"他的弟子问:"那么三教到底怎么样呢?"他说:"三教的缺点在于各成一派,教不一则政出多门。"弟子说:"那么废掉其中的一两个怎么样呢?"他回答:"这就是你的无知了。三教都是圣贤所创立的,圣贤之教流行,异端邪说就自然消失了,因此三教是不能随便废除的。譬如魏太武帝太平真君年间听从寇谦之的谏言,崇尚道教,毁佛法。北周武帝建德年间禁毁佛教和道教。但这两次毁佛灭道,都只是暂时废止,不久愈盛,说是禁毁,倒不如说是推波助澜。因此三教应该合一。"

王通提出三教合一之后,后世学者有很多赞同他的主张。但实际情况中,三教合流往往并非三种思想完全融合,而是互相之间各取所需,以自己一派的思想为基础,对其他各派的思想进行有选择的吸收,因此儒学中出现了理学,佛教中出现了禅宗,道教中出现了新道教。这些都是三教合流的产物,其中新道教可以说是合流最为彻底的教派。

唐朝中期产生的禅宗是大量融合儒家思想的汉化佛教派别,它吸收了很多儒家经典中对心性的表述,把明心见性和成佛解脱相结合,把参禅归结为认识自己的心性。禅宗里的曹洞宗更是提倡君臣父子的伦理道德,完全成为一种中国式的宗教。

禅宗大量讨论儒学心性的问题,又反过来刺激了宋代理学的产生和发展。宋代的陆学受禅宗影响最大,几乎把禅宗的思想都融入了自己的学说之中。即使是程朱理学,也借用了佛教"理事圆融"等思想。

而新道教的出现,则是道教融合佛教、儒家的结果。金末元初北方出现的新道教三派中,全真道出现的时间最晚,但影响力最大。三个教

·欧·亚·历·史·文·化·文·库·

派中,全真道中高层人物的文化水平最高,留下的著作最多,反映出的三教合一的思想也最明确。

全真道的创始人王重阳就是一个秉持三教合一宗旨的人,有学者认为他在创立全真道之前曾皈依佛教,辛苦修行。另外他参加过科举,也有浓厚的儒家背景。他有一句诗是"三教搜来作一家",这句诗常常被学者引用,来说明他创建全真道的初衷和态度。

全真教与传统道教不同,它继承了内丹派的学说,同时吸收了佛教六道轮回的理论。在全真道士的著作中,常常有渲染轮回之苦、地狱之惨烈的说法,对于现世的人生也有一种佛教的厌世情绪。

全真教修道的目的是成仙,但却和传统道教追求肉体不死、肉体飞升不同,而是吸收了佛教的观念,鄙弃肉体,认为肉体是虚幻的、不净的。肉体长生不死,对于全真教徒来说既不可能,也没有意义,即使通过修炼延年益寿,也没有意义。对于长生不老或肉体飞升,全真教一概认为是妄想,王重阳曾经说:"当今之人,想要长生不死或脱离凡间俗世者,都是愚昧之极不通道理的人。"全真教所追求的是超出生死的界限,得到不生不灭的真性,又被称为元神。只要能够修炼成内丹,精气神结为元神,元神就可以随意从顶门出入。一旦上帝降下召赴的诏书,就可以遗弃身躯,到天上去做天官,即使不能居住在天国的仙境,元神也可以脱离躯体,居住在仙岛仙山,长生不死,逍遥自在,脱离人世轮回之苦。总之,对于全真教来说,成仙之后永远在仙境享受真乐是理想的最高目标。此种教义与传统道教的功利主义略有区别,是一种全新的道教思想。这些看法对于后来的道教发展和文艺创作都有很大影响。我们所熟知的《蜀山剑侠传》等小说中所描述的道教高人,就是以修炼元神、超出肉体为追求的。

全真教的"全真"二字,概括了全真教的修炼之道。全真,意思是保全真性。全真教的教义认为,真性本来是长存不灭、人人都有的,只是被妄念和欲望所遮蔽,自己无法察觉。所以只要除去妄念,禁绝欲望,修炼心性,就能够于一念之间顿悟,超出生死。这种看法明显接受了禅宗顿悟成佛的影响。马钰有语录说:"道家留下来的丹经子书,千经万论,可以一言以蔽之曰清净。"清净本来是佛教的常用语,意思是清除心中的世俗欲念,不为声色货利所动,要一天从早到晚 12 个时辰每时每刻保持清净,不被欲念的尘埃所沾染。禅宗有著名的"本来无一物,何处染尘埃"的偈语,全真教也讲求"无心无念,不着一切物,澄澄湛湛,内外无事,乃是见性",与禅宗"无心、无念"的法要完全吻合。这种修炼的方法,具体说来就是要禁欲。断绝酒色财气、攀援、爱念、忧愁、思虑等欲望是修炼心性的初步功夫,之后还要求道士们把物质生活降低到最低水平,禁绝一切物质欲望,不能穿好衣服,不能吃好饭,坚持赤足,饿的时候吃一碗粥,睡的时候铺一束草,冬天不生火取暖,夏天也不饮水解渴。他们甚至认为吃饭睡觉也是修道的障碍,要刻意减少饮食和睡眠,甚至禁睡眠,据说道行较高的僧人有多年不睡觉的。除了这些物质方面的欲望之外,精神方面也要收敛心神,不生愤怒嗔妒,认为不发怒可以养性,处在污辱底下的境地可以养德,此生的困苦总是前世的因果,要安贫守贱,心中无欲无求。这种清净无为甚至反映为反对多读书,王重阳说:"如果读书不穷尽书的本意,只是读得多,背得多,念得多,对修行并没有好处,只能损害自己的神和气。"马钰也认为:"修道之人不需要多看书,看书太多乱人心思,妨害人的修业。《道德经》、《阴符经》偶尔可以看看,但还是不如什么都不读,一心养气才是上策。"这些修行的方式非常接近于佛教的苦修,元代的文人元好问把全真教的教徒描述成佛教的头陀,也就是苦行僧。

由于真性是长存于每个人心中的,所以想要修炼成仙,既不需要求神拜佛,也不需要炼丹炼药,只需要面向自身,体认自己的真性。只要能够认识自己的真性,保持不被妄念所遮蔽迷乱,精神就能够获得自由,超出三界之外。王重阳用莲花来进行比喻,身体在凡间而心在圣境,就好像莲花的根本在淤泥之中,花盛开在虚空的水上。这样就可以达到身处斗室而心性充塞乾坤,这种心性被称为"法身"。法身是无形的,不空不有,不下不高,不长不短,用则无所不通,藏则默默无迹。这种法身的概念和对法身的描述又源自于佛教。全真教认为,能够获得法身,精神超出生死的修炼者就是"真人"。全真教的真人,类似于佛

·欧·亚·历·史·文·化·文·库·

教的罗汉。总之,这种修炼的方式已经非常接近于佛教。王重阳曾经说:释迦牟尼修心性,炼元神,在世间只活了 70 多年,但没有人认为他寿命短促。在王重阳的眼中,道教佛教并没有明显的分界线,释迦牟尼的修炼方式正是他所提倡的修炼方式。

除了修炼真性之外,全真教提出,只达到心底清净的境界还算不上见性,还要连清净的念头也都一并泯灭。要达到这一步,就需要实践真行,从无为中发有为之用。这种思想除了继承道教的行善立仙基的传统外,也有儒家行道济世的影子。全真教认为修道者应该接济贫苦、拯救危难、先人后己、大公无私。要想修行性命,先要积累功行。功行是成仙的重要资本。只是修性,没有功行,无法成就道果。因此炼气化神之后,修道者应该入世修功行,功行圆满,才能成仙。全真教把行医救人作为功行的重要内容之一,此外,宫观中接待过客、周济穷人也是功行的重要方面。全真道士以实际行动济世助人者很多,除了很多人学习医术治病救人之外,王志谨曾经在关中修渠引水,李志远曾经劝阻金朝太傅用婢女殉葬,而丘处机招安山东的杨安儿起义,西行万里劝说成吉思汗怀仁慈之心,也是功行的实践。当然,功行和修性要相互结合。因为全真教相信,只有达到真性的人,一切言辞举动,才能合乎妙道。

传统道教认为只有少数有神仙之气的人才有可能成仙,全真教的观念与此大大不同。它吸取了佛教人人都可成佛的观念,认为人人皆可成仙。修行成仙只不过是寻觅到自己的真性,这番工夫不分早晚,只要有决心,肯修炼,随时都可进行。这与理学所认为的人人皆可为圣贤也颇有相似之处。

虽然全真教大量吸收佛教的思想,但它直接源自于钟吕内丹派,也并非不谈内丹修炼。它和钟吕内丹派的南宗一样,都提倡性命双修,性是前面所说的真性、元神等,命就是每个人的身体、寿命。它认为性是元神、命是元气,同时又强调,性是根、命是蒂,性是主、命是宾。性远远比命重要,但也不能忽视命的作用。性如果有命的保障,就好像鸟儿得到了顺风的帮助。到底性和命是什么关系,在修性和修命之间应该怎样选择和调和呢？王重阳把内丹修炼法分成小乘、中乘和大乘，小乘就是锻炼筋骨气血，使得身体安乐，这个叫做"强兵战胜之道"，意思是身体强健就可以抵御外敌。中乘是保养真气，延长寿命，这是成为地仙之路，叫"富国安民之道"，修炼的要点在于"不让六贼偷窃身中宝藏"，也就是保养体内之气，不让元气外泄。大乘就是修炼真性，这是成为神仙之道，叫"神仙抱一之道"，修炼的方法就是"常清净"。全真教当然认为自己所倡导的清净心底、明心见性的功夫属于最上乘的神仙之道。实际上他们养气和修性的方法也基本相同，马钰的语录中说："身中之气不可散，心中之神不可昧。"前一句说的是养气，后一句说的是修性。弟子问："怎样气才能不散？"马钰说："身无为。"弟子又问："怎样神才能不昧？"马钰说："心无事。"因此在全真教看来，内外的修习方法并无分别。只要有了清净无为的功夫，传统的修炼金丹、交媾龙虎、搬运周天、炼化精气等全都没有必要，只是渐悟的中下品法门。而全真教的清净无为则是顿悟的上品法门。

不过除了大乘法门外，全真教的早期著述中也有一些讲述炼化精气的小乘法、中乘法。王重阳有一本《金关玉锁诀》就讲"小乘为根、大乘为梢"，要求教徒循序渐进。修炼方法也和传统方法相同，从数息、闭气、意守丹田等开始。将气聚集在丹田，气满之后，进行周天搬运，把气运至足底的涌泉，再运至肘后，再循督脉入脑，运真气冲开背后的三关，入泥丸穴等等，这一套修炼方法我们在武侠小说中也常常见到。这套方法主要是用气功治病，认为意守丹田，肾宫暖，则百病消。行功的时候将口中的津液分三次咽下，按气下行三遍，有龙吟虎啸之声，能除腹中万病。这些方法都属于传统道教的养生延命之术。全真教还有一本经典《大丹直指》，据说是丘处机所作，但清代也有学者认为是后人伪托的。这本书与《金关玉锁诀》比较相似，认为人本来有元阳真气，出生之后，被七情六欲迷乱，耗散真气，呼吸之间气只到气海，不能达到丹田与元阳真气相接。人的肾中所藏的元阳真气，又被称为水、铅、虎等，人的心中所藏的正阴之精，又被称为火、汞、龙等。修炼的时候，需要水火相济，龙虎交媾。龙虎交媾之后，就有了药物，每日龙虎交媾一

·欧·亚·历·史·文·化·文·库·

次,就炼成一个状如黍米的药物,把药物储存在黄庭中,就可以延年益寿。类似于这样的方法共有9个步骤,9个步骤一一做完之后,就可以炼成阳神,阳神从顶门冲出,就成了神仙,永远脱离生死。

全真七子中的王处一、郝大通和孙不二也有一些关于内丹的著述,在此简略介绍一下孙不二的内丹修炼法,很有特点。孙不二的内丹著作主要是关于妇女修炼内丹的方法。基本方法和普通内丹修炼法没有太大不同,重点在于中间有一个炼断月经、返还童女之身的过程。要谨防血气下行化为经血,而是要使其逆转,变成元气上行,再归于黄庭。这种女金丹的修炼方法在之前的道家著作中是没有的,对后世的影响很大。

由以上可知,全真教的教义有一些传统道教的内容,也有很多是受了佛教,尤其是禅宗的影响,小部分受儒家理学的影响。

全真教的教规也有大量佛教的痕迹。全真教的教规以王重阳所作的《立教十五论》为主。《立教十五论》中有12条都有非常明显的佛教烙印。

首先,从建教之始,全真教就制定了严格的出家制度。在此之前,道士大部分是不必出家的。与全真道同时的正一道中,大部分道士并不出家。然而在全真教看来,家庭是修炼的桎梏,夫妻的感情是金枷玉锁,儿女只不过是讨债者,想要成仙,首先必须斩断情缘,跳出牢笼。因此王重阳劝说马钰出家的时候,首先就是费尽心思劝说马钰休妻。马钰最终觉悟出家之后,写诗说妻子是前世的母亲,侍妾是前世的女儿,因为前世没有觉悟,所以这一世改头换面变成了夫妇。这种轮回报应的观念,完全是佛教的说法。马钰又把妻妾比喻为追魂取命的活鬼。总之,把家庭生活看成修道的大忌。

全真教最早建立的时候并没有宫观,因此模仿禅宗建立了云游、住庵等制度,要求道士们寻找废弃的旧观庵或闲房破屋独自居住,或者自己盖房子居住,以简朴为原则。道士出家,必须远离家乡,四处云游,以便于斩断尘缘,并且鼓励大家以乞讨为生。早期全真七子基本都是靠云游乞讨度日。这又极类似于佛教的化缘。后来全真教的规模发展壮大,才开始建立宫观,效仿禅宗,耕田自养,如果有余粮,还要赈济贫苦百姓。这与传统的道士作法事、设醮挣钱生活颇不相同。

道士的戒律也大都模仿佛教。譬如王重阳所作的《金关玉锁诀》提出断除十恶,就是后来全真教所谓的"虚皇天尊所命初真十戒",包括不得杀、盗、饮酒、食肉、贪财、诳语等。后来随着宫观的建立,大量道士集体生活,还模仿禅宗的《百丈清规》编写了道教的《全真清规》。

王重阳所立的这些教规,直到忽必烈在位时期,还是比较严格地被遵守着。马可波罗在他的游记中记载了他在元上都所见到的道士,说:"有另一种教士,被称为先生,他们恪守教诫,节食苦修,终生只吃一种用糠和热水煮成的粥,除此之外不吃其他东西,只喝水,不喝其他饮料,每天持斋,过着一种极端的苦行生活。这种教士也有崇拜的偶像,且为数不少。他们也拜火,还崇拜其他不属于本派的偶像。教士不娶妻不成家,穿的衣服只有黑色和蓝色,睡在席子上,生活之苦令人不可思议。"元代汉语中把道士称为先生,这里所提到的这种苦修生活,显然是新道教中才要求的,马可波罗见到的这些教士,很可能是全真道教徒。

2.7 全真道的建立和发展

全真道的创建者是王重阳,要了解全真道的建立过程,首先应了解一下王重阳的生平。

王重阳,最初名叫王中孚,是京兆府终南人(今天的陕西省终南县)。北宋政和二年(1112)出生,家业丰厚,大概属于富农家庭。据说他年轻时曾经学习儒学,文思敏捷,又擅长弓马,非常勇健。南宋建炎四年(1130),宋军进入关中长安,与金兵在今天的陕西富平开战,宋军大败,于是金立宋朝降将刘豫为皇帝,建立了伪齐政权,刘豫向金朝皇帝称子,山东、河南、陕西都被划为伪齐的地盘。次年,王中孚打算考科举,进入京兆府的府学学习,之后参加了伪齐政权阜昌四年(1133)科举,结果名落孙山。

·欧·亚·历·史·文·化·文·库·

这之后关于他的经历有好几种说法。金熙宗天眷年间（1138—1140），金朝为了收复陕西，需要大量武官和军人。一种说法说王重阳参加了武举考试，改名为王德威，字世雄（一说改名为王世雄，字德威），对于考武举的结果，一篇叫做《金莲正宗记》的文章记载他中了甲等，但官场失意，于是辞官解印，但《全真教祖碑》和《七真年谱》都只说他应举，没有说考试的结果，大概是没有考上，否则这两篇碑文不会不大加褒扬。另一种说法是现代学者研究的结

王重阳

果，认为他根本没有参加武举，而是在金兵收复陕西的过程中参加战斗，立下军功，得到一个监甘河镇酒的小官，是负责管理甘河镇的酒税收取事务的。

甘河镇属于终南县，因为有一条河流经小镇，叫做甘河，小镇因此得名。甘河水质很好，适于酿酒，当地以此水酿酒，美名远扬。王重阳就是在这里担任酒监这样的小官。这种官职很不好干，如果税收的数额不能完成，不但要遭到处罚，还要自己添补不足之额，而且前程暗淡，很难出人头地。因此他郁郁不乐，很快就辞官了。

王重阳辞官之后，在陕西终南山的刘蒋村（在今天的陕西省西安市户县，距离甘河镇大概9里路）另外盖了一间房子独自居住，不再管家里的事。此时，他尚未要求自己过一种严苛自律、注重修行的宗教生活，而是终日饮酒作诗，类似于魏晋士人放浪不羁的态度。他自称王害风，"害风"是关中话，意思就是得了疯病，他这样佯装疯狂，乡里有人喊他"害风"，他也答应，正是一种乱世中的避世状态。据他自己所说，这段时间，他看了很多佛教和道教的书籍，也有人认为他此时已经皈依佛教，刻苦修行，因为他曾在一首词中说自己"七年害风，悟彻心经无窒碍。"但从碑文所描述他此时的生活状态来看，似乎不像是在艰苦修行的样子。

金海陵王正隆四年（1158）夏末的一天，他正在酒店里一边喝酒，一边吃肉，喝得大醉时，有两个穿着毡衣的人相继前来，他看出这两个人是"异人"，非常惊诧，赶紧跟着他们到了一个僻静的地方，虔诚地向其行礼。两位异人说："此子可教。"于是就传授给他一套修真口诀，并让他改名为王嚞。根据他的门人编写的传说，这两位神仙还指向东方，说那里有7朵金莲、万朵玉莲，暗示他要远赴山东，收7位徒弟，即"全真七子"，创建全真道，使其广大于天下。更有传说说这两位异人是吕洞宾所化，暗示王重阳的全真道其实继承了钟吕内丹派。这一年王重阳48岁。第二年，他又在醴泉县遇到道人，向其拜谒，道人给他5篇"秘语"，让他读完之后就烧掉，又让他"速去东海，投谭捉马"，大概是说让他去山东，收谭处端和马钰为徒。传说这个道人也是吕洞宾所化。研究道教的学者认为，这两次碰到的道人，可能是吕洞宾传下来的内丹派的传人。

根据不同的记载，这一类的奇遇还有好几次，总之，王重阳从此大彻大悟，不再饮酒，于金世宗大定元年（1161），到终南县建了一座"活死人墓"，高数尺，宽和深大概都是一丈多，并且挂了一个牌子，写着"王害风灵位"，并在其中修行，宣扬说想要日后使天下的宗教成为一家。这就是典型的三教合一思想了。

王重阳创立全真教之始，只是在活死人墓修行，虽然也进行了一些传教活动，但没有收到多少徒弟。3年之后，他烧了活死人墓，开始四处游历，前往山东传教。他先后收了很多徒弟，其中最著名的，就是我们所熟知的"全真七子"。

全真七子中，最先皈依王重阳的是马钰。马钰原名马从义，是山东宁海地区的著名大姓，家中资产千万，号称"马半州"，意思是说宁海军中有一半的产业都是马从义家的，他的妻子叫孙富春，即后来全真七子之一的清净散人孙不二。马从义自幼学习儒术，喜欢嬉戏游乐，乐善好施，爱好虚玄之学。他见到王重阳后，觉得非常契合，于是邀请王重阳住在自己家中，把房子改成全真庵，拜他为师。

王重阳劝马从义出家从道，但马从义一时难以下定决心，于是王

欧·亚·历·史·文·化·文·库

重阳用各种方式警化劝谕。譬如他曾经把梨子、栗子等切成小块给马、孙夫妻吃,劝他们分离,又画了一幅骷髅像送给马从义,表示性命无常,劝他修炼,皈依大道。他自己在冬日仅穿着布衣、草鞋,整日坐在全真庵中修炼,把庵门锁起来,百日不出。总之用了各种方法,大概过了半年多,终于使马从义下定决心,把财产交给儿子,又给妻子一纸休书,跟随王重阳游历修行。王重阳为他改名马钰,号丹阳子。

虽然收马钰为徒花费了很多心思,但此后,由于马家势力范围很广,又富于财力,全真教在山东的影响力也日益扩大,很快又收了不少弟子。其中包括山东栖霞的农家青年丘哥,改名丘处机,道号长春子;宁海的儒生谭玉,改名谭处端,道号长真子;牟平的隐士王处一,道号玉阳子;牟平的破落官户郝深,改名郝大通,道号广宁子;还有马钰的妻子孙不二;以及东莱的刘处玄,道号长生子。这些就是我们所知道的“全真七子”。这七人在元世祖至元六年(1269)的时候,被世祖忽必烈封为“真人”,又被称为“七朵金莲”。所谓“全真七子”的称号,其实是在忽必烈加封之后才出现的说法。

王重阳在山东传教的时间只有3年,大定九年(1169),他带着丘处机、刘处玄、谭处端和马钰西归,到开封时就去世了。他死后,马钰继任全真教。4个人先把王的棺木送回终南山刘蒋村安葬,从此这里就成了全真教的祖庵(在陕西省西安市户县,今天此地仍然叫做祖庵镇,重阳宫亦在此镇)。1174年,丘、刘、谭、马4人守墓期满之后,马

全真七子

钰留在终南山下,全真七子中的其他6人遵守云游的教规,分别在山东、河北、陕西、河南等各个地方修行,累积功业。此后近10年间,全真道一直是一个远离政治的宗教,主张无为,大部分道士在山野之中潜修内功,务求达到远离尘世、去除奢欲、保持清净、坚守苦行。由于全真道创教的宗旨就相当简朴,甚至没有建造过本派宫观。据说马钰本人

住在终南山的窑洞中,衣衫褴褛,露腿赤脚,甚至不使用火烛,艰苦修炼,在传教的时候,蓬头垢面,乞讨为生,吸引了一些平民入教。总的来说,此时全真道还是一个势力微弱,争取下层民众支持的民间宗教团体。就这样缓慢发展了几年之后,在大定十八年(1178)遇到飞来横祸,全真道遭到了朝廷的打压。

大定是金世宗的年号,金世宗是金代在位时间最长的皇帝,在位共29年,他在位期间也是金朝的鼎盛时期。由于民间宗教往往与农民起义相联系,某些情况下是社会的不稳定因素。因此金世宗在统治中期,开始对民间宗教进行禁制和管束。大定十八年(1178)始,政府禁止民间宗教创建寺观。二十一年(1181)禁止道士游方,要求道士各回本乡。于是马钰回到山东老家,丘处机为王重阳守墓期满后,在宝鸡磻溪苦修,因此马钰把关中事务托付给了丘处机。看起来全真道前途艰辛,惨淡经营。但这一情况在大定二十七年(1187)得到改变。此时金世宗进入晚年,身体状况越来越糟,他又开始重视各种宗教,同大量遭遇病痛却难以治愈的人一样,最终把希望寄托在求神拜佛上,期待着能依靠宗教手段延长自己的寿命。

王处一是全真教中最早得到朝廷重视的人。他在全真七子中稍显另类,全真教主张修炼心性、内丹,王处一却以神异著称,精通很多符箓派的法术。据说他能度化世人、驱逐恶鬼、出神入梦、召雨、降鹤、起死回生、摇动山峰等等,很多人对他非常信仰。但也因为这些不知是真是假的神迹,有些官员认为他使用幻术,欺骗人民,因此把他抓进监狱,让他喝毒酒。王处一喝下毒酒之后竟然没有死,因此名声更著,引起了皇帝的关注。

大定二十七年(1187),金世宗已近暮年,身体衰弱,四处寻求长寿养生之道。王处一因为诸多玄妙,被金世宗召见。王处一对他说:"你应该保守自己的精气,涵养心神,端正态度,清净无为。这就是所谓的保养长生之术,就算是广成子复生,让他为陛下讲解保养之术,也就是我说的这些话。"从这些话看来,王处一所尊奉的还是全真教内丹心性的理论,并未施展什么奇异的法术。金世宗也觉得这些道理过于平淡,

·欧·亚·历·史·文·化·文·库·

因此怀疑王处一是否真有神异之处。为了进行验证,金世宗又让他喝毒酒,王处一喝完之后还是未死,世宗非常敬信,次年特意修筑道观,请他长期居住,为自己教授养生之术,但王处一不愿久住京师,奏请还山。

过了不久,金世宗病危,又召他前来,等他到达京城,世宗已经去世。世宗的儿子早逝,嫡孙章宗即位,让王处一为世宗设醮,祈求冥福。后来章宗又多次征召王处一,询问养生之道,又因为没有子嗣,让他举行法事求子,并且赐给他紫衣和"体玄大师"的封号。

因为王处一的缘故,全真教逐渐开始改变马钰掌教时期避世苦修的状态。大定二十八年(1188),也就是第一次召见王处一的次年,金世宗又召丘处机来京,为他在万宁宫西建造庵堂,便于随时召问。丘处机与金世宗会面之后,为他讲解全真教的教理,并且写了一篇《瑶台第一曲》颂扬世宗,世宗很高兴,派人赐上林苑的桃子给他。他回陕西时,又赐钱十万,丘处机上表推辞不受。

经过皇帝亲自体验并加以褒奖,起到了极好的广告效果。有了上层支持,全真道开始蓬勃发展,在华北的教徒越来越多,也开始修建庐舍道观。

金章宗即位初年曾一度禁止民间宗教,但很快有大臣奏请收回禁令,章宗应允,此后全真教的发展再未受到任何限制。章宗明昌年间,曾召全真教道士刘通微询问"九还七返之事",他回答说:"这是山林间的野人所崇尚的,陛下您身为天下至尊,四海之主,不必留意这些事情。"然后又对章宗讲述了一番清净无为修身治国之道。章宗很高兴,让他住在天长观,并且在永寿道院开设讲堂,公开讲解教法,听讲的人很多。

承安二年(1197),金朝开始出售度牒、观额、大师号、紫衣等增加财政收入。全真教趁机买了不少观额和度牒。次年,金章宗召见刘处玄,赐给他一处道观,命名为修真观,京城的达官贵族纷纷来拜访他。一年之后,刘处玄请求还山,章宗赐予全真教终南山的祖庭观额"灵虚",祖庭的观主又趁机购买了数十个观额,300张度牒。王处一为金章宗求子的时候,道士们又请求朝廷赐了1000多张度牒。

因为朝廷的大力支持,全真教得到了很多度牒和观额,可以大量修建宫观,广收徒弟,教徒越来越多,影响越来越广,全真七子的名声也越来越盛。其中丘处机和王处一影响力最大。王处一以神异著名,各地都请他设醮作法。而丘处机自幼聪明,善于舞文弄墨,爱好作诗,结交了很多达官贵人。马钰卒后,谭处端、刘处玄、丘处机相继掌教,尹志平评价说"刘处玄掌教时,无为有为各占一半,既重视修炼心性,又重视兴建宫观、传道度人、结交官府等活动和发展。而丘处机掌教时,有为占了十分之九,无为只占十分之一,而且这十分之一的无为还束之高阁,并不使用。"可见丘处机掌教时,大有作为,全真教进入鼎盛时期。

　　金章宗泰和六年(1206),成吉思汗在漠北统一蒙古各部,建立了蒙古国。金朝曾经杀过成吉思汗的祖父咸补海汗,成吉思汗一即位,就商议伐金复仇。但这时金仍然是一个强盛的大国,蒙古国刚刚建立,实力过于悬殊,尚不敢轻举妄动,因此先向西进发,征服了乃蛮和西夏。

　　1208年,章宗卒,卫绍王即位。金世宗有很多儿子,但皇后所生只有一个,就是金章宗的父亲,因为早逝,没有当皇帝,章宗即位后,追封他为显宗。章宗辈分比较小,叔父众多,难免威信不足。他的叔父郑王永蹈于明昌四年(1193)谋反,明昌五年并王永中又被家奴告发有谋反之心,二人均获死罪。从此章宗对诸位宗室亲王严加约束,小心提防,只有卫绍王永济身体柔弱,既不聪明,又缺乏才能,得到章宗的信任和喜爱。章宗本人没有子嗣,死前让卫绍王继承皇位,埋下了金朝覆灭的根源。

　　蒙古建国之后,一直作为金朝的臣属,每年给金朝进贡。章宗年间,某次成吉思汗给金朝进贡岁币,前来接受岁币的是卫绍王。成吉思汗见他既软弱又愚蠢,很瞧不起他,对他不太礼貌。永济心中非常恼火,回国之后就打算请求章宗攻打蒙古,结果章宗不久就去世了。卫绍王继承皇位,派使者到各国宣告新君即位。使者来到蒙古宣诏的时候,要求成吉思汗下跪接诏。成吉思汗问:"新皇帝是谁?"使者回答:"是卫王。"成吉思汗朝南方唾骂:"我以为能做中原皇帝的人都是天降之才,没想到这样平庸懦弱的人也可以当皇帝!我凭什么拜他?"然后不再理睬使者,自己扬鞭而去,骑着马回北方了。使者回到京城汇报这番情况,卫绍王大怒,打算等成吉思汗再次进贡时找机会暗杀他,结果成吉思汗轻视金朝,再也不进贡了,从此与金朝绝交,并且布置兵马,预备开战。成吉思汗六年,也就是卫绍王大安三年(1211),蒙古向金朝进军,很快包围了中都。两年后的八月,金朝宰相胡沙虎弑君,杀掉了懦弱无能的卫绍王,拥立宣宗。宣宗即位后的第二年三月把卫绍王的女儿送给成吉思汗求和,蒙古国的国力此时还不足以灭金,成吉思汗此次攻打金朝也不为占领国土,只是为了掠夺钱财和美女,因此接受了公主,答应退兵。蒙古退兵之后,金宣宗立刻迁都汴京,弃华北于不顾,于是成吉思汗命令木华黎率兵经略汉地,来接收华北这份大礼。

此时金朝的一些将领仍然留守华北,与蒙古作战,但朝廷已经无法给予他们实际的支持。木华黎以破竹之势纵横于河南、山东,金朝政府对华北地区已鞭长莫及。战火之中,全真教的很多道观被毁,但由于乱世中朝不保夕,亦有大量民众为了寻求精神安慰和神灵的庇护,奉道入教。1214年金朝迁都后,山东的杨安儿起义,山东驸马都尉仆散安贞率兵镇压。虽然起义被镇压下去,但登州、宁海一带尚未平息。因为这一带全真教特别盛行,仆散安贞请求丘处机出面招安。丘处机欣然应允,据说他所到之处,大家都放下武器,愿意听命。因此丘处机的声望大振。一时间金朝、宋朝和蒙古都来召请他。首先是金宣宗于贞祐四年(1216)派遣使者召请,但丘处机不去,接着宋朝收复了山东齐鲁一带,宋宁宗于嘉定十二年(1219)遣使召请,丘处机还是拒绝了。同年五月,成吉思汗派遣刘仲禄征召丘处机。此时的政治形势已经比较清楚,南宋从来都是金的手下败将,而金朝现在也日薄西山,岌岌可危,只有蒙古所向无敌,大有前途。在李志常的劝说下,丘处机下定决心,于73岁高龄,翻山越岭,穿越荒漠,前去觐见成吉思汗。

丘处机和成吉思汗的会面大获成功。丘处机向成吉思汗讲述了道教的养生之道,成吉思汗非常敬信,称其为"丘神仙",并屡屡派人问安。丘处机得到了成吉思汗的圣旨,允许全真道教徒免除差役,天下之地,允许丘处机随意建立道观。

在此种现实利益的驱使下,要加入全真道的人不计其数,很多佛门子弟也转而皈依道教。在这种形势下,丘处机教导徒弟,把发展教门、传播教法作为第一要义,修心养性反而排在其后。一方面是皇室的大力支持,一方面是本身的努力宣传,全真道成为教徒最众、势力最大的教派。虽然大量建立宫观,也无法容纳这些蜂拥而至的信徒,因此一些佛教寺院也被改造成道教宫观,为后来的佛道之争埋下了导火线。

丘处机

丘处机返回燕京 3 年之后就去世了。他的弟子尹志平和李志常先后掌教,他们都是曾经跟随丘处机前去谒见成吉思汗的 18 位弟子之一。

由于金庸武侠小说和电视剧的流行,尹志平成了大家耳熟能详的人物,在《神雕侠侣》中的名声颇为不雅,其实这只是金庸先生的艺术创作。实际上尹志平在全真教中地位很高。据说他 14 岁从马丹阳入道,他的父亲反对他入教,逼迫他回家,并把他禁锢在家中。他逃出后,又师从丘处机于栖霞观,跟王处一学习口诀,跟赫大通学《周易》,道业日隆,修为很深。跟随长春真人西行后,他回到云中,也就是今天的山西大同,招徕弟子,建观修行。元兵南下,山东离乱,他奉丘处机之命前去招慰,大家听说他来了,都前来依附。后来他住在德兴(今河北涿鹿)的龙阳观。丘处机赐他法号"清和子"。成吉思汗二十二年(1227),丘处机羽化,遗命由宋道安主持教事,不久之后,宋道安因为年老多病让位给尹志平,于是他回到燕京的长春宫主持道教。元太宗八年(1236),他前往终南山,修复祖庭。十年传衣钵于李志常,自己隐居在长春宫西院。

李志常在尹志平之后掌领全真教。李志常是一个比较传奇的掌教,既有政治手腕,又有敏锐的观察力,可以说是他真正继承了丘处机

欧·亚·历·史·文·化·文·库·

的才能和主张。虽然他在金庸小说中戏份很少,但其实参与了很多重要的历史事件。

李志常出身自儒生世家,博学多才却无意于功名,喜欢学道,早先在山东莱州的即墨修行,后来投入丘处机门下成为他的弟子。李志常是一个颇有谋略的人,在即墨的时候曾帮主帅出谋划策,守城御敌。后来刘仲禄前来征召丘处机,不知该如何完成任务,也是先去找李志常,李志常建议他先到山东潍坊,请丘处机的大弟子尹志平同去莱州劝说丘真人,并教了刘仲禄一番说辞,大意是说:"现在正是大道将要行于天下的时候,如果你想教化民智,普度众人,现在正是最好的时机。"在此之前,金、宋两朝相继派遣使者邀请丘处机,都被拒绝了。丘处机能够应刘仲禄的征召,李志常不能不说大有功劳。李志常之所以帮助刘仲禄,也是因为他以战略眼光看出当时金朝已经危在旦夕,南宋甘于软弱,偏安一隅,虽然依靠红袄军的兵力暂时打下了山东,但绝对无力保守,只有新兴的蒙古实力最强,而成吉思汗的诏书对丘处机又非常尊敬,因此从中斡旋,促成了这次西行。

由于李志常很有才能,所以尹志平主持教事时并不干预太多教务,由李志常担任都道录,主管教门公务。太宗元年(1229)七月,李志常到怯绿连河觐见窝阔台汗,并且参加了他的即位大典。典礼结束后,在窝阔台汗的请求下,他担任了窝阔台诸子的家庭教师,给他们讲解《易经》、《诗经》、《尚书》、《道德经》、《孝经》等经典。太宗二年(1230)时,有僧人告发长春宫的处顺堂里所画的《老子八十一化图》里有老子化胡成佛的内容,是对佛教的德诽。尹志平因此被捕,李志常前去营救,说"教里的各种事务都是我在掌管,这件事应该由我负责",因此代替尹志平入狱。由于这件事不算严重,而且当时道教的地位仍然很高,因此过了不久李志常就获释了。此后,他还推荐冯志亨担任老师,教蒙古子弟学习汉文,又推荐道士去和林建立道观。总之,当时虽然是尹志平当教主,但与蒙古朝廷打交道的事基本都是李志常负责。到太宗十年,尹志平让位给李志常,朝廷封他为"玄教正派嗣法演教真常真人"。宪宗元年(1251),皇帝又赐给他金符、玺书等。

李志常凭借其高超的外交能力与蒙古朝廷保持密切关系,使得全真教的地位达到了顶峰,但李志常管领教务的这一段时间内——实际上应该是从1227年宋道安嗣教开始算起——将数百所佛寺改成道观,并且将佛寺的田产也归入道家,使得僧道的矛盾日益尖锐。蒙哥汗五年(1255),禅僧福裕向皇弟阿里不哥控告道士刊行《老子化胡经》和《老子八十一化图》是诽谤佛教,又控告道教占夺佛教寺院及田产等事,阿里不哥转奏蒙哥汗,于是皇帝命令李志常等到和林,在皇宫内大汗面前与佛教的首领那摩国师、福裕等进行辩论。李志常辩论失败。

虽然如此,蒙哥汗还是很重视李志常的才干,仍然召见他,向他询问统治国家、治理人民的办法。但由于患病,可能还因辩论失败的苦闷,次年六月李志常就病逝了。

李志常死后,他的徒弟张志敬掌教。张志敬遇到了全真教最为艰难的一段时间。1258年,忽必烈奉蒙哥汗圣旨,在开平主持大型佛道辩论。这次辩论由张志敬率领道教一方,结果辩论失败,全真教被要求归还佛教寺院237所,焚毁伪经45部,并有樊志英等17名道士被迫削发为僧。此后全真教失去了朝廷的信任,不允许再发度牒,只是偶尔负责在长春宫设醮作法事。

至元七年(1270),张志敬逝世,由王志坦嗣位掌教。王志坦的辈分很高,他是丘处机的弟子,和李志常同辈,此时已是71岁高龄。他曾经担任过教门都提点,跟随李志常多次到和林参见朝中大臣,和朝廷关系密切。此时全真教前途黯淡,所以这位老人重新出山,拯救危局。但他毕竟年事已高,两年之后就去世了,没能对改变全真教的命运做出多少贡献。

祁志诚于至元九年(1272)嗣位掌教。他跟当时的丞相安童关系很好,本来有望提升全真教的地位,但很不幸,他遇到了全真教的第二次危机,也就是至元十八年(1281)在大都举行的佛道辩论。这次的形势可以说是一边倒,忽必烈明显偏向佛教,全真教被迫烧毁《道藏》。他掌教直到至元二十二年(1285),这段时间佛教气焰极盛,胆巴国师的徒弟桑哥因为擅长理财得到世祖的宠信,担任总制院使(总制院是

欧·亚·历·史·文·化·文·库·

元代专门管理佛教的机构),后来当了尚书省平章政事,权势熏天。江南释教总摄(总管江南佛教事务的官员)杨琏真迦觊觎陪葬的财宝,号称南宋皇室墓地风水极佳,把南宋皇帝的坟墓都挖了,建成寺院,并且不断侵占道教的土地宫观。因此安童从漠北回到大都时对祁志诚说:"你不如归隐岩穴,退位让贤。"于是祁志诚推举张志仙嗣教,自己去昌平隐居了。

张志仙在佛教如此兴盛的时候担任掌教,也不可能有所作为。根据元代文人姚燧所写的《长春宫碑》,至元二十八年(1291)以前,世祖皇帝曾颁布过弛禁令,一方面允许道教自由传教;另一方面,如果道经中没有涉及贬低佛教的内容,可以自由流通。之前由于桑哥当道,扶持佛教,限制道教,没有把这道弛禁令颁布到全国各地。直到至元二十八年桑哥被罢免,全真教才走出艰难的局面。至元三十一年(1294)成宗即位,重新开始扶持道教,要求僧人归还侵占的宫观。

在张志仙之后掌教的是祁志诚的弟子苗道一,他是使全真教复兴的重要人物。成宗初年,驸马阔里吉思信奉道教,请他前去和林。当时西北窝阔台汗国的海都和察合台汗国的笃哇叛乱,元成宗派遣宁远王阔阔出前去镇守,阔里吉思也在军中。大德二年(1296),海都发动奇袭,宁远王疏于防备,全军大败,驸马阔里吉思也被海都抓走。成宗大怒,命令海山,也就是后来的武宗前去替代阔阔出。因此在漠北,苗道一非常幸运地见到了后来的武宗皇帝海山。

据说武宗与他交谈,合乎心意,后来咨询他各种问题,他所做的预言也一一应验,因此武宗认为他是神仙。武宗即位后,至大元年(1308)封苗道一为"玄门演道大宗师",管领诸路道教,商议集贤院事。并且在他的请求下,为全真教的5位祖师,7位真人,尹志平、李志常、宋德方,还有随丘处机西行的18位弟子中的15位全都加封。

元代中后期,全真教的资料没有前期那么详细。根据一些史学家的考证,苗道一传孙德彧,孙德彧在仁宗时期掌教,仍颇得宠信。孙德彧传蓝道元,蓝道元在泰定元年(1324)因罪被罢免掌教之位,后来连道士也不让他当。具体原因不详,但《元史》在这里记载:"泰定三年

（1326），长春宫道士蓝道元因为犯罪被黜免，诏令道士娶妻者都要承担徭役。"元代的僧道等宗教人士可以不承担徭役，因为他们要担负为皇帝祈福的责任。皇帝相信，如果宗教人士娶妻生子，那么告天祝寿祈福的效果就会大大降低。由这条记载来推测，蓝道元被罢免的原因可能与娶妻或纵容道士娶妻有关。

蓝道元被罢免后，一时间竟找不到德高望重可以担任掌教之人，经过龙虎宗玄教大宗师吴全节的推荐，才找到郝大通一系的孙履道担任掌教。郝大通在全真七子中比较受到排挤，所以此时孙履道坚决不肯继任，反复邀请才勉强嗣教，在他之后，又请苗道一出山掌教。这段时间，学者推测真大道也被并入了全真教之中。然而由于全真教此时已经彻底成为皇室附庸，早就脱离了道教本色，人才凋零，逐渐衰落，再加上南方的龙虎宗非常兴盛，此时北方的民间道教已经逐渐式微。

王恽在文章中说全真道人是隐逸之人，的确是说中了全真教最初创办的真相。元朝另一位著名文人虞集对全真教做出了这样的评价：

当时，北宋快要灭亡，宋徽宗崇奉道教，道士的各种奇诡之说也愈演愈烈，不着边际。于是出现了豪杰之士创立全真教，假装狂放避世，其实他真正的志向是在于返璞归真，不盲从当时道教的奇幻之说和诡怪的做法。一些有识之士意识到变乱之机，也往往去追随全真教，其中各种各样的人都有，不可胜数。

这些人隐居在山谷之中，喝山涧的泉水，吃自己耕种的稻谷，不分酷暑严寒，辛苦劳作修行，忍受他人所不能忍受的困苦，坚守常人所无法坚持的信念，是为了坚持自己的道路，而且他们颇有著述，阐述自己的学说流行于世。

自从朝廷开始推崇全真教，并且任命掌教，全真教的地位逐渐尊重，但这与其立教的本意，似乎已经不太一样了。

虞集的生活年代晚于王恽，因此他看到了全真教贵盛的情状，怀疑与其立教之初的本意不同。他的这种见识是很精到的，说出了全真教转变的关键点和衰落的根源。

2.8　北方新道教的其他宗派

在北方,除了全真教之外,金元时期主要的新道教派别还有太一教和大道教。

太一教是三大新道教中最先创立的一派,但这一教派到元末已经绝迹,也没有留下什么经典。直到现在,我们对太一教也没有太多了解。

太一教的创始人是萧抱珍,创教于金熙宗天眷初年(1138),这一教派创立的时间很早,因此还大概是传统道教的模样。据说萧抱珍是卫州人(今河南省汲县),他得道之后四处施法,行祈禳呵禁之术。在天眷初年,他的法术受到很多人的认可,建立了太一教。

1127年北宋灭亡,徽宗和钦宗成了金朝的阶下囚,之后的几年,北方一直处于战乱之中。1130年,金太宗在中原地区建立了伪齐政权,封刘豫为皇帝。到1137年,伪齐政权已经无法再维持下去,于是金朝废掉了伪齐,次年把河南、陕西等地还给了南宋,南宋向金朝纳币称臣。萧抱珍四处施法的这段时间,正是宋金之际北方最为混乱的一段时间。他在这段时间里为人用符箓求神治病,得到很多人的敬奉和信仰。

萧抱珍创建太一教,与东汉张陵创建五斗米道类似,也是用符水等为人治病。据说他在汲郡遇到仙圣,传授他秘箓,叫做"太一三元法箓",他得道之后,祈禳呵禁,没有不灵验的,从此用所授的秘箓救世济人。所谓的"三元",就是五斗米道时期开始祀奉的天、地、水三官,分别掌管赐福、赦罪、解厄。五斗米道和太平道都有这样的教制,即让教民把谢罪悔过的文字书写三封,分别放在山上、埋在地下、沉入水中,这样就可以得到三官的谅解。这样的悔过书叫做"三官手书"。这种制度流传下来,变成了一种斋法,叫做"三元斋",把正月十五、七月十五、十月十五分别设定为天官、地官和水官的生日,在这三个日子设斋,向三官忏罪悔过。后来"三元斋"变成我们所熟知的上元、中元和下元"三元节"。因此萧抱珍所创立的以"太一三元法箓"为主的太一教应该也是祭祀太一神,以三元斋教法为主要内容的符箓道教。

萧抱珍是太一教的创始人,也被尊称为始祖,在他领导时期,太一教的势力扩展到河北山东一带,因为他的法术很灵验,很多富裕之家加入了教门,献出财产作为供养。在创教之后第三年,即1140年,金熙宗下诏伐宋,又把河南和陕西抢了回来,但在进攻淮南的时候遭到抵抗。在这一年宋金签订了合约,形成了比较稳定的对峙局面。萧抱珍的法术引起了金朝皇室的注意。皇统十一年(1148)金熙宗的皇后召他来驱逐鬼物,给人治病,全都灵验了。皇帝要给他赏赐,他不要,请求皇帝御赐观额,于是皇帝赐予了"太一万寿"的观额,表示支持太一教的发展。

与全真教相比,太一教是比较容易得到金、元统治者的理解和认同的。因为金、元的本族宗教都是萨满教,有拜天的风俗,同时崇拜风、雨、雷、电、火、山等种种神灵,并且萨满也负责为人治病,求神驱鬼。对于女真和蒙古人来说,太一教的道士和萨满有很多共同点。因此每次朝廷禁制民间宗教的时候,对太一教的禁令也都比对全真教宽松得多。

1166年,太一教的二祖萧道熙掌教。他本名叫韩道熙,是萧抱珍的门徒韩矩的儿子,嗣教之后改姓萧。这是太一教的一项特殊教规,掌教者一律改姓萧,师徒之间使用父子之礼。埋葬萧抱珍的时候,萧道熙也采用了儿子对父亲的葬礼。萧道熙从小受到很好的文化教育,博学善文辞,很有儒士风范,他比萧抱珍更能够收揽人心。萧抱珍号称是仙圣传授自己法箓,然而萧道熙掌教的时候有徒弟问他:"师父您是哪一位贤圣呢?"这时候萧道熙只有10岁,却立刻写了一首诗:"明月清风大德,颇讶愚人未识,忉忉询吾为谁,只是从来太一。"也就是说,我这样的大德,愚昧之人竟然不认识,反而一再询问我是谁,我就是太一之神。

萧道熙掌教20年,然后传给弟子王志冲,自己飘然而去不知所终。王志冲改名为萧志冲,也就是太一教的三祖。他掌教时金章宗在位,章宗是金代颇为崇信道教的皇帝,他曾召请萧志冲设醮诵经,又命他施法解除蝗灾,用符水为宫女治病。后来章宗任命他为道教提点,赐予

99

"元通大师"之号。就在蒙古进攻金朝的前夕,即卫绍王大安二年(1211),萧志冲把掌教的位置传给了萧辅道,也就是太一四祖。

萧辅道刚刚开始掌教就遇上了蒙古对华北地区的大屠杀。卫州被攻破之后,萧辅道颠沛流离,致力于修复道观等工作。贵由汗元年(1246),忽必烈派遣史天泽将萧辅道召至哈剌和林。忽必烈的母亲唆儿忽黑塔尼别吉也召见了他,并且赐给他"真人"的尊号。

蒙哥汗二年(1252),忽必烈再一次召见萧辅道。这次召见之后,萧辅道去世了,传位给萧居寿,本名叫李居寿。萧辅道掌教期间,太一教得到了忽必烈的承认,掌教本人也与很多著名文士有过交游,为这一教派之后的发展打下了良好的基础。萧居寿被称为太一五祖。忽必烈即位初年就召见他,让他设醮祈福,并赐给宗师印,然后为他在大都和上都建了太一广福万寿宫,以便于随时召见。有趣的是,忽必烈不但让他主持太一教传统的五福太一神的祭祀,还在刘秉忠死后让他同时祭祀本由刘秉忠主祀的太一六丁神,太一六丁是一种奇门五行之术,属于阴阳家的法术。

太一教吸引民众的主要是他的符箓道法。"太一三元法箓"并未流传下来,我们已经看不到了,不过金末元初文人王恽给萧道熙写的行状中提到,萧抱珍把"灵章宝箓"传给萧道熙,萧道熙扩充了这些经箓,筑坛供养。萧道熙曾经在赵州施法求雨。王恽记录了这一过程,说他画了一道"飞雪救旱符",放在一张干净的桌子上,然后对着很多净水念咒,让人们把念过咒的水浇在符上,很快就开始下雨了。求雨的法事还没有结束,就打雷闪电,下了一尺多的雨。除了召神求雨之外,萧道熙还能够驱鬼、治病,在这些方面,太一教与传统的符箓派道教没有什么区别。

但从流传下来的一些有限的资料来看,太一教并不只限于符水祈禳之事,也很重视修炼。有人为萧抱珍写的碑文,说他以湛寂为本,以符箓为辅,以普度众生、救厄解难为途径。照此来看,太一教是以内修功夫为本,达到心灵寂静透彻,以此至诚之心感动上天,由此获得符法的灵验。太一教强调柔弱,萧道熙的徒弟问他:"什么是成仙之道?"他说:"想要成仙成佛不难,只要能够达到一个'弱'字就可以。这就是所谓的'弱者,道之用'也。"萧道熙把成仙和成佛并论,表现出他受到了宋元时期三教合一的影响,也体现出太一教作为新道教的特点。所以有学者认为,太一教虽然是符箓派道教,但它实际上还是以清净修身为本,以符箓法术为用。

相比于全真道和真大道来说,太一道是势力比较弱的一派,教徒大多只在河南、河北活动。根据现代学者的研究,到第七位掌教人萧天祐之后没有再看到关于太一道的记载,此后太一道很可能跟江南的符箓道教正一道合并了。

大道教的创建略晚于太一教,它的创始人是刘德仁,宋徽宗宣和四年(1122)生于沧州乐陵(今山东省乐陵)。这正是北宋灭亡的前夕。他幼年丧父,5岁时因为靖康之变和母亲流落河北。据说他7岁开始读道经,颇有所悟,于是割弃俗缘,远游四方。金熙宗皇统二年(1142)十一月的一个凌晨,在似梦非梦的状态下,他遇到一位骑青牛、须发皆白的老叟。老叟传授他玄妙道诀,从此他玄学大进,创立了大道教。

所谓骑青牛的老人明显是依托老子。大道教的特殊之处也在于此。全真教王重阳的道法托名吕洞宾所传,继承了宋代的内丹派,太一教继承了宋代的符箓派,然而大道教则是直接取《道德经》的内容,自己创立了教义。刘德仁创造出9条教义如下:

一、对待别人要像对待自己一样,不能有戕害他人、暴力或者愤怒的想法。

二、对君主要忠心,对双亲要守孝,对人要诚实,说话的时候不要夸夸其谈,不能口出恶言。

三、不能有邪念、淫心,应该清净心地。

四、不要攀援势力,要安于贫贱、自给自足、耕种求食、量入为出,不得奢侈浪费。

五、不能赌博、盗窃。

六、忌酒、忌荤腥,衣食无忧即可,不可贪财虚荣。

七、心地空寂,勿要执著,应随顺于世界、与世无争。

·欧·亚·历·史·文·化·文·库·

八、不能以强欺弱,要谦卑、尊敬他人。

九、能够知足就不会受辱,能够知止就不会失败。

刘德仁所奉行的教义多直接取材于道教早期的经典,因此当时的文人认为大道教是遵守和发扬老子学说的一种教派,主张清净寡欲、谦卑自守、无执著、无爱憎、无彼此等观念。而且教徒也大都生活朴素,自己结庐而居,凿井耕田,栽桑养蚕,一切必出于己,一切不取于人。

大道教介乎全真教和太一教之间。一方面,强调内修外用,也有传统的内丹修炼方法,如虚心实腹、守气养神之类。另一方面,刘德仁也为人祈祷治病,召神驱鬼。他治病的方法很奇怪,据说既不用针药,也不用符水,而是仰面看天,默祷虚空,病人的病就好了,好像有点类似于今天用意念或用气功治病。还有关于他驱妖的记载,说某家有狐祟,他前去驱狐,在村子里点了一堆火,数百只狐狸一边叫着一边跳进火里,从此狐祟就消失了。

虽然刘德仁也进行修炼,亦会治病驱鬼,但是他与符箓道士和内丹派道士都不一样。当时的人描述他:"生活非常普通,似乎没有什么特殊技能。有人跟他说飞升、化炼、长生一类的事,他就说:'我不懂这些。'虽然给人治病驱鬼,却从来不用符水法术,只是默默地向天空祷告。"大道教中也不供奉各种神仙,只是点一支香,每天早晚礼敬天地。这种平实朴素的宗教的确是非常罕见的。不过因为刘德仁本人治病驱鬼,多有灵验,教规又很平易,所以在河北一带吸引了很多教徒。

刘德仁所创立的教义中包含很多伦理道德的内容,不宣扬神鬼幻术,内容主要是崇善戒恶、忠孝勤俭、朴素自立等等,受到很多下层人民的欢迎,刘德仁之后的几位掌教也都是农民家庭出身。到元朝初年,大道教分为以燕京玉虚宫为中心的大道教和以燕京天宝宫为中心的真大道两派,两派都得到了元朝政府的承认,均有各自的传授系统。三代之后,大道教一派逐渐衰落,最后与真大道一派合并了。

虽然有过分裂又合并的过程,真大道的宗旨一直未曾改变,到第12位掌教张清志时仍然保持着非常朴素谦逊的作风。张清志于元武宗大德十一年(1307)四月嗣教,掌教近20年,期间经历了4位皇帝,都很受尊崇,皇帝赐他"演教大宗师"、"凝神冲妙玄应真人"等称号,但是他本人非常简朴,泰定帝召他进京,准许他使用驿站,但他竟然自己徒步前去。他在京师深居简出,没几个人认识他,达官贵人来见,他都称病不见。和当时的其他比较有影响力的宗教派别领袖相比,简直是天壤之别。

当时有一幅画叫做《吴张高风图》讲述张清志和翰林学士吴澄之间的一段故事。泰定二年(1325)春天,吴澄在天宝宫的别馆养病,听道士向他谈起大道教的起源和张清志的事迹,感叹道:"世上竟然有这样的人。"于是为他写了一篇传记《元天宝宫张真人道行碑》来赞美他的高风亮节、仁孝慈爱、神明之迹等等。吴澄病好后,想起张清志的为人,乘车前去拜访,但看门的童子不敢为他通报,说:"张真人深居简出,清净无为,凡是有朝中的高官贵人前来,我们都不敢通报,请先生您不要怪罪。"吴澄大为赞叹,一点也不生气,反而觉得自己远远不及。后来张清志知道了这件事,说:"现在秋高气爽,我应该去拜谒吴先生。"于是穿着草鞋,戴着斗笠,杵着木杖,褐色的布衣刚刚及膝——过去稍有身份的人都穿长袍,身份低微的人才穿短衣——只带了一个弟子跟随,穿的衣服跟他一样。张清志步行到了国史院,坐在院门口的上马石上,弟子告诉看门人说:"真大道的张真人前来拜谒吴学士。"看门的人不相信,一边笑一边互相议论:"以前见过来拜访的真人也不少,没有穿成这个样子的。"因此不肯替他通报。这个时候,吴澄正在主持编修《英宗实录》,和同僚坐在堂上,完全不知道这回事儿。吴澄的儿子正好出门,看到了张真人,因为认识他,问他在这里做什么。真人说:"您是吴学士的公子吗?请回去告诉您的父亲,我来回拜了。"然后在地上用手杖写了一个"诚"字,就飘然而去。吴澄听说之后,立刻赶出来,真人已经走远了,只有写在地上的字还在。吴澄派人去追,追到丽正门往南3里处,看到真人正在高歌徐行,声音清亮,追的人不敢打断,只好回来了。当时的人赞叹两人的高风亮节,因此画了这幅画。文人虞集为此画作了一篇序,使我们能得知这个故事。

元代各种宗教的地位很高,各教派的领袖多跟达官贵人有所往来,以便扩张自己的势力。由于各教派领袖常常被皇帝召见,因此高官也很愿意与宗教人士拉近关系。像张清志这样的行事风格是相当少见的。吴澄为张清志所写的碑文中,提到张清志洗衣做饭、打水扫地都是一力亲为,别人不愿做的脏乱活,他都去做,穿布衣,喝白粥,耕田自养,这些对于元朝中期的影响力比较大的宗教领袖来说几乎是不可想象的。这也说明真大道的教义一直被比较好地贯彻下来。但在泰定三年(1326)张清志去世之后,关于真大道的记载,现在几乎看不到了。有学者推测真大道可能是合并于全真教之中了。即使不是合并于全真教,也是声势大减。元朝后期,只有北方的全真教和南方的龙虎宗是道教最重要的宗派。

2.9　正一道的历史和兴起

　　正一道也就是天师道,又被称为龙虎宗。符箓派道教最为重要的是正一道、上清道、灵宝道三大派。其中正一道的中心在江西龙虎山,上清道的中心在茅山,灵宝道的中心在阁皂山。此三派分别以此三山为根据,立坛传箓,被称为"三山符箓",因此这三派也分别被称为龙虎宗、茅山宗和阁皂宗。三大传统符箓派道教中,正一道的影响最大。这一派也是由中国最古老的道教五斗米道发展而来的。

　　到了宋代,由于内部的融合发展,道教内丹派已经与符箓派相结合。符箓派认为修炼内丹才是使用符箓的根本,炼成内丹,不仅可以使人脱胎换骨、返老还童、长生不老,也可以役使鬼神、召唤雷雨。符箓派的理论也有了很多发展。它吸收了内丹派"元神"的概念,认为元神和道法是主从关系,要把自己的精气化成元神,由元神来施法,道法才能灵验。譬如符箓派道士驱使鬼神,其实这些鬼神都是自己的精气神化成的,可以随意驱使它们。又认为行云求雨之所以应验,是因为所求之雨都是从自己体内化生的。因为自然界的云雨雷电无非是五行之气激荡碰撞的结果,然而天人合一,人体内部也有五行之气,并且与外部的五行之气相呼应,那么使自己体内的五行之气激荡碰撞,内外之气就会相互感应,从而打雷下雨。符箓派用这种理论讲解求雨的方法,说:"雨就是肾水,搬运自己的肾气,使之布满天地,自己觉得浑身出冷汗,天上就下雨了。晴天就是心火,想要天晴,就必须大怒,一边怒喝,一边瞪圆双眼,就好像眼睛里冒出闪电一样。想象天地之间都是炎炎大火,这样心火就被点燃,也就天晴了。"总之,天地就是自身,自身中含有天地,只要运用自己的元神,就可以控制天地。

南方的三大符箓教派,在唐宋时期就已经颇得皇室尊崇,不过如前所述,皇帝更看重上清派的茅山道士,使得茅山道士成了道士的代名词。从元代开始,这种情况发生了变化,龙虎宗成了最受尊崇的一派。全真教辩论失败之后,在道教内部,替代全真教地位的就是南方的龙虎宗。

正一教之所以得到朝廷的宠遇,根据《元史》的记载,是因为第35代天师张可大在忽必烈即位之前,曾经向未来的世祖皇帝预言过将征伐南宋、统一天下的最终胜利,使得忽必烈龙心大悦,因此灭南宋之后,对龙虎宗另眼相加,着意优待。但是,从客观的角度来讲,一方面,因为忽必烈刚刚征服南方,叛乱不断,需要扶持南方的宗教,借助宗教力量稳定社会。另一方面,符箓派道教的召神驱鬼、行云求雨、占验卜筮等法术与萨满教巫师较为接近,更能够得到蒙古人的理解和信任。

至元十三年(1276),也就是南宋灭亡的同一年,忽必烈召见了第36代天师张宗演,对他说:"想当初还在乙未年(1259)时,我率兵在湖北鄂州扎营,让王一清去寻访你的父亲。你父亲没有来,但他让王一清带回一个预言,说:'20年之后,您将会统一天下。'神仙说的话,在今天果然应验了!"这位王一清本是一位龙虎宗道士,因此寻访张可大的主意很可能是他给忽必烈出的。后来忽必烈打到武汉的时候,王一清被派去劝降,被宋朝守城官员杀掉了,没有亲眼看到龙虎宗的兴起和在元朝的全盛。

世祖皇帝统一江南,非常高兴,对于曾经做出过预言的人怀着一种对待大萨满的尊敬。他见到张宗演之后,设宴招待他,赐给他银印,让他掌管江南的道教。至元十四年(1277),世祖皇帝让他来长春宫主

·欧·亚·历·史·文·化·文·库·

持法事,并且赐他"演道灵应冲和真人"的道号。长春宫本来是全真教在大都的活动中心,现在让正一道的天师来此设醮,显然有扶持正一道,使其替代全真教的意思。这次法事之后,世祖皇帝给予张宗演发放度牒、自行收徒、度人为道士的权力,并且在南方设置了各级道教管理机构,全都归张宗演管理。

世祖皇帝如此推崇正一道,或许也有一点对于正一道传承如此之久的向往,期待着元朝的统治永远持续下去,希望元朝皇帝和蒙古大汗的位置也能像正一道的天师一样,传承千年而不断。据说张宗演在至元二十五年再次入朝觐见时,忽必烈让他把天师祖传的玉印和用来降妖伏魔、祈雨作法的宝剑带来让自己观看。张宗演献上玉印、宝剑之后,世祖一边观赏把玩,一边对侍臣说:"从汉代到现在,改朝换代已经不知道有多少次,而天师的玉印和宝剑竟然代代相传,子孙相继,一直延续到今日,看来果然是有神明护持啊!"在世祖的心目中,也许期待着有佛教、道教等各种宗教人士替自己祈福,敬拜神明,元朝的皇位也能这样传承下去。因此从元世祖开始,朝廷正式承认正一道的"天师"称号,这在正一道的历史上是前所未有的。之前所谓"天师",只是教中和民间流行的称呼,并且这一政府承认的称号到明代也被取消,只有在元代,每一任皇帝都会颁发任命状给天师,承认他的地位,有时候授以更高的官职。其中泰定帝二年(1325)加封第39代天师张嗣成的两封制书,分别由元代著名文人吴澄和揭傒斯起草,现在在他们的文集中还能看到。吴澄所起草的一封比较短,内容大意如下:

封天师制

我大元朝崇尚道教,古代没有哪一朝能比得上,爱卿世世代代领受朝廷的恩典,也要数现在最为隆盛。因此我要赐给你隆重的称号,以彰显我朝对你的褒赏和宠异。正一教掌教、第39代天师、太玄辅化体仁应道大真人、主领三山符箓、掌管江南道教事务(作者按:前面这一长串都是天师张嗣成的封号和官职)张嗣成,是像冰雪一样圣洁的神仙,像风云一样高妙,你继承了你的祖父和父亲的位置,他们在你之前累积了功德和善行,你将要传位于你的子子孙孙,他们会继续增添你的荣耀和光辉。这次上元节,你前来觐见,设醮帮助我向上天祈求福寿,小心翼翼,谦恭谨慎,礼节不亏,让我们共同遵循清净无为的大道。现在,我特授你为翊元崇德正一教掌教、第39代天师、太玄辅化体仁应道大真人、主领三山符箓、掌管江南道教事务、知集贤院道教事(作者按:这次加封了"翊元崇德"4个字和"知集贤院道教事"这个官职,夹杂在这么长一串中,不仔细看真看不出来)。

揭傒斯所起草的一份比较长,在这里就不翻译了,大概意思差不多,只不过没有加封更高的官职,只是表示泰定帝承认了张嗣成的地位。

张宗演觐见世祖之后,继续回到江南主持道教事务,他把自己的徒弟张留孙留在了大都。张留孙虽然不是张宗演的儿子,没有继承天师的名号,但他对元朝政治的影响比天师还要大。张留孙起初是龙虎宗在大都的代理人和联系人,因为皇帝对他非常宠信,最后他在大都所居住的崇真万寿宫里聚集了大量的龙虎宗道士,实际上成了元代龙虎宗的核心。

张留孙得到世祖的信任,根据《元史》的记载,最初是因为世祖祭祀的时候突然下起了暴雨,张留孙祷告之后雨就停了,大家觉得非常神奇。后来忽必烈的大皇后察必生病,命张留孙祈祷,祷告之后,皇后梦到了神仙,张留孙说所梦到的是他用符箓驱使的神仙和汉朝的第一代天师。不久,皇后的病痊愈了,她描述自己在梦中见到的人,果然相貌衣着和张留孙所说的相同。忽必烈非常高兴,要封张留孙为天师,按照教规,只有天师的后人才能继承这个称号,因此张留孙不敢接受。于是皇帝封他为上卿,也给他铸了一把宝剑,为他建了宫观,总之是一切待遇比照天师。至元十五年(1278),忽必烈又赐给张留孙"玄教宗师"的称号,授予道教都提点的官职,让他管理江北淮东淮西荆襄的道教。此后,世祖对他的信任已经远远超过了普通宗教人士,把他看做自己的谋臣之一。

至元二十八年(1291),世祖罢免了之前重用的宰相桑哥,又为下一任宰相的人选为难。桑哥是一个西藏化的畏兀人,是胆巴国师的弟子,非常善于理财,世祖在至元二十四年(1287)绕开原有的中央机构中书省,设立了尚书省,让桑哥担任平章政事,统领政务。4年之间,桑哥实行了大量理财的措施,增加了国家收入,有些措施难免苛刻急暴,很多尊信儒家治道的大臣都反对他,他也因此诛杀异己,得罪了很多人。到至元二十八年正月,尊信儒学汉法的政治势力进行了反击,集体在世祖面前弹劾桑哥,经过御史台(相当于现在的检察院)的反复审问与勘验辩论,桑哥因为卖官鬻爵、贪赃枉法、营私结党、阻碍御史台工作、欺君罔上等罪名被杀掉了。

世祖在位期间,国家政策摇摆不定,究竟是重用善于理财的畏兀人增加收入,还是任用遵行汉法的大臣,与民休息、长治久安,两种路线之间一直在进行斗争。桑哥是世祖任用的最后一位理财大臣,桑哥死后究竟用谁为宰相,世祖很费踌躇。当时把桑哥弄下台的人都推举完泽,但世祖知道完泽之所以众望所归,因为他是个老好人,推他出来便于平衡当时的局势,其实他并没有出众的才能,所以世祖对于他能否胜任宰相这一职位有所怀疑。于是他让张留孙来占卜。张留孙占卜的结果是"同人"卦和"豫"卦,"同人"是六十四卦中的第十三卦,属于中上卦,"豫"卦是第十六卦,属于中中卦。这个卦象虽然不算坏,但也不算特别好。但是张留孙解释说:"'同人'之卦,象辞说'柔得位而应乎乾',这是表示将来君臣相得、合作无间;'豫'卦,卦辞是'利建侯',说的就是任命宰相的事。简直没有比这卦象更吉利的了,请陛下不要怀疑,就任命完泽为宰相吧。"世祖听了这番话,果然任命完泽为中书省右丞相。

世祖对于完泽能力的怀疑并不是没有原因的,完泽上任之后果然无所作为。至元三十一年(1294),成宗即位,派人对完泽说:"桑哥虽然奸邪,但是很有威信,能够统御臣下,因此他发布的政令立刻就被执行。你们现在也太拖沓了,大小官吏都怠慢公事。你们得好好管束臣下,有不好好干活的就打板子!"可见完泽果然是行政能力有点问题。但完泽这种性格很符合道教清净无为、以黄老之道治天下的态度,并且当时刚刚经过几朝善于理财、长于牟利的大臣的领导，民力困顿，也需要与民休息。完泽因此得到张留孙的支持，顺利登上了宰相之位。此后，据说成宗、武宗、仁宗、英宗数朝，在进行大的决议前，都要咨询张留孙的意见，即使只是让他占卜，他对卦象的解释也足以影响最终决策，可见他对元朝政治的影响力。他和他的弟子还经常奉命去江南寻访贤良人才，所荐举的人才，朝廷往往征召重用。元代著名的马端临所写的《文献通考》，是中国古代的"三通"之一，就是张留孙的弟子王寿衍在延祐四年（1317）奉旨去东南求贤所寻访到的，他将此书进上之后，朝廷立刻下令刻印颁行。

张留孙的这种影响力对于道教的振兴也是非常重要的。至元十八年全真道辩论失败后，忽必烈下令烧毁《道藏》中除了《道德经》之外的部分。张留孙私下对太子真金说："黄帝、老子之书，汉代的皇帝曾经采用，以清净之道，无为而治天下。因此这些书不能全部烧掉。这些话我不好说，请太子殿下向皇帝上奏。"于是真金对世祖说："黄老之道，历朝历代治国安民，常常采用。"忽必烈听后，派儒臣讨论，才保留了一部分。

张留孙还曾奉命为武宗和仁宗取名，为武宗取命做海山，为仁宗取命爱育黎拔力八达，他们都是答剌麻八剌的儿子，答剌麻八剌是太子真金的次子，也是成宗铁木儿的亲哥哥。武宗、仁宗在成宗死后相继当了皇帝，因此为他们起名字的张留孙在武宗即位后更是受到了前所未有的尊崇。仁宗即位的时候封他为"领诸路道教事"，天下的道教都归他统领，并且颁发给他一个"玄教大宗师"的玉印，他的权力达到顶点，于英宗至治元年（1321）去世。

张留孙的徒弟叫吴全节，张留孙去世之后，他继任玄教大宗师、知集贤院道教事等称号和职位。他历经英宗、泰定帝、文宗、顺帝等朝，死后传位给夏文泳。吴全节和张留孙一样，也很大程度参与了元朝政治。但他是一个儒学色彩更重于张留孙的人。张留孙与朝廷大臣议论政事的时候，每次需要对皇帝谈论儒学问题的时候，他都会对皇帝说："臣张留孙的弟子吴全节对于儒学非常精通，可以备顾问。"因此武宗、仁宗当皇帝的时候,都曾经想让吴全节不要当道士了,还俗当大臣,然而吴全节还是保留了自己的道士身份。虽然如此,他曾经说过:"我生平认为最可耻的,就是默默无闻、谨小慎微,但求苟全自身。因此但凡是有关于国家政令的得失、用人得当与否,有关于民生利害、吉凶之兆等等,只要是应该指出的,我从来没有因为自己不是皇帝亲信之臣而得过且过、不尽心直言过。"这哪里像一个出家修道、不问世事之人,俨然就是以天下为己任、鞠躬尽瘁的尽忠臣子。因此元代的文人许有壬曾经评价吴全节说:"别人都认为你是神仙,我认为你是一介儒生。"张留孙所传下来的玄教大宗师这一派,基本都是如此,他们所关心的头等大事,是朝廷政治、国计民生,没有多少方外之人的意思。因此这一派也没有传下什么道教理论、符箓法术方面的经典。

张留孙在大都创造了一个独立于龙虎山天师道的传承体系。这个传承体系中,由在位的玄教大宗师选定继承人,禀报给皇帝,皇帝同意之后,颁发相当于任命状的"玺书"加以承认。大宗师去世之后,继任的大宗师持有皇帝的玺书,继承世祖颁发给张留孙的大宗师印和宝剑,同时继承"特进上卿、玄教大宗师、大真人、知集贤院事、领诸路道教事"这个冗长的头衔。这样,玄教大宗师的权力就有了皇室在背后支持。但由于大都的天师道系统完全依赖于朝廷的支持,并没有民间基础,所以元朝灭亡之后,这一传承立刻就断了,并没有流传下来。

3 蒙元时期的佛教

由于长春真人丘处机的千里西行,道教全真派在蒙古国初期盛极一时,成为最有势力的宗教,很多僧人转而学道,大量佛寺改建成道观。然而因为几次佛道辩论中道教的失败,这种状况到世祖时期被彻底改变了。藏传佛教成为元朝的国教。

在蒙古国初期道教得势的时候,佛教的情况是怎么样的呢?佛教从什么时候开始被蒙古皇室所认识和接受?为什么是藏传佛教而不是汉地佛教成为元朝的国教?在蒙元时期,汉地佛教的状况如何?

藏传佛教与汉地佛教相比,笼罩着更多的神秘色彩。藏传佛教的形成与发展过程是怎样的?藏传佛教有哪些派别?藏僧在何时与蒙古皇室进行接触,又为何能被蒙古大汗所敬奉?忽必烈所敬奉的国师八思巴是藏传佛教萨迦派高僧,那么藏传佛教的其他派别情况如何呢?他们为什么没能争取元朝统治者的关注呢?

这些问题将在本章做出回答。

3.1   元朝的禅宗

大概在 17 世纪,也就是明朝中晚期成书的一些史籍,以及更晚的一些蒙文、藏文史籍中,均记载说成吉思汗建国初期,也就是 1206 年,就出兵攻下了西藏地区,并且和藏传佛教的萨迦派建立了联系。这种说法是不太可靠的,因为在更早的元、明时期的蒙文、汉文、藏文、波斯文等各种文字史料中都找不到任何证据可以证明此说。而且记载这种说法的书籍都是藏传佛教流行于蒙古地区之后才被编写出来的,其中关于蒙古国早期的历史,往往人物、年代都很混乱,应该是喇嘛写的。

实际上蒙古国早期对于藏传佛教并不推崇。南宋的彭大雅和徐霆写过一本关于蒙古的见闻录叫《黑鞑事略》。彭大雅曾作为书状官

·欧·亚·历·史·文·化·文·库·

随使者到过蒙古,把自己的所见所闻写成了书稿,徐霆也曾出使蒙古,他将自己的见闻分条附录在彭书之后,合成了这样一本对于研究早期蒙古史非常重要的书籍。这本书里记载,成吉思汗灭西夏的时候,曾经"脔其国师","脔"就是小块的肉,这里作动词用,也就是把西夏国师切成小块。西夏当时信奉藏传佛教,国师应该是一位藏僧。可见成吉思汗当时对于藏传佛教并不看重。

萨满教之外的各种宗教人士中,最早跟蒙古统治者接触的其实是汉地的禅僧,在此我们先简要介绍一下禅宗的兴起。

佛教大约在西汉时期传入中国,到隋唐时期,已经彻底完成了中国化的过程,出现了众多佛教宗派,隋唐时期形成的佛教宗派有天台宗、华严宗、三论宗、法相宗、净土宗、律宗、密宗、禅宗等。但除了禅宗之外,其他各宗的传承体系相当松散。只有禅宗成为彻底汉化的汉地佛教,产生了五宗七派,各自的系统传承非常清楚。与禅宗相比,中国佛教的其他宗派基本都有一个比较严格的修行程序,对修行的次第做出了详细的规定,让人觉得修炼的道路非常漫长,要达到解脱遥遥无期。这些宗派大都强调读经、写经、讲经、坐禅、积累功德等,然而唐末兴起的禅宗却与众不同。禅宗在兴起之初,就宣称自己与其他各宗都不相同,他们把各种经论和禅宗以外诸宗都称为"教",说自己是教外别传,上承佛祖,不立文字,只传佛心。当然,禅宗并不是彻底废弃经典,早期的禅宗也提倡读经,并且在说法的时候引用经文,但他们认为应该借"教"悟"宗",不能执著于文字。

禅宗强调人人都可以成佛,引导信徒"识心见性",好像埃及斯芬克斯像上所刻的"认识你自己"。因为人人都有佛性,只要没有迷失佛性,就可以立地成佛。因此禅宗的修行之法就是自然无为,将修行融于日常生活之中,并没有规定修行的过程和次第,这种程序的简明化吸引了很多信徒,很快就发展壮大。

我们较为熟悉的禅宗五宗七派,分别是沩仰宗、法眼宗、云门宗、临济宗和曹洞宗五宗,其中临济宗又分为黄龙派和杨岐派,是为五宗七派。其中沩仰宗在宋代以前就已经衰微。法眼宗传三四世之后也逐渐

112

湮没无闻。云门宗在北宋非常兴盛,进入南宋后,随着临济宗的兴盛,云门宗渐趋消亡。临济宗进入北宋之后逐渐盛行,一直流传至今,是禅宗中最重要的支派。临济宗分为黄龙派和杨岐派,其中杨岐派成为主流,影响最大。下面将会写到的海云印简就属于临济宗杨岐派,他是最早得到蒙古统治者重视的汉地僧人,他的弟子僧子聪,作为元世祖的谋臣,对于元代各方面制度的设定起到了非常重要的作用。曹洞宗是仅次于临济宗的大宗派,也是汉化最为彻底的佛教禅宗宗派,甚至融入了儒家父子伦常的观念,流传既广影响且大。我们即将会介绍的万松行秀就是曹洞宗高僧,他的弟子中比较著名的有耶律楚材、雪庭福裕、林泉从伦等:耶律楚材是蒙古国初期对于保持和传承汉文化起到重要作用的人,雪庭福裕、林泉从伦都在蒙元初期的宗教辩论中起了很大作用,雪庭福裕是佛道辩论的发起人,元代道教衰落佛教兴起,雪庭福裕可谓关键人物,林泉从伦是焚烧《道藏》时负责点火的人,可见曹洞宗在佛道辩论中的影响之大。

　　1219 年,成吉思汗曾经颁布圣旨,优待临济宗僧人中观、海云师徒,让他们率领汉地佛僧告天祈祷,为大汗祈福,并命令说,不管是谁都不许欺负僧人,且免除僧人的赋役。但这并不意味着成吉思汗信奉佛教,在导言中我们提到过蒙古人的宗教观,对于成吉思汗来说,一切宗教人士都是与长生天联络的通道,只要拥有与天沟通、向天祷告的能力,蒙古的统治者都愿意加以优待。所以,虽然最早得到成吉思汗优待圣旨的是汉地佛教,但这种宗教始终未能在蒙元朝获得特别高的地位。

3.2　临济宗高僧

　　中观沼和海云印简两位禅僧大概是最早得到蒙古贵族重视的汉地佛僧。

　　海云印简是山西岚城宁远人,俗姓宋,生于金章宗泰和二年(1202)。他的父亲是一位儒士,但他的母亲家中世代奉佛,对他影响很大。海云从小就很聪明,7 岁的时候,他的父亲教他《孝经》的"开宗

113

明义"章,他问父亲:"开者何宗? 明者何义?"这两句话是典型的佛教禅宗打机锋的问答。他的父亲非常诧异,于是让他拜禅宗临济宗宁远中观寺的住持中观沼为师,学习佛法。海云在中观寺学习佛法 3 年,悟性很高,深受中观和尚喜爱,11 岁受戒。

成吉思汗十二年(1217)八月,成吉思汗封木华黎为太师国王,命他率领军队南征,攻略华北地区,自己则率军西征。这一年九月,金宣宗改元兴定,开始向南宋进军,以期弥补败在蒙古手下所丢失的北方大片疆土。金朝迁都之后,对华北地区已经鞭长莫及,蒙古也没有在北方地区建立有效的统治,因此华北地区出现了很多汉人军阀,各保一方。

成吉思汗十四年(1219),海云 18 岁的时候,木华黎的军队攻下了山西岚城,百姓四处逃散。中观对海云说:"你如果去北方朔漠,将会有大因缘。我和你一起北渡吧。"中观是否看到了什么预兆,我们不敢说,也可能只是明白宋金终究不可能抵挡蒙古的铁骑,中原一带将要战乱多年,只有强大的蒙古后方,才会是比较稳定的地区。于是师徒二人打算出城北上,结果很快被围城的军队所擒,送到了汉人军阀史天泽和李七哥那里。李七哥觉得海云并非普通难民,于是问他:"你是什么人?"海云说:"我是沙门。"史天泽问:"吃肉吗?"海云说:"什么肉?"史天泽想吓唬吓唬他,说:"人肉。"海云说:"人不是禽兽,虎豹尚且不吃同类,更何况人呢?"李七哥又问他:"你既然是僧人,是信禅呢,还是信教?"海云回答:"禅、教是僧人的羽翼,就好像国家用人,需要的是文武双全的人才。"李七哥问:"如果必须选择一个呢? 你选哪一个?"海云回答:"那么就哪个都不选。"李七哥笑着说:"你既不信禅,又不信教,还是沙门么,那你是什么人呢?"海云回答:"佛。"

史天泽和李七哥觉得海云应对不凡,年纪虽轻,面对大军却并不害怕,颇觉惊异,又听他说是跟随中观和尚学习,便随他去见中观。两人听中观宣讲佛法之后,非常敬佩,认为中观是一位有道高僧。于是带他们去见木华黎,木华黎将此事报告成吉思汗,大汗非常高兴,下圣旨说:"你所说的老长老和小长老的确是告天祝寿的好人,你应该供给他们衣食,好好供养,让他们多多寻找这样的人,带领这些人告天祝寿,为皇帝祈福。不管是谁,都不得欺负他们。"蒙元朝一直信奉宗教保护政策,而这道圣旨大概是最早的一道保护宗教人士的圣旨。这一年,成吉思汗57岁,已经感觉到衰老甚至死亡的威胁。年轻时曾经让斡惕赤斤扭断了大萨满脖子的大汗,现在开始期望依靠宗教的力量延长自己的生命。就在颁发了这道圣旨的同一年,刘仲禄向成吉思汗推荐了长春真人丘处机,称其活了300多岁。于是成吉思汗派遣刘仲禄手持圣旨,前去寻访丘处机,询问长生之道。虽然佛教徒机缘巧合,最早得到了蒙古大汗的保护,却是道教成了成吉思汗最为尊信的宗教。

因为成吉思汗的保护圣旨,木华黎让中观和海云住在兴安香泉院,一切衣食所需都由官府供给。中观沼禅师被蒙古官员称为老长老,海云被称为小长老。很快木华黎又率军征伐至河西,攻打甘陕一带。海云和中观仍由官府供养。

次年,中观和尚去世了。19岁的海云为师父建了舍利塔,守塔供养。某日,他突然听到空中有声音对自己说:"大事就要成功,出发吧,不要停滞在这里。"这种说法颇有神秘色彩,但也许是他自己心中发出的呼喊。于是海云又踏上北行的道路,一路寻访高僧。

在景州他遇到了著名高僧本无玄和尚。玄和尚问他:"从何所来?"他说"云收幽谷。"又问:"往何处去?"他说:"月照长松。"他应对敏捷,颇有禅意,玄和尚对他非常赞赏。本无玄和尚是北方声望很高的有道僧人,丘处机觐见成吉思汗之后,得到了优待全真教徒的圣旨,希望借此使佛教屈服于道教之下,于是要求玄和尚前来觐见,但玄和尚没有理睬他。由此可见本无玄地位很高。一路上,海云拜访了很多高僧,他思维敏捷,应对得当,得到高僧的赞誉,声望日隆。

最终,海云来到了北京的大庆寿寺,见到方丈中和璋。传说在他来的前一天,中和老人梦到一个奇异的僧人持着手杖,径直走到方丈位置坐了下来。醒来之后,中和对知客僧说:"今天如果有客人来的话,请直接带他来见我。"到了晚上,海云来到大庆寿寺,中和高兴地说:"你就是我梦到的人啊。"

·欧·亚·历·史·文·化·文·库·

海云和中和进行了种种辩论,应答非常契合,辩才无碍。中和称赞他悟解精明,超越前辈,认为他已经达到了"大安乐之地",于是把衣钵传给他。此时海云在北方佛教中的地位已经很高了。

太宗窝阔台汗七年(1235)举行了一次著名的考试,历史上称为"乙未开科"。有人认为这是蒙元朝所举行的最早的科举。实际上这并不能算是科举,只是因为蒙古朝廷免除僧道儒人的役税,因此有大量平民投机取巧,皈依佛道,或自称儒生,于是朝廷决定进行一次选试,能够通过考试才能继续享受优待,以此增加财政收入。考试的诏令发布后,万松长老邀请海云来主持此事。万松感叹道:"自从蒙古兴起,金朝南渡,沙门都荒废了功课,几乎没有人进行讲习看读等活动,怎么可能通过考试呢?"言下之意对朝廷举行考试有所不满。

万松行秀是耶律楚材的老师,也是当时北方著名的高僧。因为北方连年战乱,僧人没有条件进行学习,他担心这样的考试会使大量僧人无法通过,因此被迫还俗。更有甚者可能会激怒皇室,让朝廷认为僧人有意欺瞒,协助刁民逃避差役,甚至导致政府改变保护佛教的政策,因此发出这样的感慨。海云知道科考之事已经无法避免,发这种牢骚毫无用处,他回答说:"我看我们应该以这次考试为契机,激励大家认真学习应试经典。主上举行这样的考试,其实是大有深意啊。现在的沙门不认真修行,戒律、仪轨都不熟悉,已经远离大道,故而朝廷用考试激励他们。我们有三宝护持,必然不会辜负朝廷的期望。"

海云虽然对万松这样说,但其实深知当时的僧人大多数文化水平低下,很可能无法通过考试。他说完这番话,请求万松组织沙门学习经典,自己立刻前去拜见朝廷派来主持考试的阇里丞相,说要与丞相商量考试的办法。对于考试办法,政府早已决定,丞相转达了大断事官忽都忽的意见:"大断事官忽都忽奉圣旨,派遣官员举行试经考试,临行前曾对我说明考试办法,识字者可以为僧,不识字者必须还俗。"海云立刻说:"我是山间野僧,没有看过经书,一个字也不认识。"丞相听此言大为惊讶:"你不认识字怎么做长老呢?"海云反问:"那么大官人您是否识字呢?"

116

当时蒙古正处于征战时期,还是采用游牧民族的统治方式,不用说铨选、科举等制度,连官制也非常简单,少有文臣,更无学校。高官贵族都是凭军功和世袭担任,不用说汉字,恐怕能够认识蒙文的也极少。海云问出这句话时,在座的都是征伐四方的大将,估计没有一个识字的,听海云一问,举座皆惊,全都佩服他的胆量。话说回来,既然朝中高官都一字不识,凭什么要求僧人必须识字呢?阇里听到这样的反问,也觉得难以反驳,只得问:"那你说究竟怎么考?"海云说:"我认为只要理解佛教和佛法,就可以通过考试。要知道世俗法典和佛法一样,佛理和人情道理也没有差异。古代有出身低贱,但立下大功、载入史册、名垂千古的伟大人物,现在看他们的事迹,仍然让人激昂振奋。何况当今天子圣明,如日月之光普照大地,考试僧道就像考试经童一样,这样怎么行呢?国家应该兴修善举,敬奉三宝,供奉上天,永延国祚,这才是作为国家统治者的当务之急,我们这些沙门,用还是不用,无关紧要,微不足道。"这番话说得很有技巧,前半段赞扬了丞相和诸位将领的军功,后半段表面上看,是说僧人的考试无关紧要,言下之意,却是说对僧人进行这样严格的考试,对于上天和佛祖未免过于不恭了吧。这不由不让官员们深思。

丞相把海云的意见报告给大断事官忽都忽,最终听从了海云禅师的意见,虽然依照圣旨举行了考试,但其实并没有人被黜退,还是按照太祖成吉思汗时的惯例,免除僧道赋役,继续施行宗教保护政策。至此,海云禅师在华北地区声望极高,并且成为华北汉地佛教与朝廷的联系人,在保护北方文化传承方面起到了重要作用。

应该说儒家从来没有成为过一种宗教,但在蒙古人眼中,儒家也和佛教、道教并无区别。儒生亦同僧道,只是可以向天祷告祈福的教士。如果我们像当时的蒙古统治者那样把儒家看做一种宗教组织的话,那么世代沿袭的衍圣公就是儒教的精神领袖。

金代所封的最后一任衍圣公是孔子第51世孙孔元措。在金朝迁都时,他随朝廷到汴京任官。金哀宗天兴元年(1232),蒙古军包围汴京,派使者劝降,遵从耶律楚材之言,向金朝索取孔元措等文化名人27

·欧·亚·历·史·文·化·文·库·

家,并且命孔元措袭封衍圣公,回曲阜祭祀。但此时山东被红袄军占领,归附南宋,南宋政权也在极力争取留在山东的圣裔孔元用为己所用。不久,蒙古军再次占领山东,孔元用率领全族投降,蒙古大帅封他为衍圣公,并授予他衍圣公印。孔元用后来随蒙古军队出征,死在战场上,他的儿子孔之全承袭衍圣公之位。

孔元措奉命回山东祭祀,但回来之后,就和孔之全发生了矛盾。两人争夺衍圣公之位,闹得不可开交。按说从世袭传承来讲,孔元措是比较正宗的承袭人,然而孔元用、孔之全父子在当地已经经营数年,有一定势力。孔元措离乡已久,势孤力单,虽然有大汗的圣旨,却不足以使孔之全屈服。于是他们一起去找当地的汉人军阀严实裁决。

严实本人比较偏向于选择持有大汗圣旨,并且名正言顺的孔元措,但孔元用也曾受蒙古大帅承制封爵。于是他给孔元措写了一封信,让他拿着信去拜谒海云。当时华北事务都由大断事官忽都忽最后断决,因此海云前去拜见忽都忽,向他推举孔元措,并对他说明儒教的意义。他说:"孔子编撰了很多经典,儒家用大中至正之道、三纲五常之礼、性命祸福之原,强调君臣、父子、夫妇之间的关系,主张治国、齐家、平天下,讲究正心诚意之本。自孔子到今天,袭封衍圣公已经有51代,凡是得到天下者,都会使孔氏后人袭封,继承祭祀之事,从不曾断绝。"要说海云这番话,其实是比较夸张的。首先现代学者考证,认为后世所封的衍圣公,其实并非真正的孔子直系后人。且开始加封孔子后人,是唐玄宗时候的事儿,他封孔子第35代孙为文宣公,到北宋有人指出文宣是孔子的谥号,不应作为后裔的封号,所以改封衍圣公。

海云这样讲解一番之后,大断事官觉得崇尚儒教很有意义,于是听从海云的建议,下令让孔元措袭封衍圣公,继续主持曲阜孔庙的祭祀。同时孔之全承袭曲阜县县令之职,解决这次争端。据说此后又立颜子和孟子的后人,使其代代相传香火不绝,儒生也得到免除差役的优待,被划定为儒户,专职读书,也与海云有关。1221年丘处机与成吉思汗会面后,道教势力极盛,儒家和佛教难免式微。汉地佛教向来与儒家关系密切,相互影响。海云本人出身于儒士家庭,也有一定儒家背景,因此对儒家一力扶助。后来他与忽必烈见面,曾建议忽必烈向儒士询问治国之道,也正因此故。

元太宗窝阔台汗九年(1237),海云35岁,这时他已是极负盛名的高僧。成吉思汗的二皇后听说他精于佛法,于是把他请到自己身边供奉,对他敬信非常,赐给他"光天镇国大士"的称号。两年之后,他回到燕京,继续主持大庆寿寺。1242年,太宗窝阔台汗去世,继承汗位的人迟迟不能确定,太宗的六皇后乃马真氏监国,朝政颇为混乱。此时,日后的元世祖忽必烈还只是一位亲王,但他看到国中无主,政局不稳,开始暗中培养自己的势力,广求人才,延揽很多有识之士和各界著名人士来到藩邸,询问治道。海云禅师也被忽必烈请至帐下。

在忽必烈之前,蒙古国的历代大汗从未有人注重儒生,更未有人试图用中原传统的儒家治道治理天下,儒家士大夫对于蒙古国的统治者来说,地位和僧、道相同,只是告天祝寿、为皇帝祈福的宗教界人士。忽必烈是第一位开始重用儒家知识分子、采用汉法治国的皇帝,因此儒家士大夫敬赠他一个"儒教大宗师"的称号。虽然如此,早先忽必烈的观念中,恐怕也并不很清楚儒家和佛、道二教的区别。他请来海云和尚后,海云最初向他讲授的是天人、因果一类的佛家思想,传授了种种法要,并授其菩提心戒。但忽必烈其实关心的是治理天下之法,因此又问:"佛法中是否有安定天下的法要?"要在佛法中寻找治理国家之道,恐怕并不容易,然而佛教认为"佛法无边",什么都可以包括进去,因此海云回答:"有的。佛法无所不包,四大洲(佛教的世界观中有四大洲,世界的中心是须弥山,须弥山的四周围绕着咸海,咸海的外围是铁围山,而四大洲漂浮在咸海之中,分别指东胜神洲、西牛贺洲、南赡部洲、北俱芦洲)在佛法之中,仿佛是大地之间的一粒微尘,更何况我们所居住的这四海之境呢。如果说到国家社稷,社稷安危在于百姓万民之休戚。生民之休戚、社稷之安危,与皇帝所行之政有关,亦与天命有关。无论是天还是人,都不离心。释迦牟尼佛传下来的佛法道理颠扑不破,非难非易,但恐怕您不能彻底实行。您可以广求天下大贤硕儒,向他们询问古今治乱兴亡之事,应该能够有所受益。"

这个答案似是而非,建议忽必烈向儒士询问治国之道,忽必烈恐怕不是特别满意,因此问道:"儒释道三教,哪一教最尊?哪一教的教法最胜?三教的圣人,哪一个最高明?"海云说:"三教的诸圣之中,佛法最胜,三教的诸法之中,佛法最真,三教的修行者中,只有僧人从无诈伪。所以三教中,佛教居于最上,自古以来就是如此。"

在当时的社会环境下,三教合一的趋向也非常明显。海云对忽必烈所说的话,有很多是儒家传统观念。海云辞别忽必烈南归时,忽必烈问他:"你走了之后,我所受的佛法该如何护持呢?"海云说:"信心难生,善心难发,如今你受了佛戒,善心已发。所要注意的就是需专心护持,不要忘记所受的菩提心戒。有了过错要时刻反省,时常顾念百姓是否安定,多家抚绥。执政的过程中,注意赏罚分明,任贤纳谏。平常所做的一切事情,只要做得对,就都是佛法。"佛法寓于万事万物中,但求自然,这固然是禅宗的理念,然而所谓赏罚分明、任贤纳谏,则俨然是一位儒家大贤的口吻。

由此可见,忽必烈很早与佛教高僧就有了密切接触,身为亲王时,已经听佛法、受佛戒,并且接受了佛僧向其讲述的佛教高于诸教的观念,后来在僧道辩论的时候,忽必烈采取了偏向佛教的态度,也就不足为奇了。但由于忽必烈最初接触到的汉地僧人儒家背景比较浓厚,既没有向他展示神通,又劝说他向儒家征询治国之道,这未必不是日后忽必烈尊信藏传佛教的原因之一。

由于蒙古皇室的尊崇,海云此时已经成为北方佛教的领袖。乃马真皇后称制治国的第 4 年(1245),诏海云在五台山为国家祈福。次年,定宗贵由汗即位,颁布圣旨,命令由海云禅师统领众僧,并且在昊天寺召开法会,为国祈福。宪宗蒙哥汗皇帝即位后,再次颁下圣旨命海云掌管天下释教事,命全真道的李志常掌管天下道教事,依旧免除僧、道的差役。蒙哥汗六年(1256),海云在正月初二日于昊天寺举办的法会中突然中风,半身不遂,次年夏天去世。忽必烈为他在大庆寿寺旁建造了舍利塔。

僧子聪是海云禅师的徒弟,原名刘侃,出家后法名子聪,元世祖赐名秉忠。他在海云禅师之后,对元朝的政治产生了非常巨大的影响。然而他又是一个非常传奇的人物,在他的身上,体现了更多三教合一的影响。

刘秉忠的先辈在辽朝仕宦,是当时的大族,家中身居高位的人很多,属于辽代四大汉人家族韩、刘、马、赵之列。他的曾祖父曾经担任金代的邢州节度副使,因此定居在邢州,也就是今天的河北邢台。到刘秉忠的祖父一代,这一家已经变成了平民。1220 年,邢州归降蒙古,由统帅孛鲁(木华黎的儿子)的部将何实管领,建立了元帅府,刘秉忠的父亲当了邢州录事,是一种管理文书的低级官员。刘秉忠 8 岁的时候,进入学校学习,据说非常聪明,成绩很好。13 岁时,他被送进元帅府当质子。

由于刘秉忠学习勤奋,才艺出众,1232 年时当了令史,这一年他 17 岁。令史是一种管理文书事务的吏员,类似于今天的办事员。在古代,尤其是唐宋时期,官和吏的差异是非常明显的。吏员被认为是猥役下流,出身微贱,不太可能成为高级官员。唐宋时期,大部分官员都是由科举出身。如果不是由考科举而仕宦,而是由其他途径,譬如因父祖的官品承荫而为官、因为与皇室有亲戚关系而为官等,都不太光彩。如果是一开始做吏员,后来由此途径当了官,简直说不出口。有一个著名的故事是这样的。

唐初有一位著名的大臣叫张玄素,直言进谏,唐太宗很欣赏他。唐太宗有一次跟他闲聊,追问他的做官经历,问道:“你在隋朝的时候当过什么官?”张玄素回答:“县尉。”唐太宗又问:“在没当县尉之前呢?”张玄素很不情愿地说:“在县尉之前当的是不入流品的小吏。”唐太宗不依不饶,又问:“在什么部门呢?”张玄素被这样一番追问之后,走出大门,几乎不能移动脚步,面如死灰,大家看到之后都很惊讶,不知道出了什么大事。张玄素不是科举出身,在当官之前当过刑部令史,算是胥吏出身,因此觉得非常丢人,想方设法隐瞒这一经历,没想到被唐太宗追问,觉得是很大的耻辱。第二天,褚遂良——就是我们熟知的大书法家,是跟张玄素同一时期的唐朝官员,任职谏议大夫,专门给皇帝提建

·欧·亚·历·史·文·化·文·库·

议——对唐太宗说:"贤明的皇帝不应该拿臣子开玩笑。皇帝能够尊重大臣,大臣才会尽忠竭力。刘宋的孝武帝出言轻薄,侮辱朝臣,嘲笑他们的门第,让朝臣狼狈不堪。史书中记载,认为这样是不对的。昨天陛下追问张玄素的出身,当众侮辱他,大家都很惊讶。我大唐任官不看出身,看重才能。陛下既然重用张玄素,让他当三品高官,辅佐皇太子,为什么要在群臣面前对他的门户问题穷追不舍,让他羞愧呢?这样昔日你对他的恩典还有什么意义呢?皇帝礼重大臣还来不及,反而羞辱他,这样你希望他对你尽忠尽力,怎么可能呢?"唐太宗说:"我也很后悔昨天那么问啊。你这番话深得我心。"可见在唐代,官吏之分还是非常明显,吏的地位是相当低的。

这种现象,到金元时期开始改变。金元两代,吏员成为官员的重要来源之一。尤其是元代,很长一段时间没有举行科举,从地方政府推荐的人才中选择官员。朝廷要求地方政府按照行政级别的高低,以及统辖人口的多少每一两年推荐一到两个人才,一般要求"儒吏相参",即儒生和吏员各占百分之五十。这样就有大量官员是由吏员出身。此外朝廷还规定官员升迁的过程中,也要时不时去当一两任吏员,以提高吏员的总体素质。因此,到了元代,吏员的地位已经大大提升。不过在金代,由于科举的地位仍很重要,吏员的地位还未达到元代的重要程度。而且无论在金还是元,吏员出职总不是那么容易的事,因为吏员的数量极多,而官位是有限的,当一辈子小吏也是很常见的情况。总之,在金末元初,刘秉忠担任令史的这个时候,吏员的地位还不是那么高。

因此刘秉忠对于令史这个职位不太满意,经常闷闷不乐。当了6年小吏之后,仍无晋升出职的希望。有一天,他愤然扔下手中的笔,感叹道:"我家祖祖辈辈都是名门望族,身居显要,现在我竟然成为一名刀笔吏!大丈夫不获遇于当世,就应隐居,以求达成自己的志向。"于是弃职出走,隐居在武安山中,跟随一位全真道的教徒学道。几个月后,又改从邢州天宁寺的虚照长老学佛,剃度为僧,法名叫做子聪。当时邢州发生了饥荒,虚照长老带他到云中(今天的山西大同),住进南唐寺。次年,虚照回到邢州,而他则留在南堂寺,研习天文、阴阳之类的书籍。《元史》中关于他的传记里记载：刘秉忠涉猎广泛，简直是无书不读，尤其对于《周易》和邵雍的《皇极经世书》最为精熟。至于天文、地理、律历、三式六壬遁甲之类，无不精通。1242 年，海云印简禅师应忽必烈的邀请前往和林，路过云中的时候，见到了刘秉忠，对他非常赞赏，于是带他一起前往和林觐见忽必烈。

　　我们来看一看刘秉忠的知识结构，他出身于世家，从小学习儒学，17 岁到 23 岁当吏员，懂得了官场世故，后来弃吏学道，不久又皈依佛门，而且自己研习天文、阴阳，不但知识驳杂，而且经验丰富，这在当时的乱世，都是非常切实的本领。也正因此，才能被世祖忽必烈视为奇才，得以重用。

　　1242 年，刘秉忠随海云禅师到达漠北，与忽必烈相见，谈论天下大事，了如指掌。忽必烈见他气度不凡，又通阴阳、天文，非常欢喜。此时忽必烈还是一位亲王，他被忽必烈留在王府中，成为一名僧人身份的书记官，因为他法号子聪，被人称为聪书记。

　　刘秉忠对元代制度有非常深远的影响。上都和大都两座都城，都是由刘秉忠设计建造的。关于大都城，也就是今天的北京城，有一个著名的"哪吒城"的传说，现在流行的传说是明初的刘伯温和姚广孝为了降服苦海幽州的孽龙而设计了哪吒城。其实明代的燕京城建于永乐四年，这时候刘伯温已经死了 30 多年了，而"哪吒城"这个传说其实源自于元代的"刘秉忠建哪吒城"。这种说法出现于元代的笔记中，说"燕城是刘太保定制，凡十一门，作哪吒城三头六臂两足"。因为此前建城，城门是南与北、东与西相互对称的，但元代大都城在南面多设置了一个正中间的正阳门，专供皇帝出入，这样形成了东、西、南各三道门，北边两道门的设置，所以被认为是一个头朝南脚朝北的哪吒，三头六臂两足对应着这十一道门。

　　在第二章中我们介绍过，哪吒虽然在《封神演义》中被写成是太乙真人的弟子，实际上却是一尊佛教的神，关于哪吒三头六臂的说法，在宋代之前都没有出现过，而是在北宋禅宗的灯史《景德传灯录》中最早出现的。

·欧·亚·历·史·文·化·文·库·

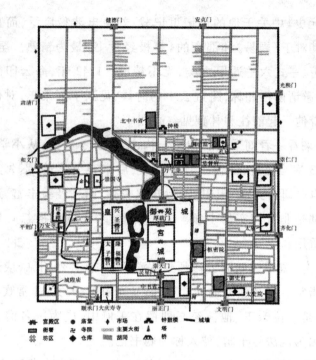

大都城

　　"灯史"是佛教禅宗所创建的一种记录禅宗师承的史书题材,把佛法比作灯,认为佛法代代相传就好像传灯一样,又叫做"灯录"。这种书籍按照禅宗世系编写,记载前辈僧人的传记和语录,主要以记言为主。在《景德传灯录》中记载临济宗高僧,汾州太子禅院的善沼禅师为弟子说法,讨论佛理中的主宾问题,主为实宾为虚,主为法宾为相,但这些抽象问题很难理解,因此禅师常用比喻的方法来向弟子说明。有弟子问善沼禅师:"何为主中主?"善沼回答:"三头六臂擎天地,忿怒哪咤扑帝钟。"这可能是现在所知最早出现说哪咤三头六臂的说法。刘秉忠身为临济宗弟子,自然熟读前辈语录,他在设计都城的时候,附会哪咤三头六臂,给大都城赋予一种神秘意义,也是很有可能的。

　　刘秉忠常常用各种神秘主义说法来推行自己的政治意图,使用纸币也是出于他的建议。据说忽必烈曾经问他应该使用金属货币还是纸质货币,刘秉忠回答:"金属货币属阳,纸币属阴,中原大地是阳明地带,而漠北属于幽阴区域。陛下您的家国兴起于朔北的广阔沙漠,现在

124

君临华夏,应该用纸币。这样才能子子孙孙保守基业,万世不替。如果用金属货币,那么四海之内都不能安宁。"因此世祖皇帝决定不用钱币,专用纸币。

虽然如此,刘秉忠还是有很强的儒家色彩,元代的官僚制度,衣服、朝仪、俸禄等制度,据说都是由他主持制定的。忽必烈刚刚即位的几年,还没有修建宫室宗庙等,凡是遇到节庆大事,臣下前来称贺,则不分高低贵贱,全都聚集在世祖的大帐之前,乱成一团,嘈杂非常,就看谁能先挤进去。执法官为了维持秩序,往往需要挥舞棍棒,击打驱逐。大臣们要亲自向皇帝庆贺,被赶走之后又聚集前来,往返数次,非常可笑。因此刘秉忠、王磐等当时的大臣,提议制定朝仪,排列官员站队的顺序,方才结束了这种可笑的局面。

在忽必烈的眼中,刘秉忠大概已经不能算是一个和尚了。至元元年,他封刘秉忠为太保,参领中书省事(太保是元朝正一品文官,位于官僚结构的顶端,品级最高,但没有实权,只有管理中书省的事务,才算手握实权,因此太保象征着刘秉忠在文官中的地位,而参领中书省事则是赋予他实权),在圣旨中这样说:"刘秉忠性情刚正,品格正直,学富五车,知识渊博,虽然在佛门韬光养晦,其实每每潜心于圣人治道。"因此在忽必烈看来,刘秉忠当和尚就好像诸葛亮当隐士一样,虽然身处空门,当并没有脱离尘世,仍然关注天下大势。

3.3 曹洞宗高僧

金末元初最著名的曹洞宗高僧是万松行秀。万松老人法名行秀,是河内解梁人(今山西省运城永济市),本姓蔡,幼年就在邢州(今河北邢台)的净土寺出家,拜赟(读如"晕")允和尚为师。受戒之后,他四处参禅,投入燕京的大庆寿寺胜默光和尚门下。光禅师让他参透唐代高僧的禅语,他怎么也无法参透,光禅师令他去请教雪岩如满禅师,于是他又来到磁州(今河北磁县),师事大明寺的雪岩如满。雪岩如满是一位曹洞宗禅师,地位很高,学侣云集,盛极一时。他用各种方法启发行

·欧·亚·历·史·文·化·文·库·

秀,行秀又受到从潭柘寺前来拜访的亨禅师的教导,豁然大悟,终于参透唐代高僧的语录,并且认为自己的境界已经超过了唐代高僧。满禅师肯定了他的悟境,给予他印可,从此他名扬"三河两晋"(今华北地区)。他回到邢州的净土寺,建立了万松轩,开始在此讲法,人称万松老人。

万松行秀和金朝皇室关系密切。金章宗明昌四年(1193),召他入宫讲法。听完之后章宗非常满意,赐给他锦绮大僧伽衣,听讲的后妃和贵族们也纷纷赐给他各种珍玩。承安二年(1197),章宗命他主持京西仰山栖隐禅寺。泰和六年(1207),金章宗去西山打猎,路过禅寺,寺中管事的僧人劝行秀进献珍玩,说历年如此,如果不献,皇帝周围的人可能要找麻烦。行秀说:"财物都是四方的施主布施用来供养佛祖的,更何况帝王以仁德治天下,我们怎么能用这种东西去玷污他呢?"于是他只进献了一章偈语,其中有"成汤狩野恢天网,吕尚渔矶侵月钓"这样的句子,把金章宗比作成汤圣主,把自己比作姜子牙。章宗收到偈语后非常高兴,回宫之后,派使者赐给他二百万钱。使者宣读诏敕时,命令他跪下,他竟然拒绝,反而说:"出家人哪有这种先例?"

关于出家人要不要对皇帝下跪,早在东晋年间就有过非常激烈的争论。佛教在东汉末年传入中国,魏晋时期开始盛行。根据佛教的基本教义,僧人出家,不在三界之内,超出世俗政权的统治,不受礼法的约束,见到皇帝也无须行跪拜之礼。到东晋成帝咸康六年,公元340年,当时辅政的大臣庾冰要求"沙门致敬王者",认为僧人应该向皇帝跪拜,引起了佛教崇奉者的反对。这时佛教的势力很强,当时的另一位辅政大臣何充就是一位佛教信徒,他上书反对破坏佛教的教法,主张沙门不向君主跪拜。到隆安年间(397—401),当时的权臣桓玄再次提出"沙门礼敬王者"之议,又一次遭到吏部尚书王谧、著名高僧慧远的反对。最后仍是佛教取胜。

唐代高宗年间,僧人是否向皇帝下跪的争论再次兴起。龙朔二年(663),发布了一道"令道士女冠僧尼于君皇后及皇太子其父母所致拜",简称"致拜君亲",也就是要求僧道在遇到皇帝、皇后、皇太子及自己的父母等人时，都应下拜。这次又在佛教僧侣中激起了极大的反响，著名高僧纷纷上书直陈己见，并且通过权贵扩大声势，反对这一敕令。最后出现了京朝文武官员近2000人在中央尚书省讨论表决的局面，最终"不拜君亲"派以1539人的绝对优势胜出，"致拜君亲"派只有354人，所以敕令最终收回。

虽然对于出家人是否要对君主下跪，有过这么多争论，但大多数时候，虽然是出家之人，见到皇帝还是会下跪，否则难保不会有杀身之祸。然而此次万松行秀坚持不跪，使者威胁他说："你如果不下跪，那我就回去啦！"万松说："你如果传旨，我怎么敢不接呢？但你要是不传，也只好随你的意啊。"侍者无奈，只好开读诏书。金章宗知道此事，反而训斥侍者，说："我施舍钱财是为了祈福，何必强求出家人行那些虚礼呢？"大家都不敢说什么，从此万松名声大震，王公贵族也人尽皆知，对他礼敬非常。

蒙古南侵之后，金朝放弃了中都（也就是北京），但万松行秀秉持着"人人都有佛性，蒙古人也不应该例外"的想法，仍然留在中都传法。这段时间，留在中都的一些文士也投入了万松门下，皈依佛教，耶律楚材就是其中之一。

应该特别指出的是，虽然万松行秀是曹洞宗的著名高僧，但他身上三教合一的色彩特别浓重，尤其是有很强烈的儒士气息。泰和六年（1207），他的师父雪岩如满禅师圆寂。消息传到中都，行秀立刻要前去奔丧，执事僧人劝阻他，认为出家之人不必如此，更何况要处理寺中诸般事务，无暇分身。但万松行秀认为"大义必不可缺"，还是立即前往。这多少有些不合佛教的观念，而是尊崇儒家的伦理道德了。

耶律楚材的生平，我们在第四章会详细介绍。中都陷落之后，耶律楚材拜万松行秀为师，不分寒暑昼夜，一心苦修参禅，3年之后尽得万松老人的真传，可以"忘生死，外身世，毁誉不能动，哀乐不能入"，心静如水，不动如山，以一切为无物，真正得到了禅宗的正道，被万松认可为俗家弟子，并取了"湛然居士从源"作为他的法号。

有趣的是，耶律楚材虽然皈依佛门，却并未放弃"以天下为己任"

·欧·亚·历·史·文·化·文·库·

的儒家抱负。在他遁入空门之后,曾去拜访一位三休道人,对他谈到自己的人生抱负,大意说,"我学习佛法,并不是为我自己,而是为了辅佐尧舜那样的君主,治理尧舜之世的臣民,这才是我的志向"。这纯粹是一位立志入世的儒生的志向,却从一位佛门弟子的口中说出。在三教合一的金元之前,大概很难见得到。

3.4 藏传佛教的流传和派别

藏传佛教是印度的佛教传入西藏之后,在西藏发展起来的一个派别。在佛教传入西藏之前,当地也有本土的宗教,叫做"苯教",类似于东北方游牧民族的萨满教,是一种由"巫觋"进行占卜、祈福、禳灾、治病、送丧、驱鬼、降神等活动的原始宗教。传说松赞干布(617—650 年在位)时代,文成公主和尼泊尔公主入藏带来了佛教,并且镇服恶鬼,分别兴建了大昭寺和小昭寺等佛教寺庙,但这只是为了供奉由公主带到西藏的释迦牟尼佛像,并且有替公主供佛的极少量僧人住在寺内。在当时,佛教并未对西藏社会发生影响。藏文的一些资料表明,直到墀松德赞(755—797 年在位)时期,桑耶寺建成之前,从来没有西藏人受戒出家。

墀德祖赞(704—755 年在位,是墀松德赞的父亲,是松赞干布的第五代孙)即位后,再次和唐朝皇室联姻,迎娶金城公主。金城公主 710 年入藏后,又过了二三十年,出现了西域于阗排挤佛教的事件,一些佛教徒逃到现在的新疆南部,当时由吐蕃控制的地区。当地的官员报知拉萨后,由于金城公主的建议,墀德祖赞下令将这些僧人请到拉萨,修建寺庙,将他们供养起来,并允许这些僧人进行宗教活动。在这之后,墀德祖赞还进行了一些其他崇佛活动,譬如曾经派人去请冈底斯山的两位印度法师(不过没有请到),又翻译了一些佛经等等。

总之,这些行为引起了当地苯教徒和崇奉苯教的贵族的反对。墀德祖赞死后,墀松德赞即位,他的年纪很小,因此由大臣掌权。这些反对佛教的大臣制定了禁绝佛教的法律,因此墀德祖赞当初派到长安学佛取经的人此时回到拉萨后,只能把带来的佛经埋藏在桑耶附近的岩洞里。

这种情况直到莲花生入藏之后才发生改变。墀松德赞长大后,杀掉了为首的反佛大臣,先后延请寂护和莲花生入藏。莲花生咒术高强,传说他一路降伏鬼怪,来到桑耶附近,终于于779年建成了西藏第一座由僧人组织的佛教寺院桑耶寺(以前的寺庙只是一些仅有佛像的小庙)。桑耶寺建成之后,才开始有第一批西藏贵族青年受戒出家,由寂护为其剃度。据说这一批僧人只有7名。

这之后爆发了宗教矛盾,据说直接的原因是苯教徒在寺庙里举行苯教的祭祀仪式,宰杀了很多牲畜,佛教徒反对杀生,因此向墀松德赞抗议,说一个国家不能有两位君主,一个地区也不能同时有两个宗教,要求废除苯教。于是墀松德赞召开了一个辩论会,在墀松德赞面前辩论两教的优劣。辩论结束后,墀松德赞宣布他信服佛教的道理,苯教辩论失败,因此下令苯教徒或者皈依佛教,或者做纳税的百姓,否则就要被驱除出境,从此吐蕃全区上下必须一律尊奉佛教。墀松德赞又亲自和贵族大臣们在神前发誓,永不背弃佛教,然后实行了一系列扶持佛教的政策,从此佛教在吐蕃取得了国教地位。看来宗教斗争在很早之前,就是以辩论形式出现了。

墀松德赞死后,他的两个儿子牟尼赞普和墀德松赞相继即位,都继续奉行尊崇佛教的政策。墀德松赞的儿子墀祖德赞对佛教的尊崇达到了极端的地步,每一个僧人给予七户属民用以赡养,对僧人表示不满的人,以指指僧者,砍断他的手指,以恶意视僧者,剜掉他的双目,而且把政权也交给师僧执掌。由于他佞佛太甚,因此一部分崇信苯教的大臣趁他醉酒,将他扼死在床上,由他的哥哥朗达玛继承了赞普的位子。

朗达玛灭佛是西藏佛教史上的重要事件,他尽一切可能恢复苯教的势力,佛教僧人四处逃散,寺庙被封砌,佛像被撤下,经书或投于水,或投于火,文成公主被宣称为罗刹鬼。朗达玛死后吐蕃迅速分裂,西藏的佛教传承就此中断了几百年。

·欧·亚·历·史·文·化·文·库·

佛教最初传入西藏的时候就分为显密两派,最初从汉地传入的佛教和印度寂护一派是显宗,而莲花生、无垢友等人为密宗。早在墀松德赞时期,就有人攻击密宗所传的密法并非佛教。当时几句很有名的反对密宗的话:"所谓嘎巴拉,就是人的头盖骨;所谓巴苏大,就是掏出来的人的内脏;所谓冈凌,就是用人的胫骨做的号;所谓兴且央希,就是铺开来的一张人皮;所谓罗克多,就是在供物上洒人的鲜血;所谓曼陀罗,就是一团像虹一样的颜色;所谓金刚舞士,就是戴有人骨头做的化鬘的人……这不是什么教法,这是从印度进入西藏的罪恶。"

由于密宗有这样一些仪式和法术,在朗达玛灭佛之后几百年的混乱之间,一些西藏的教门按照密教经典的字面意思行事,以蹂躏妇女为成佛的法门,以砍杀人头为超度的手段,且修习炼尸成金一类的邪术。到 10 世纪末,卫藏的统治者也开始想用正统的佛教教义来纠正这些行为。这时,一位阿里地区的王公香雄王德衮的长子柯热在一尊佛像前出家,改名耶歇斡。他派了一批人去印度留学,同时设法延请印度名僧来藏,并仿照桑耶寺建立了托林寺。他派出的人,由于不适应克什米尔的气候,只有两个人回到阿里,这两人都非常有名,他们分别是仁钦桑波和玛雷必喜饶。

仁钦桑波 3 次去印度学佛,据说曾跟从 75 位班智达学法,回来时邀请了很多印度僧人前来。他们合作翻译了大量佛教经典,从他开始,密教被提到了和佛家理论相结合的高度,因此西藏人称他和他以后的译师所翻译的密籍为"新密咒",把他之前,包括吐蕃时代翻译的译本称为"旧密咒"。由于他的影响非常大,人们称他为洛钦,就是大译师的意思。玛雷必喜饶也翻译了大量经典,人们称他为洛琼,意思是小译师。

仁钦桑波请来的印僧中,最有名的一位是阿底峡。阿底峡在卫藏居住了 9 年,弟子众多,影响极大,他除了协助仁钦桑波等翻译经典外,特别宣传业果、皈依等理论,被当时的人称为业果喇嘛。在此之后,西藏的佛教又开始活跃起来,并且逐渐分成了几个大派和一些小派。在这个阶段,佛教在西藏逐渐影响到各个角落。僧人建立寺庙,往往选择在交通要冲或贸易中心,于是寺庙成为当地的文化生活中心。僧人一般都学习并掌握一定的医药、历算、咒术等知识,因此民众的生活非常需要僧人的存在。此外,当时的西藏社会并没有宗教以外的知识来源,贵族子弟想要受教育,必然要以佛教僧人为师,因此佛教垄断了西藏的教育事业。总之,佛教在西藏的势力逐渐巩固起来,最终达到了元朝时政教合一的局面。

藏传佛教主要有以下几个派别,分别是宁玛派、噶举派、噶当派、萨迦派,还有元末兴起的,替代噶当派的格鲁派。

宁玛派是比较传统的一派,"宁玛"这个词的意思就是古或者旧,宁玛派的意思就是旧派。这一派自认为是从8世纪莲花生大师一派传下来的,他们所传承和弘扬的秘法以仁钦桑波以前吐蕃时期的旧密咒为主。这一派组织非常松散,教徒分散在各地,教法也各有传承。宁玛派僧徒不太重视经典和理论,有一部分甚至只靠念咒,另外一些传承经典者,所传授的多为口传密宗经典或伏藏。伏藏据说是8世纪末由莲花生等人埋藏起来的经典,在几百年后被人挖掘出来。很多教派指责宁玛派的经典是后世伪造或假托的。不过后来大家发现这些经书中的确保留了一些古老的内容。宁玛派不像萨迦、噶举等派有一个中心寺院,并由教派领袖相继传承。在17世纪得到五世达赖的大力支持以前,宁玛派一直没有形成一个稳定的寺院集团。宁玛派的僧人也有个别在元朝和中央政府有所接触,并得到封赐,但总的来说,这个教派在元代并未盛行。今天,宁玛派在欧洲非常流行,因为这一派更加注重修持,没有正规的学经制度,可以娶妻生子,照常工作,比较容易被人接受。宁玛派的僧人经常头戴红色僧帽,因此这一派又被称为红教。

除了宁玛派之外,后弘期出现的各个教派中,噶当派是时间最早的。噶当派起源于11世纪初来到西藏的阿底峡,由他的弟子仲敦巴创建。"噶"的意思是言教,"当"的意思是教诫、教授,"噶当"的大概意思就是对僧徒的修习进行指导、指示。噶当派认为一个人从凡夫到成佛,要通过3个阶段,每个阶段各有修习的内容。此派以佛教徒的实修为骨干,安排了教学的所有内容,确立了以实修为主的精神。这一派的

欧·亚·历·史·文·化·文·库

中心寺院是热振寺。噶当派注重经典和实修,是藏传佛家中以显宗为主的派别。不过它调和了显密二宗的关系,主张先学习显宗,后修习密宗,并且强调密宗只能传授给少数通过考验的有根器的人。阿底峡提倡遵循瑜伽部而非无上瑜伽部的修密法,这一部的解释仍然以显教教义为基础,而没有无上瑜伽部中关于密咒、双修等内容。因此噶当派有"纯净"的声誉。这一点后来被格鲁派所继承了。

噶举派,意思是口传,因为这一派特别重视密法的修习,而密法的修习全都靠师长的口授,因此被称为噶举派。此派又有另一名称,叫做噶尔举派,噶尔举的意思是白传,因为这一派的祖师在修法的时候,都按照印度的习惯穿着白布僧裙,因此又被称为白教。噶举派的创始人是玛尔巴和他的徒弟米拉日巴。米拉日巴幼年时父亲病死,伯父侵占了他的家产,他的母亲一心教育米拉日巴报仇。他长大后虽然报了仇,却对为自己造下恶业而悔恨,于是投入玛尔巴门下学佛,学会了全部密法。米拉日巴传授佛教使用唱歌的形式,并且要求徒弟坚持苦行。他早年复仇,后来学佛,经历非常传奇,施主和弟子很多,因此他影响很大,在藏族是一个家喻户晓的人物。噶举派内部的派系很复杂,噶举派分为香巴噶举和塔布噶举,塔布噶举派又分为帕竹、蔡巴、拔戎和噶玛噶举4派,其中帕竹噶举又分为8派。其中噶玛噶举派对早期的蒙古政治也颇有影响,这一派最早采用了活佛转世的制度,其传承一直延续到现在。

萨迦派是本书要重点介绍的一个教派。因为这一派在元代取得了统治地位,不但成为西藏政治和宗教的领袖,而且成为元朝的国教。在元代,政府尊奉这一派的僧人为"帝师",帝师要为皇帝灌顶,同时掌管全国的宗教。直到元末,萨迦派藏传佛教一直受到皇室的信任和崇奉,对于元代的政治和社会有很大影响。

萨迦派大约于11世纪创派。这一派一直是以款氏家族为核心的,也有翻译为昆氏。"款"据说是吐蕃王朝以前就有的古老贵族姓氏,在墀德松赞时期,这个家族就有人当过内相。萨迦派的创始人贡却杰布称他家的祖先鲁亦旺布松就是寂护剃度出家的第一批7位藏族僧人,人称"七觉士"之一,当然这种说法不一定可靠。在9世纪之前,这个家族一直修行宁玛派的教法。9世纪中期,款氏出现了一位叫贡却杰布的僧人,他幼年时代随父兄学习宁玛派教法,后来跟随卓弥译师改学新译密法"道果"教法。因此也有人认为萨迦派的真正创始人是卓弥译师。但贡却杰布在1073年于萨迦建立了萨迦寺,这座寺院是萨迦派的主寺,因此我们还是认为贡却杰布是萨迦派的创始人。

萨迦派有所谓的"萨迦五祖"。贡却杰布虽然拜了很多高僧学习佛法,并且建立寺院收徒传法,但他本人并没有出家。萨迦寺的寺主一直是家族家传,贡却杰布的儿子贡噶宁布又被称为萨钦,意思是萨迦派的大师,他是萨迦五祖中的第一祖。贡噶宁布幼年时跟随父亲学习各种知识,并接受了喜金刚灌顶,但他11岁时,他的父亲就去世了。于是他把寺院托付给巴日译师,自己则云游四方,学习佛法。他学到了卓弥没有传给他父亲而传给了其他人的教法,最终学习并创造了一套完整的"道果"教法,成为萨迦派的主要教法。因此萨钦是使萨迦派体系完整、使其发展扩大的重要人物。

萨钦有四个儿子,次子索南孜摩和三子扎巴坚赞分别是萨迦五祖中的第二和第三祖。他的第四个儿子没有出家,而是娶妻生子,有了两个儿子,长子就是有名的萨迦·班智达·贡噶坚赞,简称萨班,他是最初建立起了藏传佛教和蒙古皇室的密切关系的人,在下文中还会重点提到这个人物。萨班是萨迦五祖的第四祖。

萨班的侄子是大家都很熟悉的八思巴,本名叫罗追坚赞,他是萨迦五祖的第五祖。关于他有很多神奇的传说,其中最有名也很有趣的一个说他是与观音菩萨讲过法的萨顿日巴的转世。说八思巴的父亲索南坚赞修炼毗那夜迦法的时候,毗那夜迦神降临,把他托起来让他看。他因为害怕,只看了一眼,就把眼睛闭上了,只看见了卫、藏、康三处吐蕃地面。毗那夜迦神对他说:"本来你看到的地方就会归你统治,但你没有看,因此无缘分,卫、藏、康就归你的后代统治吧。"索南坚赞没有孩子,向毗那夜迦神祈祷求子。于是毗那夜迦神让萨顿日巴转世为索南坚赞的儿子,统治吐蕃。

·欧·亚·历·史·文·化·文·库·

这当然是一个宗教神话了。但八思巴的确从小非常聪明,《萨迦世系史》记载他 3 岁能念诵咒语,9 岁能为人讲经,因此被称为八思巴,意思是圣者,相当于汉文所说的神童。他在 19 岁时,应召谒见忽必烈。后来他多次为忽必烈和妃子察必灌顶,得到皇帝的信任,并被尊奉为国师。他还曾在佛道辩论时和那摩国师领导佛僧参加辩论,战胜了道教一派,最终成为全国宗教的领袖,藏传佛教萨迦派也成为蒙古君王尊奉的国教,对蒙元时期的政治产生了深刻的影响。

除此之外,还应该介绍一下格鲁派。格鲁派创始于宗喀巴,远远晚于以上几派。1357 年,宗喀巴出生于青海西宁的塔尔寺附近,这时候,元朝已经快要灭亡了。宗喀巴 7 岁出家,跟从当地噶当派的著名喇嘛学习显密教法,10 年之后,按照惯例去卫藏地区深造,在几个噶当派的寺院学经,参加了若干寺院的立宗答辩,声誉渐隆。后来他整理了西藏流传的显密教法,形成自己的体系,完成了几部重要的著作。1409 年,他在拉萨的大昭寺举办了规模巨大的祈愿法会,会后,在拉萨东北建立了甘丹寺,从此宗喀巴一直住在甘丹寺中,他这一派就被人称为甘丹寺派,又称格鲁派。因为这一派僧人都戴黄色僧帽,又称为黄帽派,简称黄派。

格鲁派的创办,影响巨大。一方面,宗喀巴针对当时教派中享有特权、占有农奴、生活淫靡的僧人发起了宗教改革,提倡僧人遵守戒律,制定了僧人的生活准则、寺院的组织体制、僧人的学经程序、是非标准等。由于他的改革得到了很多僧人以及当时实际控制卫藏地区的阐化王扎巴坚赞的支持,被认为恢复了佛教的纯洁,因此当他宣布自己继承噶当派的传承后,原来噶当派的寺院僧人都改宗黄教,就有了广大的寺院和僧众。在 1409 年由阐化王支持的祈愿法会之后,宗喀巴实际上成了全西藏佛教各派的总领袖。另一方面,16 世纪中后期,蒙古土默特部的俺答汗进入了青海湖地区,邀请格鲁派的转世活佛索南嘉措前来传教。他们会见后,还回顾了忽必烈和八思巴的往事。这成了蒙古人包括之后的满族人信奉黄教的开始。俺答汗赠给索南嘉措"圣识一切瓦齐尔达喇达赖喇嘛"的称号,"瓦齐尔达喇"是一个梵文词,意思是执金刚;"达赖"是一个蒙文词,意思是海;"喇嘛"是一个藏文词,意思是上师。从此黄教流行于蒙古、东北,直到清代,再次占据了宫廷中统治宗教的地位。直到现在,西藏、内蒙古的大部分地区,仍然信仰藏传佛教的格鲁派。这一派的影响可谓极其深远。

3.5 萨迦派传入蒙古

关于藏传佛教最早传入蒙古的过程,在《蒙古源流》、《古昔蒙古汗等根源大黄册》等好几种重要的明清蒙古史籍中都载有一个有趣的故事。大意如下:

蒙古的库腾汗,丙寅年(1206)降生,29岁时,即汗位。

次年,因为龙魔入侵,患了怪病,很多人为他看病,但都不能治愈。有人说:"西边地方有一位神奇的喇嘛,通晓五识,名叫萨迦衮噶坚赞,如果请他来治病,大概能治好。"于是派使者前去请他。

萨迦27岁的时候曾经去印度,通左道六师等异端讲论辩难,辩得对方无话可讲,因此获得了班智达的称号,被称为萨迦班智达。

他的叔父是札巴坚赞喇嘛,曾经对他说:"日后,东方有帽子像栖息的鹰,靴子像猪鼻,尾像木网,说话的时候拉着长音,说的话得翻译三四次,这就是蒙古国君菩萨的化身,名字叫库腾汗,他会派遣一个使者叫朵儿答来请你,你一定要去。你将会在他那里大兴佛教。"这些果然都与叔父说的话对应了。

萨迦班智达当时63岁,于是于甲辰年(1244)起程,到丁未年(1247)66岁时与汗相见。造成狮吼观音,收服了龙王,又为库腾汗灌顶,他的病立刻就好了。大家都很高兴,于是尊奉萨迦班智达所说的话,在所有蒙古地方创兴佛教。辛亥年(1251),萨迦班智达70岁圆寂。同一年库腾汗在位18年后,享年46岁,和喇嘛同年逝世了。

这个故事是相当靠不住的,因为库腾,在元代翻译成阔端,是元太

·欧·亚·历·史·文·化·文·库·

宗窝阔台的第二个儿子,但是他从来没有当过大汗,更不用提在位 18 年了。为了配合这个故事,《蒙古源流》在记载库腾汗事迹的时候,说窝阔台汗在位 6 年而殁,有库克、库腾两个儿子,库克汗在六月即殁,然后库腾汗即位,在位 18 年。所谓库克就是定宗贵由,关于窝阔台和贵由的说法都没错,唯独在定宗贵由和宪宗蒙哥之间插入在位 18 年的大汗库腾汗,根本与事实不符。因此在《古昔蒙古汗等根源大黄册》中在上一个故事旁边还记载了另一个版本的故事,另一本重要的蒙古史籍《黄金史》也采用了这个故事:

> 窝阔台汗的腿脚生了病,于是派使者去找萨迦班智达,对他说:"你如果不来,我就要派大军攻打唐古特国,一定会产生大祸。因此你还是来比较好。"

> 使者到达之后说了这些话。于是萨迦班智达派遣使者去找大喇嘛请示。大喇嘛给了使者一只虱子、一个土块、一壶舍利,并没有说一个字。使者回来后,萨迦班智达问:"圣喇嘛有何法旨?"使者说:"什么也没说,就给了这三样东西。"萨迦班智达说:"土块预示着我快要死了,虱子预示着我要被吃掉,舍利预示着蒙古将要皈依佛法。"于是他就去了蒙古。

> 窝阔台汗来到额里巴的阔阔兀孙河地方迎接。窝阔台汗请班智达治疗他的病,班智达说:"你上辈子是印度王子,因为修建寺院的时候动土伐木,所以土神降下了邪魔。因为你有建造寺院的功德,所以得以生成成吉思汗的儿子。"然后班智达撒摩诃葛剌神的施舍,窝阔台的病立刻痊愈。从此,可汗和蒙古的人民都皈依了佛法。

这个故事把库腾汗换成了窝阔台汗。窝阔台汗倒是的确当过大汗,可是实际上他并没有跟萨迦班智达见过面,因此也让人为难。

其实这两个故事虽然细节有误,但大体反映了当时蒙古人最初与藏传佛教接触的情况。实际的情况是,太宗窝阔台六年(1234)征服了金朝,然后召开了忽里勒台大聚会,派遣各个亲族到各个国家去。他的二子阔端就被派往陕甘一带负责征略,也就是故事中提到的唐古特国。从这一年开始,到辛亥年(1251)去世,阔端正好在陕甘地区18年。

到达陕甘之后,阔端太子驻扎在西凉,大概在今天的甘肃省永昌县。其后开始往西南方向用兵,1236年时,他的军队与吐蕃有了接触。

1239年,阔端派朵儿答——就是上面故事中所说的使者——率军征服乌斯藏,进军路上遇到一些抵抗,于是打到拉萨的东北,烧了热振寺和赞拉寺,杀了僧俗100多人(也有史料中说是500多人)。蒙古征服其他政权的方式通常是派人前去招降,要求首领送来质子,在当地征收赋税、兵役,并派遣蒙古官员前去担任"镇守官",蒙语称为"达鲁花赤"。然而朵儿答发现西藏是个分裂的地区,由各个地方势力割据,没有一个最高首领,要把各地方政权一一攻灭很麻烦,而且不好控制。因此朵儿答建议阔端在当地选择一个领袖,协助蒙古人进行统治,并且给阔端写了一封信,说:"在边陲藏地,僧人基础以噶当派的最大,顾惜情面以达垄噶举派的法王最甚,排场豪华以止贡噶举的京俄最甚,教法以萨迦班智达最为精通,迎请何人请降旨明谕。"最终阔端决定迎请萨迦班智达。

萨迦班智达就是前面所提到的萨迦·班智达·贡噶坚赞。萨迦是他的教派,贡噶坚赞是他的名字,而班智达是一个称号,印度称通晓五明的人为班智达,大概就是智者的意思。一般简称他为萨班。

萨班原名叫贝丹敦珠,自幼跟随自己的伯父扎巴坚赞学习佛法,改名为贡噶坚赞。扎巴坚赞就是我们前面提到过的萨迦五祖中的第三祖。在他23岁时,印度那烂陀寺的座主高僧释迦师利进藏。他跟随释迦师利学会了声明、医方明、工巧明、因明、内明等大五明,以及诗词、韵律、修辞、歌舞、星算等小五明,因为通达大小五明,因此得到了班智达的称号。要说这五明的内容,声明大概相当于梵文文法,医方明是医学方面的内容,工巧明包含各种技术机关、阴阳历算,因明是逻辑学,内明则为佛法,在唐僧玄奘所著的《大唐西域记》中曾解释过五明的含义。小五明被认为可以包括在大五明的声明之中。总之,大小五明差不多包括了印度的所有学科。通达五明的人可谓是无所不知的百科

·欧·亚·历·史·文·化·文·库·

全书先生。

传说萨班曾经与6个来自印度的人辩论13日,这6个印度人不是佛教徒,有可能是印度教徒。辩论之后,印度人承认失败,全都削发为僧,拜萨班为师,传说他们的发辫长期挂在萨迦寺的钟楼上。从此萨班名声大噪,并且不久后接管萨迦寺。他有很多著述,有几部作品是西藏佛学子弟的必读书,地位很高。

1244年,阔端派遣朵儿答再次赴藏,并写了一封邀请信,邀请萨班前来。这封信的内容很有趣,大概如下:

长生天气力里,大福荫护助里,皇帝圣旨:

晓谕萨迦·班智达·贡噶坚赞·贝桑布知之。朕为了报答父母及天地之恩,需要一位能够指示道路取舍之上师,在选择时选中了你,故而希望你不辞道路艰难前来此处。若是你以年迈为借口不来,那么以前释迦牟尼为利益众生做出的施舍牺牲无数又怎么说?相比而言,你岂不是违反了你学法时的誓愿?

现在我已经掌握各地的大权,如果我依照边地的法规派遣大军予以追究,必然祸及无数众生,难道你不惧怕吗?如果你还念及佛教和众生的话,请尽快前来,我将使你管领西方之僧众。

我赏赐给你:白银五大锭,镶嵌有六千二百颗珍珠的珍珠袈裟,硫磺色的锦缎长坎肩,环纹缎缝制的靴袜一双,五色锦缎二十四,让多尔斯衮和本觉达尔玛送去。

龙年八月三十日写就。

看这封邀请信,威逼利诱,软硬兼施,如果不来就大军压境,如果尽快前来,就可统领西方僧众,这样看来实在是不去不行。萨班此时虽然已经63岁高龄,仍然踏上了前去西凉的道路。

1244年,萨班带着自己的两个侄子八思巴和恰那多吉,以及一些随从人员出发前去谒见阔端。到达拉萨之后,他让两个侄子和一部分随从先去西凉,而他在拉萨与各个势力进行沟通,商议归顺蒙古的具体事项。1246年,他来到凉州,也就是今天的甘肃武威,但阔端为了推举可汗,去和林参加忽里勒台了。次年,阔端回到凉州和萨班见了面,商议了西藏归顺蒙古的各种细节,然后由萨班写了一封公开信,劝说西藏僧俗各个势力归顺蒙古。这封信就是著名的《萨迦班智达致蕃人书》,现在在甘肃武威的白塔寺中还保存着这封信,白塔寺就是萨班圆寂之后,阔端为他建造的灵骨塔。

信中提到阔端对萨班所说的话:"我把你看做头,其他来归附的人全都是脚,他们全都要听从和依附于你。因为你是奉我的召唤而来,其他的人则是因为恐惧而顺从。"由此可见,大概萨班本人也对朵儿答和阔端主动表示过愿意归顺,因此被选中。萨班还在信中详细讲述了西藏归顺的条件。一方面,各处官员,只要是在职官吏,都保留原职不变。另一方面,任命萨迦派人为蒙古方面的达鲁花赤,并赐给金银字牌符,各地的地方官不能自作主张,一切事务要先请示萨迦派持有金银字牌符的官员。萨班在信中说阔端热心于宣传佛法,蒙古人势力强大,并讲述了蒙古人征伐各地的事例,分析利害,劝说西藏各地接受蒙古人所设的官员,服从蒙古人的规定,配合其清查户口、确定赋役、缴纳贡赋等,并称只有称臣纳贡者才能得到优待。萨班表示,他之所以率先臣服于蒙古,完全是为了吐蕃人的共同利益,西藏的全体人民,只有加入蒙古联盟才是最有前途的。总之,通过这封信的劝说,西藏的各地首领接受了种种条件,自愿承认是蒙古的藩属,因此阔端也就不再把军队开入西藏。后来,由于一些地区停止纳贡,1251 年,蒙古军队又一次攻打西藏。此后,西藏明确成为中国的一部分,而萨迦派也取得了在西藏政治、宗教的领袖地位。

关于萨班在凉州为阔端治病的情节,大体是可能的,但细节有一些误差。我们从史书中可以确切知道,阔端身体不太健康。拉施特所写的《史集》中记载,窝阔台死后,他的皇后脱列哥那称制,管理朝政。她宠信一个波斯的女巫法迪玛,这位女巫权势很盛,遭到很多人嫉恨,因此有人诋毁她的妖术导致阔端生病。1245 年在贵由汗即位的忽里勒台上,推举他的人说:"因为成吉思汗预先指定为汗的阔端不太健康,而窝阔台汗的遗言中所指定的失烈门还未成年,所以最好选举贵由汗。"由此可知,阔端大概在 1241 年的时候,已经在生病了,而且可能

·欧·亚·历·史·文·化·文·库·

是慢性病,一直没有好。不过他派遣朵儿答去西藏早在 1235 年,并非为了请喇嘛来治病,而是要攻打西藏。否则 1235 年派遣使者请医生,萨班却 1247 年才来,未免不合情理。只不过萨班来了之后,替他治好了病,使他对藏传佛教非常崇信。因此萨班得以在凉州讲授佛法,并有4 个人为他做翻译,分别把他的话翻译成蒙古语、畏兀语、汉语和当地的藏语——因为藏语各地方言的差别很大,安多地区的人很难听懂拉萨地区的话——上文提到的故事中所谓扎巴坚赞对他说的"说的话得翻译三四次",这一情节大概就是来源于此吧。总之最初所述的那两个故事,大概的情节往往可以与史实相对应,但当时的西藏人对蒙古的事情不太清楚,另外也要抬高西藏宗教的地位,所以在当时的藏文史籍中,一些细节有所误差,譬如把阔端说成大汗,又把朵儿答率军攻打西藏说成朵儿答是作为使者去西藏邀请萨班为阔端治病等等。而到了明清时期,蒙古人信仰藏传佛教,其史书往往受到西藏史籍的影响,因此明清的蒙古史书反而把蒙古的历史弄错了。

萨班等人到达凉州之后,八思巴仍然跟随萨班学习显密佛法和五明诸论。1251 年,萨班和阔端相继逝世。此后八思巴被忽必烈召见,得到他的信任。从此,藏传佛教取得了元代宗教的最高地位。

3.6　八思巴与忽必烈

关于八思巴跟忽必烈见面的情况,元朝有一位僧人念常编辑过一本佛教史籍叫《佛祖历代通载》,这本书中记载了很多宋元时代佛教高僧的事迹。其中有一篇关于胆巴(这个人我们下文还会讲到)的传记。这篇传记中记载,世祖还没有继承汗位的时候,听说西方有一位叫绰理哲瓦(绰理哲瓦是藏文"法主"的音译,即指萨迦班智达)的大德,想要见他,因此派使者去找西凉的阔端大王。阔端对使者说:"大师已经圆寂了,他的侄子八思巴还在,年方十六,深通佛法,希望让他替代班智达去见你。"八思巴与世祖见面之后不久,就要求西还。世祖召见八思巴,问他:"上师的佛法,比您的叔父怎么样?"八思巴说:"我叔父的佛法,如同大海,而我所学到的,只不过是用手指沾了一点,用舌头舔舔而已。"八思巴的对答称世祖之意,世祖高兴地说:"上师虽然年少,但品性不凡,希望您能为我留下来,我想要受戒成为您的弟子。"于是世祖礼敬八思巴为上师。

但《汉藏史集》中的记载与此稍有不同,说萨迦班智达和他的侄子八思巴、恰那多吉到达凉州,蒙古的薛禅汗王传来旨令说:"听说有一位名叫萨迦的喇嘛,佛法殊胜,现在凉州,他应该当我的上师。"然而萨迦班智达因为年迈,所以未能前去,于是八思巴和凉州的王子蒙哥都一起前往汉地,与驻扎在六盘山的薛禅汗忽必烈相见。忽必烈非常高兴,赐给凉州一百蒙古马军,留下了八思巴,与之结成了施主与福田的关系。八思巴从此担任上师,并在凉州为法主举行法事等,在汉地和蒙古住了很多年。

这两个故事把前后相距很久的事记录在一起,没有说明确切时间,于是细节略有不同。实际上,要了解八思巴和忽必烈会面的情况,必须先了解当时蒙古局势的重大变化。

1251年,蒙哥汗被推举为大汗,七月正式即位。这在蒙古国的历史上是一个重要的转折,大汗的传承从成吉思汗的三子窝阔台一系转变到了四子拖雷一系。蒙哥汗的即位遭到了窝阔台一系和察合台一系宗王的反对,两派之间发生了激烈的斗争。蒙哥汗在取得胜利后,剥夺了窝阔台一系宗王的封地,增加自己一系的势力。由于阔端和蒙哥汗的关系比较好,阔端在西藏的封地并没有被全部剥夺,但蒙哥汗完全改变了在当地的统治策略。

首先,蒙哥汗暂时承认了萨迦派在当地的领袖地位,并要求八思巴协助他派遣的官员在当地重新进行户口调查,也叫做"括户"。括户结束之后,蒙哥汗把西藏地区分给了自己和自己的几个亲生兄弟,并且每人都与自己封地内主要教派的法主结成了亲密的关系,供奉其法主。蒙哥汗供奉止贡派,忽必烈供奉蔡巴派,旭烈兀供奉帕竹派,阔端于蒙哥汗继位当年,也就是1251年已经去世,他的儿子们继续供奉萨迦派。这样,西藏各个教派都可以与蒙古宗王单独联系,不再需要经过萨迦派,也不再受萨迦派的统领,萨迦派的领袖地位遭到了严重的挑战。

忽必烈是一位胸怀大志、以统治天下为目标的王子,他很早就留意寻访各路人才,将其收揽在自己的府中。萨迦班智达是一位德高望重、佛法精深的高僧,很早就引起了拖雷家族的注意,拖雷的寡妻,忽必烈的母亲唆儿忽黑塔尼别吉曾送给萨班一件大氅。可以想象,萨班早就列入"思大有为于天下"的忽必烈的贤才名单。在蒙哥汗继位之前,忽必烈就曾经写信给阔端,请求让萨班到自己这里来。但当时阔端的兄长贵由是蒙古大汗,因此阔端并不理会忽必烈的请求,他回信说:"我已经是个老人,除了喇嘛和佛法之外,我别无他念,请你不要下这样的命令。"1251年,窝阔台一系失势,蒙哥成为大汗,忽必烈再次邀请萨班,阔端不敢拒绝,但当时萨班已经年迈,身体衰弱,无法前去,因此派遣八思巴前往六盘山与忽必烈见面。

八思巴见到忽必烈之后不久,就回到西凉,因为这一年萨班和阔端相继去世,他不得不回去主持萨班的法事,并为他的灵骨塔举行开光仪式。接下来他就忙于执行蒙哥汗的命令,去西藏协助蒙古官员进行括户,而忽必烈则南下征服云南。1253年,八思巴遵循萨班生前的嘱咐,回西藏准备受比丘戒,这是一位僧人一生中最重要的仪式。他原定由萨迦派的伍由巴大师为他受戒,同时广邀各派高僧前来参加仪式。没想到当他走到朵甘思地方(今天的川西藏区),听说伍由巴大师去世了,更要命的是,蒙哥汗把西藏分封给了各个王子,并由各宗王与各派法主分别联络。这对于萨迦派来说是一大打击。

萨班去世之后,八思巴成为萨迦派新的教主,他不得不考虑萨迦派的未来。为了保住萨迦派的地位,他决定寻找一位拖雷一系的宗王作为法主。于是他中途返回,与南下征服大理的忽必烈在松潘相见了。这对于萨迦派和藏传佛教来说,都是历史性的一刻,因为八思巴这一极具预见性的决定,藏传佛教萨迦派在元朝取得了空前绝后的地位,达到了藏传佛教宗教权力和世俗权力的顶峰。直到今天,这一场景还被津津乐道,广泛传诵,西藏日喀则的极乐宫中仍保存有藏族画家创作的壁画《八思巴朝觐忽必烈途中景象》、《八思巴谒见忽必烈的场面》等。

由于忽必烈正在南攻大理的路上,因此只是向八思巴了解藏区的概况,就匆匆出发了。而八思巴则留在松潘,等待忽必烈北还。忽必烈在前往大理的途中,路过川西北绒域色堆时,召见了当时住在朵甘思的噶玛拔希。如果八思巴紧紧跟随忽必烈前去大理,是否情况会有所不同?然而历史无法假设,这次见面之后,噶玛拔希成为八思巴的一个强劲对手。

先后召见萨班和噶玛拔希,除了贯彻广招贤才的思路外,忽必烈或许有重新选择在西藏的代理人的想法。萨班已经去世,八思巴还是一个不足20岁的少年。此外,噶举派实际是当时在西藏势力最盛的派别,拥有最多的寺院。当初是萨迦派而非噶举派最先归顺阔端,未必不是因为噶举派自视较高,让萨迦派抢占先机。经过了蒙古军队的几次进攻和数年统治,噶举派已经认识到蒙古的强大实力,也接受了蒙古对西藏的统治已不可避免、无从反抗这一事实。因此噶举派希望取代萨迦派的地位,也是理所当然的。而蒙古政局的骤变,阔端的去世,以及紧接着忽必烈的召见,给了噶举派一个难得的机会。

八思巴和噶玛拔希相继见到了忽必烈,然而在八思巴心中,忽必烈是他要终身追随的贤王,而噶玛拔希只是把忽必烈看成一个普通的亲王,因此并没有留在他的身边。忽必烈征服大理之后,回到松潘,再次见到在那里等他的八思巴。这一次他开始认真对待这个年轻的僧人,用了很多问题来考他。《萨迦世系史》中记载着这样一段经过:

> 汗王用许多问别人而未得到解答的疑难问题来问他,他都一一答复,汗王十分欢喜。此外,汗王问:"你们吐蕃地方曾出过哪些伟人?"八思巴仁波且回答:"我们吐蕃地方的伟人有法王祖孙三人。"又问:"他们三人为何是伟人?"答:"松赞干布是观世音菩萨之化身,赤松德赞是文殊菩萨之化身,赤热巴巾是金刚手菩萨之化身,所以是伟人。"又问:"你们吐蕃地方所出勇男子为何人?"答:"我们吐蕃地方的勇男子有名叫米拉日巴者。"又问:"他是什

·欧·亚·历·史·文·化·文·库·

么样的人?"答:"前半生摧毁仇敌,后半生修佛法获得成就。"又问:"你们吐蕃地方学识功德何人为胜?"答:"学识功德以我的上师法主萨迦等人为胜。"又问:"上师法主的学识功德如何?你从彼处学得多少?"答:"上师法主的学识功德犹如大海,我所学到的只不过是一掬之水。"

忽必烈对八思巴颇为满意,于是命他派人去吐蕃地区摊派兵差,收取赋税。八思巴极力劝阻,说藏区遥远狭窄、人烟稀少,无法承担差役赋税,请求忽必烈不要摊派。劝阻无效,八思巴请求离去,忽必烈也没有阻拦。这时忽必烈的妻子察必出面斡旋,从中调解。她对忽必烈说,八思巴的学识功德比忽必烈身边的蔡巴派长老超出很多倍,而且善于讲论,蔡巴长老远远比不上,应该把八思巴留下来与他讲法论道。于是忽必烈再次召见八思巴。《萨迦世系史》记载道:

> 汗王听从此语,于是施主与福田再次讲论,此时八思巴作倨傲之状,汗王说:"你为何如此倨傲,你的祖先有何功业?"八思巴对此答道:"我并没有什么威势,但我先辈曾被汉地、西夏、印度、门地、吐蕃的帝王供奉为上师,故威望甚高。"汗王说:"吐蕃地方何时有王,何人尊奉拥戴?这与佛书所说不合,必是虚妄。"八思巴将吐蕃之王曾与汉地交战,吐蕃获胜,收服南赡部洲三分之二,此后汉地与吐蕃联姻,迎来公主与本尊神像的经过叙述一番,并说:"此事实有,佛书虽不载,但有文书记载,请查阅即知。"翻阅汉地先前之史籍,见上面的记载正与八思巴所言相符,汗王心喜。此后,八思巴又说:"此外,早先四万年前,南赡部洲曾降七日血雨。"查看汉地史籍,也有记载,汗王更加生起敬信。八思巴又说:"我的祖父之时,西夏王曾献一可将公鹿从角尖整个罩住的锦缎伞盖。"汗王派人到萨迦去察看,回报真有此物,汗王父子俱生信仰。

八思巴博览群书,向忽必烈讲述《唐书·吐蕃传》上的史实,使得忽必烈对他产生信仰,可见学好历史知识多么重要。察必见此情形,继续劝说忽必烈受戒,根据《萨迦世系史》的记载,察必对他说:"没有让八思巴返回西藏是正确的。萨迦派有一门非常深奥的密法灌顶术,其他教派都没有,可以请他传授给我们。"

这里先要解释一下灌顶。灌顶本来是印度古代的一种仪式,国王即位的时候,取四大海之水灌于头顶,表示祝福,后来佛教密宗也采用了这种仪式。这个词本身的意思是"驱散、注入",佛教密宗认为灌顶可以驱散一个人对内和对外进行认知的两种障碍,佛教中称其为烦恼障和所知障。灌顶可以驱散二障,洗净身心,把人变成一个洁净的器皿,可以向其注入智力,然后凭依真实仪轨,种植四身种子,使授灌者完全成熟为修习密法的容器。

如果我们不理会这些复杂的佛学概念,可以简单地把灌顶理解为一种佛法的传授,或者传递佛法智慧。把它称为灌顶,可能是因为其中有上师用净水或者醍醐洒在授灌者头顶的仪式吧。醍醐就是酥油,也有精华的含义,所以有"醍醐灌顶"这个词,意思就是一下子开悟了,就好像被上师传授了智慧。

总之,察必向忽必烈强烈推荐八思巴的灌顶术。忽必烈说:"你先请他为你施行灌顶,如果的确有效,我再接受。"于是王妃察必先向八思巴请求灌顶。凡是跟从藏密高僧受灌顶戒,都要对上师献上最丰富贵重的供养,以表示真心虔诚。察必受灌顶之前,问八思巴要拿什么作为供养。八思巴说:"要奉献自己亲身享受的物品、财产和权力,特别要奉献自己最珍爱之物"。王妃说:"我最珍爱之物是我出嫁时父母所陪送的这对耳饰。"于是,她将耳环上一颗大珍珠取下献给八思巴。这颗珍珠非常珍贵,后来八思巴用它换了一大锭黄金和一千锭白银,并把这笔钱作为曲弥法会和修缮萨迦大寺的一部分费用。

察必受了八思巴的喜金刚灌顶,十分信仰,并对忽必烈说:"果然比其他的教法都好,请陛下受灌顶吧。"然而这一次却遇到了一些波折。忽必烈向上师八思巴请求灌顶,上师说:"恐汗王不能遵守法誓,眼下又没有好的译师,将来再说吧。"忽必烈问:"要遵守什么样的法誓呢?"上师说:"灌顶之后,上师要坐在上座,你要亲身礼拜上师,一切都听从上师的言语,不能违背上师的意愿。"开什么玩笑,这样不如让八思巴来当皇帝。忽必烈当然说:"这不行。"王妃立刻劝说双方,出了一个变通的主意:"听受佛法的时候人比较少,上师可以坐在上座。其他时候,还是皇帝坐在上座。吐蕃方面的事务,都听从上师的意思,不跟上师商量不下诏书。其余事情,因为上师心地过于仁慈,难以拒绝别人的无理要求,不能震摄,故而上师就不必过问了。"八思巴还是有些犹豫,最后说:"你们蒙古人武力雄强,总是要征战降服别人,我还是不能给你传授依止修灌顶,但可以传授近事修灌顶。"依止修灌顶是要全身心地依止于上师,专门修习藏传佛教密宗教法;近事修灌顶则是可以不完全脱离社会俗务,只在业余时间修习,要求持戒程度也很不一样。

《萨迦世系史》记载了这次重要的灌顶仪式:"故遣金字使速召译师前来,授近事修灌顶。忽必烈在 25 名藏传佛教唱经喇嘛的陪同下,从八思巴上师受萨迦派特有的喜金刚灌顶 3 次。这是金刚乘教法在蒙古传播的开始。作为灌顶的供养,第一次,奉献了乌斯藏的十三万户,每一万户有拉德四千户、米德六千户。第二次,奉献了以大白法螺为主的法器和吐蕃三区的僧众和人民,据说此时把吐蕃三区算作一个行省。第三次,依照上师的法旨,废除了在汉地以人填河的做法。就这样,在法主八思巴 19 岁的牛年,忽必烈皇帝受了灌顶,奉八思巴为国师。并赐给他用羊脂玉做成的刻有图案印文的玉印,此外还有黄金、珍珠、袈裟、经典、斗篷、僧帽、靴子、坐垫、黄金宝座、伞盖、盘、碗等以及乘骑的骆驼、骡子和全副金鞍。"

这个故事是相当有名的,很多研究藏传佛教和蒙藏关系的学者都引用它。然而学者也都指出,这里面有一些不符合史实之处。此时忽必烈尚未成为大汗,所以并非汗王,因此他也没有权力把乌斯藏的十三万户和吐蕃三区的僧众人民都奉献给上师八思巴。这只不过是把忽必烈即位之后的史实融合进了这个故事,所谓的划分十三万户,每一万户分为拉德四千户、米德六千户等,都是忽必烈统治稳固之后,派遣八思巴前去吐蕃地区改革行政体制之后的制度。拉德指的是属于寺院的民户,米德指的是属于世俗封建领主的民户。不过《汉藏史集》和《萨迦世系史》记载略有不同,记载为"按照规定建立的万户,都划分出六个千户为拉德",也就是跟《萨迦世系史》的记载恰恰相反。具体

八思巴说法图

情况如何,现在尚无定论。

　　忽必烈接受灌顶之后,向八思巴颁赐了著名的《藏文诏书》。忽必烈在诏书中宣布,他已经"于阴水牛年接受灌顶,听受众多教法",因此为了护持教法,为了广大僧人,看在上师八思巴的情面上,赐给藏区僧人"不受侵害之诏书",用来奉献给佛法。此外,他对藏区的僧人进行了一番训诫,这一段话用的是蒙文硬译文体,非常有趣,读者可以先看一段原文:

　　　　汝僧人们不可争官位。官多了呵,不好。亦不可因有了圣旨欺凌他人。汝僧人们兵差里、征伐里不去,当依释迦牟尼之法规,懂得的呵,讲,不懂的呵,听,于问法、读经、修行等勤奋着,敬奉上天,为吾祈祷。

　　这段话的意思并不难懂,但行文却粗鄙不堪,实际上这是由非常典雅的蒙文逐字逐句翻译而来的。蒙元朝皇帝以蒙文颁布诏书,要求必须逐字译出,语法依然采用蒙文文法,以防意思有所脱漏,因此出现了独特的"蒙文硬译文体",这种文体在元代非常常见,并且大大影响了元代及以后的汉语口语习惯。这封诏书也是这样产生的。

147

　　这封诏书是忽必烈赐给八思巴的第一份诏书,对于八思巴来说意义重大,意味着萨迦派和忽必烈正式结为施主与福田的关系,忽必烈成为萨迦派强有力的靠山。八思巴极其看重这份诏书,在诏书的前面写了赞颂萨班和赞颂成吉思汗以来的诸位汗王的诗,在后面写了赞颂忽必烈和察必的诗。这封诏书成为萨迦派的经典,直到现在,很多萨迦派的僧人还能够全文背诵。

　　1255 年,忽必烈回到汉地驻扎,八思巴 21 岁,到了受比丘戒的年龄。五月,八思巴离开忽必烈,来到河州(在今天的甘肃临夏)举行了受比丘戒的仪式,他广邀各派高僧,接受了比丘戒律,成为一名足具资格的比丘。

　　在八思巴离开的这一段时间,忽必烈再次邀请噶玛噶举派的噶玛拔希来到驻地。噶玛拔希早已是一位有道高僧,精通佛法,他在忽必烈身边得到很多人的敬信,对八思巴的地位产生了威胁。然而察必对萨迦派佛法非常尊信,这一次她再次站在萨迦派一边,派使者前去告知八思巴,八思巴和噶玛拔希之间产生了激烈的争斗。《萨迦世系史》用一种非常奇幻的方式记载了这一过程:

　　　　如是,当法王八思巴成为汗王的帝师之后,有尊者噶玛拔希显示无数神通。薛禅汗的后妃及大臣们围观并议论说:"我们的上师虽是如来佛及无量光佛二尊化现于人世,他们的神通应无大小之别,但从眼前的神通法力来看,还是这位上师高一些。"王妃察必见半数人已信仰这位上师,而她对萨迦教法之信奉远远超过对其他教法的信仰,故她前往八思巴仁波且处,讲述了王臣们的议论,并说:"上师若不显示使众人信仰不变之神通,恐汗王不仅不满意,还有改变心意的可能。"法王八思巴说:"虽然噶玛拔希显示神通是为教化众人,而且他的神通实乃我所具有,但如果使汗王及具誓愿之众人不能满足心愿,不仅对事业不利,对金刚乘教法亦有妨碍,因此,我也可以显示神通。请王妃代我取一柄利剑来!"王妃取剑献上。八思巴说:"我的肢体受五部佛保佑,为使你们王臣相信并祈愿转生五部佛地,我在座位上将身体剁为五段,你们可对此礼拜。"这样做完后,八思巴的头部受大日如来佛护佑,四肢受四部佛护佑,故显现五部佛之形象。汗王、后妃、大臣及随从等礼拜绕行,心满意足。向八思巴肢体礼拜时,王臣等见座位上血肉模糊,目不忍睹,不禁大声惊叹。八思巴长时间如此显示神通,王妃察必祈求道:"请世间怙主及时止法,不然汗王会心脏痛碎而致死。"因此,八思巴才停止作法。众人说:"虽然以前曾有多人在汗王驾前显示无数神通,但为利益众生而如此作法者实在绝无仅有,再不可以为有人的断证功德能够超过我们的上师。"

这种奇幻的笔法是藏文史料共有的一种特色,然而它仍能反映出八思巴和噶玛拔希之间的矛盾和斗争。无论如何,最后噶玛拔希离开了忽必烈。有可能是不满于察必对八思巴的信奉,也有可能是有更高的期待,轻视忽必烈只是一位宗王,最后他来到了哈喇和林,依附大汗蒙哥,留在了他的身边。噶玛拔希为王室成员、贵族举行了密宗灌顶仪式,为蒙哥讲解佛法,使其产生了很好的宗教体验。蒙哥汗很尊敬他。他在哈喇和林时期,主持了很多宫廷宗教活动,向王室、贵族讲解藏传佛教教义、教规,并主持修建藏传佛教寺庙。因而,在王室宫廷中很受尊敬,蒙哥汗赐予他上师的尊号,并发给他一方金印和一顶金边黑色僧帽。因此,噶玛拔希传下来的转世系统,被称为噶玛噶举黑帽系。

此前由于成吉思汗对丘处机的敬信和对道教的特别优待,导致道教的势力大胜,很多僧人转而学道,很多寺庙也变成了道观。随着战乱之后佛教势力的发展,佛道之间的矛盾越来越明显,最后闹到了蒙哥汗面前。1255 年和 1256 年,佛教和道教在蒙哥汗面前进行了两次佛道辩论,似乎没有明确地分出胜负。1258 年,蒙哥汗把这件事交给忽必烈处理,佛道二教又在忽必烈在开平的王府举行了一次大辩论。这次辩论,佛教方面由"统领天下释教"的那摩国师为首,第二辩手就是跟随在忽必烈身边的八思巴。

八思巴在辩论中大显神威,因为他历史知识非常丰富,因此当道士们抬出《史记》等书时,八思巴并没有被吓住,他熟读史书,反而指出《史记》中并无老子化胡的说法。在八思巴的连续质问下 ,道士们无法回答,再加上忽必烈对于佛教较为偏爱,道教一方不出意外被判失败。关于这次辩论的具体情况,我们还会在第五章详细介绍。

1259 年,蒙哥汗在四川合州城逝世了。阿里不哥和忽必烈开始了争夺汗位的战争。1260 年,阿里不哥和忽必烈分别在和林、开平宣布即位,八思巴毫不犹豫地站在忽必烈一方,对他非常忠诚,而噶玛拔希站在了阿里不哥一边,这次的选择彻底葬送了噶举派在元代成为宗教领袖的希望。忽必烈即位之后,立刻宣布八思巴为国师,并且赐予他玉印。双方征战长达 4 年,1264 年,阿里不哥彻底失败,忽必烈建立了自己的稳固政权,于是派遣八思巴和他的弟弟恰那多吉——此时已经被封为白兰王——前往藏区,建立西藏的行政体制。忽必烈为此赐给八思巴一份《珍珠诏书》。根据《南村辍耕录》的描述,《珍珠诏书》是先用白粉在黑色的布上写好,然后用白线把珍珠按照字的笔画缝缀上去,到了该盖皇帝玉玺的地方,就用红色的线和红色的珊瑚来缝缀,所以叫做《珍珠诏书》。忽必烈在诏书里告诫僧人遵守教法,勤于修习,再一次保证免除僧人赋税、兵差、劳役,保护僧人的安全和财产等。同时宣布八思巴为藏区和天下僧人的最高领袖。此后,历代元朝皇帝都要赐给帝师《珍珠诏书》,这份诏书似乎相当于保护圣旨和委任状的结合体。八思巴于 1265 年到达拉萨,建立了十三万户和模仿怯薛制度的侍从官制度。1267 年,他完成了藏区的体制建设,于 1268 年回到大都。他还带回来几个在元朝史上赫赫有名的藏僧,胆巴、阿尼哥和桑哥,这几人都颇有些故事可讲,将在后文中略作介绍。

1270 年,忽必烈建立国号为"大元",取自《易经》的"大哉乾元",开始汲取传统汉文化的精神力量,正式规划对自己的统治和元朝的未来。由于蒙元疆土广阔,统治各族人民,彼此之间交流越来越频繁,但言语文字不通,颇为不便,因此他命八思巴创造一种文字,可以"译写一切文字"。忽必烈在诏书里说明了自己决心创制新字的原因,他说:

> 我们的国家来自漠北,风俗非常淳朴,没有繁复的礼仪,也没有文字。凡是需要书写的时候,都是用汉字和畏兀字来表达蒙古语。考察辽朝、金朝以及各个国家,都有自己的文字,现在我们开

始要振兴文治,却没有自己的文字,那么一朝的制度多少有点欠缺。所以命令国师八思巴创制蒙古新字,译写一切文字,希望能够便于交流传达。从今以后,朝廷颁布的公文,全都用蒙古新字,其他各国文字的译本附在其后。

八思巴字圣旨

于是八思巴在 1270 年献上了"蒙古新字",也叫"八思巴字"。

八思巴字主要由藏文字母组成,也加入了一些梵文字母,这是一套拼音文字,相当于一套拼音符号,可以根据发音拼出蒙文、汉文、突厥文等各族文字,但它本身并非一种语言,大概有点类似于日语的片假名。可以想象,用八思巴字拼写的汉文,其实只不过是拼出了汉文的发音,一个不懂汉文但是熟练掌握八思巴字母表的人,可以根据八思巴字汉文读出一句话的大概发音——因为八思巴字没有标音,

八思巴汉字合璧授官制书

所以无法读出准确音调——但仍不懂这句话的意思。但这种语言也

是非常有用的,假定一个不擅长蒙文,但熟识八思巴字的人传达蒙文命令,他只要根据文书上的八思巴字把发音准确地读出来,会说蒙文的人就可以听懂这个命令的意思。所以这套文字发明出来之后,忽必烈立刻全力推行使用,把八思巴字称为"国字",要求全天下都建立"国字学",培养精通国字的人才作为文书人员和翻译人员。一切行政系统的文字都必须使用国字,包括命令、文书、货币、牌符、印玺都必须使用国字。因此八思巴字在元代使用极其广泛,但是在元朝灭亡之后,这种文字很快就随之消亡了。

1270 年,忽必烈封八思巴为帝师,从此元朝常有帝师一职,终元一代,先后共有 14 代,多由萨迦派高僧担任。元代的帝师有三项最为重要的职责:第一,为皇室成员灌顶,主持宫廷佛事。第二,管理宣政院,统领全国的宗教。第三,管理吐蕃。

3.7　元代其他著名的密教僧人

萨班只是得到了宗王阔端的敬重。八思巴成为国师,其后受封帝师,统领全国宗教,是随着忽必烈登上汗位而实现的。在此之前,比较早得到蒙古人重视的藏传佛教僧人是那摩。

"那摩"是一个佛教词汇,是梵文 Namas 的音译,跟僧人常说的"南无阿弥陀佛"中的"南无"是同一个词,意思是顶礼、致敬、归命。那摩是一个很有传奇性的僧侣。他是克什米尔人,据说在大雪山下,也就是今天的兴都库什山下,修行了 13 年,善于持咒,只要祈祷,就能应验,因此各国的僧侣都前去随他修行。后来因为他看出东北方向有天子气象,因此来到了蒙古,遇到了窝阔台汗。另一种说法是他本来想向南行,路上遇到了神,神对他说:"你不要去南方,你的缘在北方,若去北方,无事不成,以后将会名声远扬,各国都知道你的神迹,种种祈祷均可应验。"因此他就听从神的指引,北行来到了蒙古。

不过根据波斯文史料的记载,实际的情况可能是,1235 年,窝阔台汗手下的将领攻下了克什米尔地区,并劫掠那片地方长达 6 个月,然后在那里任命了一个长官,就撤走了。蒙古军队占领某地后,往往要寻找当地的僧侣和工匠,前者令其为大汗占卜、祈福,后者则用于修建制造。很可能就是这个时候,或之后不久,那摩应召来到了蒙古。

海云禅师之后,在蒙古皇室中地位最高的就是那摩。1251年,蒙哥汗即位,就如同暂时认同萨迦派在藏区的地位,他也发布圣旨让海云继续管领天下释教,然而次年蒙哥汗又命那摩国师掌管天下释教。此时海云和尚仍然健在,因此这一命令,有可能是蒙哥汗肃清窝阔台一系的势力,重新培养自身势力的手段之一。我们甚至可以说,蒙古统治者尊信藏传佛教,与蒙哥和忽必烈两位大汗登上政治舞台是密切相关的。

因为那摩善用咒术,而且往往非常灵验,因此深受蒙古王公大臣的敬仰和信任。1255年蒙哥汗首次举行佛道辩论,就是因为少林寺禅僧福裕向那摩国师奏告道士刊造伪经、轻侮佛教、毁坏佛寺等事而引起的。此后的几次佛道辩论,那摩国师均作为佛教方面的最高首领参加,并且获胜。后来判定道教刊造伪经,并认定道士的种种不法行为后,所有处分也都是由那摩来负责的。那摩担任国师期间,修复了很多北方毁于战火的寺院,然而关于他的史料,流传下来的很少。所以这位克什米尔藏僧的事迹,我们也只知道这么多了。

元代除了八思巴之外,最有名的藏僧可能应该算是胆巴了。胆巴是西藏突甘斯旦麻人,突甘斯大概相当于今天的昌都、甘孜地区和青海的西南部,旦麻在今天的甘孜西北。据说他的两颗门牙很长,以至于嘴唇合不拢。

胆巴和八思巴都是师从萨迦班智达学习佛法。胆巴一开始跟随萨迦班智达学佛,萨班死后,他前去印度修习。在忽必烈统治前期,大概在至元七年(1270),因为八思巴的推荐,胆巴来到了中原。

据说胆巴刚刚来到汗庭,就遇到了河北的大旱,河北地区前一年冬天没有下雪,次年春天又没有下雨,麦苗都干枯了,农民也无法播种,流离失所。因为河北地区是非常重要的粮食基地,所以这一带的旱情让忽必烈非常焦虑。胆巴正好在此时来到,于是忽必烈就命令他祈雨,

·欧·亚·历·史·文·化·文·库·

祈祷之后,就立刻下雨了,因此忽必烈对他非常信任。

传说世祖派遣伯颜攻宋后,很长时间没有明显进展,世祖问胆巴:"我们的守护神为什么不出力保佑我们呢?"胆巴上奏说:"人不使唤就不会去干活,佛不迎请供奉就不会高兴。"于是忽必烈举行仪式,求请大神护住,没过多久南宋就投降了。实际上攻打南宋,最初有一些阻力,但攻克了主要的城市,击败南宋的主力军后,自然势如破竹,宋军经过大败,望风而逃,元军自然不会再遇到什么有效抵抗。且不论攻克南宋是否是胆巴和忽必烈求请的功效,却还是可以看出忽必烈对藏传佛教的确是非常敬信的。

胆巴还有很多奇异的事迹。在《元史》的记载中,他曾经在作法事的时候,把咒食撒进瀑布下的深潭,很快就有奇花异果涌出了水面。他将水中长出的奇花异果拿来贡献给皇帝,世祖皇帝非常高兴。至元末年,世祖任命桑哥为丞相,桑哥也是一个西藏人,善于理财,因此得到重用。胆巴与桑哥不和,被贬斥到潮州。当时的枢密院副使月的迷失镇守潮州,枢密院是元代负责军事事务的最高机构,经常会派遣高级官员镇守各个地方。月的迷失的妻子得了怪病,请胆巴来治疗。胆巴用自己平常所持的数珠为她加持,她很快就痊愈了。胆巴又为月的迷失解梦,并且预言自己回到中央朝廷的时间,后来全都应验了。

据说成宗时期,皇帝曾经生病,胆巴为其祈祷,疾病很快就痊愈了,皇帝给予他很多赏赐。有一次成宗从大都前往上都,命令胆巴乘坐大象托着的车子,在前面引导。路过云州的时候,胆巴对他的弟子们说:"这个地区有灵异怪物,恐怕会惊吓到皇帝,我要密持神咒来制服它。"过了不久,果然风雨大作,大家都被惊吓,只有皇帝所居住的幄殿安然无虞,皇帝因此非常信任他,还赐给他一个碧钿杯。

《佛祖历代通载》中关于胆巴的一个有趣传说是,元成宗在位的时候,窝阔台的孙子海都攻打吐蕃边界,成宗招来胆巴问他:"海都的军马进犯西番边界,你能作法事让他投降退兵吗?"胆巴说:"只要向摩诃葛剌神祷告,自然能够灵验"。皇帝又问:"在哪里建坛呢?"胆巴回答说:"高粱河西北的瓮山有一个寺院,非常僻静,可以筑坛。"于是皇帝命令供给胆巴所需要的东西,并且严加护持,让胆巴向摩诃葛剌神祷告,祷告之后,很快就传来了捷报。

摩诃葛剌神是藏传佛教的护法神之一,也是萨迦派最重视的神。"摩诃葛剌"的意思是大黑天,被认为是大自在天的化身,是萨迦派高僧的"内属神"。现在国内还保留下来了一处元英宗至治二年(1322)雕造的摩诃葛剌神的浮雕造像,在杭州吴山的宝成寺。寺内共有三座佛龛,摩诃葛剌像就在右边的一龛。摩诃葛剌神的造像很有藏传佛教的特点,神态威猛,粗眉怒目,须发虬卷,腿短腹鼓,作蹲踞状,双手横置在前凸的腹部,左手位下,手掌朝上,右手位上,手掌朝下,两手掌之间是一个人头,脚下踏着一个魔女。神像左右两侧护持的菩萨分别是骑青狮的文殊菩萨和骑白象的普贤菩萨,形象也十分凶狠,颈上各挂着一串骷髅,狮象背上蒙着人皮坐垫。神龛的龛楣上是三尊浮雕的菩萨,背上有翅,屈腿凌空作飞翔状。整个风格与江南地区常见的禅宗佛像安详慈悲的面貌迥然相异。

关于摩诃葛剌神,还有一些有趣的传说。其中之一是,蒙古军队攻打襄阳的时候,当地的居民向真武大帝祷告。真武降下旨意说:"有大黑神率领兵马从西北方而来,我也得避让他。"于是各个城池都望风款附,兵不血刃。到攻破常州的时候,很多居民看见有黑神出入自己的家,不知道是什么缘故,其实就是摩诃葛剌神。在杭州也有关于大黑神显灵的神话,相传元兵攻打南宋,打到南宋的都城杭州的时候,曾遭到守城官兵的奋力抵抗。但是,由于大黑天显灵,带了许多天兵天将,腾空而行,在城内降法,于是守兵大败。

关于真武大帝避让摩诃葛剌神的传说,应该是佛道辩论,道教失败、佛教势力大盛之后兴起的传说。由以上这几个传说,也可以看出摩诃葛剌神被看做是战神,可以保佑军队和战争。真武大帝在道教传说中,也是一位勇猛的大神,据说他的形象是披发黑衣,金甲玉带,仗剑怒目,足踏龟蛇,顶罩圆光,非常威武。《元始天尊说北方真武妙经》中记载,真武大帝原是净乐国的太子,生下来的时候就有神灵的能力,能够察微知运。长大成人后十分勇猛,一心修行,发誓要除尽天下妖魔,不愿继承王位。后来遇到紫虚元君,授以无上秘道,又遇到天神,授以宝剑。在武当山修炼,24 年后功成圆满,白日飞升,玉皇大帝命令他镇北方,统摄玄武之位。明代燕王朱棣发动政变,与建文太子打仗,传说在战争中,真武大帝曾显灵相助,因此他即位后,下诏封真武为"北极镇天真武玄天上帝",并且大肆修建武当山的道观,民间也普遍修建真武庙,对真武帝的崇拜达到一个高峰。然而在元代,真武大帝不敌摩诃葛剌神,是因为元代藏传佛教的势力胜于道教的缘故,神明的能力随着时代的变迁而发生改变,这是很有趣的。

4　长春真人与湛然居士

　　长春真人丘处机和湛然居士耶律楚材是蒙古国初期对蒙古政治和社会影响极大的两个重要人物,可以说他们是最早让蒙古人接触并开始接受汉文化的人。耶律楚材是最早进入蒙古国政治中心的契丹人。他凭借自己丰富的天文、占卜、医学等知识成为成吉思汗的重要谋士。丘处机面见成吉思汗,为其宣讲全真道教义。全真教作为三教合一特征最为明显的新道教派别,其教义也充分融合了儒家和佛教的思想。因此,丘处机和耶律楚材均可谓蒙古国初期传播汉文化的大功臣。

　　为了实现自己的抱负,丘处机和耶律楚材都曾历经艰难,走过漫长的西行之路。他们因为不同的机缘,怀着共同的理想,在西域相会,作诗唱和,结下了珍贵友谊。然而丘处机是全真教的道人,而耶律楚材则是禅宗曹洞宗高僧万松行秀的弟子,因为宗教背景的不同、佛道之间的斗争,使这对好友之间产生了巨大的矛盾。耶律楚材专门撰文批判道教,尤其把矛头指向全真教和丘处机,可谓一场小型的民间宗教辩论。

　　长春真人和湛然居士分别怎样走过了他们的西行之路? 他们之间的矛盾是为何,是怎样产生的? 这场辩论的内容如何呢? 这一章中都将会详细介绍。

4.1　成吉思汗迎请长春真人

　　成吉思汗派来迎接丘处机的人叫刘仲禄。刘仲禄名叫刘温,字仲禄。他精通医药,善于制作响箭,蒙古军中最需要的两种人就是医生和工匠,因此刘仲禄深得成吉思汗的信任,担任了大汗的近侍。成吉思汗到晚年身体逐渐衰弱,刘仲禄向成吉思汗推荐长春真人丘处机,说丘神仙有长生之术,活了300多年。于是成吉思汗命刘仲禄持手诏去迎

·欧·亚·历·史·文·化·文·库·

接真人。

一般来说,朝廷派人出使、求贤,多要封一个大官,使者显得身份高贵,路上行走较为便利,各地官员乐于迎接,使命也较容易达成。这反映了古代官僚制度的一个特点,即出使先升官,历代王朝往往如此。然而当时蒙古国没有成形的官制体系,因此成吉思汗封刘仲禄为"便宜公",并且赐给他金虎符,上面写着"如朕亲行,便宜从事"。这个"便宜"指方便适宜,即可斟酌情势,不拘规制条文,不须请示,自行处理,而不是说刘仲禄的价格便宜。根据方志记载,在北京白云观西北角,建有刘便宜祠堂,就是刘仲禄的祠堂。

刘仲禄所持邀请丘处机诏书颇为有名。其大意如下:

> 中原王朝的奢华堕落已经被上天所厌弃,而我居住在北方,返璞归真,生活俭朴,我国人均有福同享有难同当,百姓就像我的孩子,士兵就像我的兄弟,大家团结一心,情意深重。在战场上个个争先恐后,毫无畏惧之心。因此七年之中就完成了统一大业。这并不是我的德行多么高尚,而是金朝的政治已经衰落。所以我在上天的护佑之下,当了皇帝。我的国土南接赵宋,北临回纥,东西都臣服于我。我国千百年以来,没有过这样强盛。

> 然而我统治国家之后,觉得责任重大,唯恐有所缺失,因此选贤任能,希望能够安定天下。我即位之后,勤政爱民,但朝制未立,三公九卿都没有任命。我听说丘先生道德高尚,博学多才,多年修炼,已悟大道,有古君子之风。然而隐居深山,不问世事,有道之人前来拜访者不计其数,我非常仰慕。

> 难道我就没有听说过周文王在渭水边寻访姜子牙,与他同车而归,刘备于荆州三顾茅庐,请出诸葛亮的事吗?无奈距离太远,山川阻隔,我不能亲自前去迎接,有失礼数。我现在怀着恭敬之心,斋戒沐浴,请近侍官刘仲禄准备车马。谨请先生您不远千里,前来会面。请您不要畏惧沙漠远途,顾念万民安慰,前来指点我治国安民的方法和保养长寿的法术。我将会亲自迎接先生,希望先生能够教授我一言半语。

这一纸诏书，无法表达我殷切之情的万分之一，只能希望先生既已领悟大道，无所不应，岂会违背芸芸众生的期望。

五月初一日。

1219 年的初夏时节，成吉思汗派出了迎接丘处机的使者。当时成吉思汗正带兵驻扎在也儿的石河流域（今新疆额济纳河），准备攻打花剌子模国。刘仲禄手持诏书，腰悬金虎符，从新疆出发一路东行，在威宁（今内蒙古凉城）遇到一位姓常的道士，得知丘处机在山东一带。于是走德兴府（今河北省张家口市涿鹿县），打算过居庸关。但当时居庸关道路不通，燕京方面又派人接应。他于八月抵达燕京，向燕京的道士们询问丘处机的所在，众道士都说"据说住在山东，能不能找到可不一定"。

刘仲禄只好抱着试一试的心态先去山东，走过中山（今河北定州）、真定（今河北正定），见到了益都府安抚司（今山东青州）的官员吴燕，得知丘处机确实在山东东莱。刘仲禄得到了确切消息，非常高兴，打算带 5000 人前去迎接。吴燕赶紧阻止，他说："山东长期战乱，现在蒙古和南宋刚刚议和，民心稍微有所稳定。此时忽然率领军队进入，说不定当地百姓要据险抵抗。丘真人也有可能乘船逃到海上去。如果确实想把事情办成，就不要这样做。"其实当时各地军阀割据，各个势力之间都没有充分的信任，如果刘仲禄率领 5000 名士兵进入益都，难免会引起当地军阀势力的疑心。经过吴燕的暗示，刘仲禄立刻明白了这个道理，于是他挑选了 20 个人同行，并且派吴燕先去益都向当时控制山东的军阀张林汇报情况。

张林听说此事，不知来者的真实意图。长期的军旅生涯使张林培养起一种过分谨慎的性格，他率领了 1 万名士兵到郊外迎接刘仲禄，一方面保证对方不能轻举妄动，另一方面也避免地方百姓闹出乱子。刘仲禄看到大军前来，赶紧对张林说："我来这儿只不过是为了访求长春真人，你何必带这么多士兵呢？"张林这才打消疑心，遣散士兵，双方一起缓缓骑马进城，沿途向大家解释刘仲禄一行人的来意，保证局面稳定。

·欧·亚·历·史·文·化·文·库·

张林为刘仲禄提供了更换的驿马。刘仲禄等人先到达潍坊,见到丘处机的大弟子清和大师尹志平,同尹志平一起到东莱(大概在今天的山东省掖县),找到了丘处机。这时已经是冬天十二月了。刘仲禄一路行来,走了大半年,委实辛苦。

丘处机见到成吉思汗的诏书,还犹豫不定。刘仲禄说:"丘真人名重四海,皇帝特意命我跨越崇山峻岭,不限时间,一定要请您前去。"并且向丘处机讲述了自己一路的艰苦行程,又按照李志常之前教他的,劝丘处机前去解救苍生。丘处机知道已经无法推辞,答应前去。他请刘先回到益都,约定次年正月十五的上元节 3 天大醮完毕之后,刘派遣 15 人骑马前来,随其一同出发。于是丘处机选定了弟子 18 人,次年正月十八日,与刘仲禄派来的骑从上路了。这 18 名弟子分别是:赵道坚,号虚静先生;宋道安,号冲虚大师;尹志平,号清和大师;孙志坚,号虚寂大师;夏志诚,号清贫道人;宋德芳,号清虚大师;王志明,号葆光大师;于志可,号冲虚大师;张志素,号崇道大师;鞠志圆,号通真大师;李志常,号通玄大师;郑志修,号颐真大师;张志远,号玄真大师;孟志温,号悟真大师;綦志清,号清真大师;何志坚,号保真大师;杨志静,号通玄大师;潘德冲,号冲和大师。

1220 年正月,丘处机带领自己的弟子,踏上了西去觐见遥远的蒙古汗王的道路。这位大汗据说是历史上征服了最广阔的疆域、杀了最多的人,也占有了最多财富和美女的汗王,而丘处机却要去劝诫他清心寡欲、无所奢求。这一年,丘处机已经是 73 岁的高龄了。

4.2 丘处机的西行之路

现在我们能够了解丘处机西行觐见成吉思汗的行程,完全是依靠一本叫做《长春真人西游记》的书,它的作者就是我们在第二章详细介绍过的李志常,也是跟随丘处机西行的 18 位弟子之一。这本书逐日记录了丘处机及其弟子西行的事迹和见闻,提到西域很多奇异的风俗和自然风光,非常有趣。它对于研究那个时代的历史和地理亦是极其重要的资料。这本书写成之后,被收入《道藏》中,长期没有人看,甚至少有人知道这本书的存在。清乾隆六十年(1795),著名的学者钱大昕在苏州的玄妙观阅览《道藏》,看到这本书,觉得对于了解西域的地理和风俗很有帮助,因此抄写出来,并为此书写了一篇跋文进行介绍。从此以后这本书才被人了解和利用,并有很多著名的学者对其进行研究。后来这本书又被翻译成俄文、英文等多种文字,成为研究蒙元初期历史的重要史料。

丘处机西行一路颇多曲折,因为当时正是战争年代,蒙古、金朝、南宋,还有很多军阀相互交战,道路时时阻塞。某条交通要道,也许今天还属于蒙古,明天就被金朝占领。刘仲禄前来迎接长春真人,同时也担负了疏通道路的责任。

1220年初,丘处机带着他的18名弟子到达青州和刘仲禄汇合,却发现刘仲禄已经离开了。丘处机向张林询问,得知原来正月初七,有400名骑兵进入临淄,导致了青州民众的恐慌,刘仲禄立刻前去安抚,现在不知道到了哪里。刚刚上路就丢失了向导,似乎印证了"好事多磨"的古语。

古代没有便捷的通讯工具,丘处机只好经过长山、邹平等地一路寻找,二月初来到了济阳。当地的官员百姓都在城南预备了香火迎接长春真人等人,然后大家在养素庵吃饭。当地的全真道教徒说:"上个月十八日有十多只白鹤从西北方向飞来,在云中边飞边鸣叫,声音清亮,都向东南方向飞去了。次日上午,又有白鹤从西南飞来,很快飞来千百只鹤,或高或低,只有一只鹤在养素庵上方低飞盘旋,久久不愿离去。现在才知道,原来鹤飞来的时候,正是师父启程的日子啊。"鹤是一种祥瑞的征兆,道教把"召鹤"看做一种神通,所以有白鹤出现,往往被当做道士德高道深所致。

丘处机一行在济阳等了几天,刘仲禄派遣使者前来报告,说他们已经在将陵(今河北景县)驻扎,准备了行船等待。于是丘处机出发前去将陵,十三日刘仲禄率领军队前来迎接。二人相见,才知道刘仲禄在这段时间内着实做了不少事。因为道路不通,被金朝占领了,刘仲禄特

·欧·亚·历·史·文·化·文·库·

地去燕京调集军队,防备东边信安(今河北霸县)金朝张甫的军队和西边常山(今河北正定)金朝武仙的军队。然后刘仲禄亲自带兵攻下了深州(今河北深县)和武邑(今河北武邑县),在滹沱河上架桥,又在将陵调集船只。刘仲禄致歉说:"因为忙这些琐事,所以来迟了,请真人恕罪。"丘处机非常感动,赞叹道:"这些事真是非你不可啊。"次日,他们就乘船渡河北行。

二月二十二日,到达卢沟桥,这里是当时从南边进入北京的交通要道,京朝官员、僧道民众都夹道迎接。全真道的教众们组成了盛大的仪仗队在前面带路。当时的燕京行省长官石抹咸得不请真人住在玉虚观,此后每天前来占卜问名的人都把观门挤得水泄不通。据说在战乱之中,真人给起过名字的人,往往可以大难不死、避开灾祸。丘处机在燕京和很多高官士人写诗相互赠送,关系密切。他听说成吉思汗率军逐渐西进,又觉得自己年岁已高,路途遥远,又要穿越沙丘荒漠,另外此时他才知道,刘仲禄除了迎接他之外,竟然还担负着挑选处女的任务。丘处机很生气,说:"当年孔子在鲁国时,齐国齐景公送给鲁定公美女80人,于是孔子就离开了鲁国。我虽然是山野之人,却不能与处女同行。"于是刘仲禄派曷剌把丘处机的上表送给成吉思汗,说希望在内蒙古等待,到成吉思汗凯旋之时再去进谒。

四月上旬,丘处机继续北行。临行之前,他在天长观举行斋醮,期间有5只白鹤在上空盘旋,大家都很惊异,认为是真人道高德厚,至诚感动上天,并为此写了很多赞美的诗。

斋醮结束之后,大家再次上路。出居庸关后,夜里遇到强盗。强盗发现是丘处机,都下拜退去,说:"不要惊动师父。"五月,他们到达德兴府的龙阳观,暂时住在这里,等待炎热的夏天过去。在这期间,丘处机也写了很多诗歌寄给燕京的士大夫。到七月十五中元节,丘处机在龙阳观举行了斋醮,根据李志常的记载,斋醮过程中又出现了不少异象。譬如炎炎夏日忽然有圆盖状的云彩飘来为大家遮阳,井水本来只够百人使用,在斋醮的三天之内有超过千人用水,水却忽然满溢,用之不竭。大家都认为这是因为真人的善缘得到天助。

八月初,宣德州(今河北宣化)的元帅耶律秃花邀请真人,于是他们来到宣德,住在耶律秃花资助修建的朝元观。耶律秃花的哥哥很有名,叫耶律阿海,长期跟随成吉思汗,被封为太师。耶律秃花为了迎接丘处机,把朝元观修葺一新,又在墙上画道教祖师的像。画像的时候已经十月,天气寒冷,画工怕颜料凝固胶涩,又怕画上去不易干,请求次年天气暖和之后再画。丘处机不答应,他说:"邹衍尚且能够回春,更何况圣贤有神仙扶持呢?"结果画像的这一个月果然温暖如春,没有风沙。邹衍是战国时期一位非常有名的阴阳家,阴阳家研究阴阳五行相生相克及其在自然界中的反应,古书中记载邹衍在燕地的时候,发现那里有一片山谷,土地肥美,但气候寒冷,所以五谷不生。于是邹衍住在那里,吹奏他所作的四季之律中的春天旋律,于是温暖的空气随着这春天的旋律来到,气温升高,这片土地就可以生长粮食了。所谓"邹衍回春",后来的人认为,可能是邹衍用一种测气的仪器"律"测出了燕地山谷的温度和湿度,根据地理和气候条件确定了适当的播种期,让当地的农民在合适的时候耕种,从而使那里生长粮食。但阴阳五行家思想是道家思想的来源之一,因此"邹衍回春"的故事也在道教中源远流长,在这里,丘处机引用了这个传说。

不久,成吉思汗的四弟,留守蒙古大营的帖木哥·斡赤斤大王派使者阿里鲜前来邀请丘处机,说如果师父要西行的话,请一定要先来他那里。几天后,刘仲禄派去的使者曷剌也带着成吉思汗的诏书回来,这份诏书《长春真人西游记》没有收全,全文在陶宗仪的笔记《南村辍耕录》中可以看到,大意是说:

> 您写来的奏文我都看了,我听说您德高望重,胜过古代的贤人,因此派使者前去寻访。上天没有辜负我的愿望,宋、金两朝多次征召您都没有去,而对于我的邀请则爽快答应。您说我是上天指定的人选,所以前来归依,风霜远途在所不辞。看到您的来书,让我非常快慰!现在我的属国叛乱,不肯臣服,因此我前来讨伐,大军刚刚到达,对方就投降了。然而我一来他们就屈服,我一走他们又背叛,完全是害怕我的武力。我希望能够一劳永逸,让他们心

欧·亚·历·史·文·化·文·库·

悦诚服，于是请您前来。现在您的车马已经离开了山东，听说道家乘鹤就能够远游云外。佛教的达摩祖师为了传播佛法，不远千里。道教的老子为了教化胡人也曾经西行。虽然我们之间路途遥远，但我希望见到您的心情却并不遥远啊！现在我命人答复您的书信，希望您了解我的心意。

虽然已经是秋天，但天气还是很热，希望真人一切安好。此不多叙。

十四日。

此外成吉思汗特意吩咐刘仲禄，命他不要让丘真人饥饿劳累，细心扶持，可以慢慢前来。丘处机看到成吉思汗如此心切，无法推辞，于是跟刘仲禄商量。他说："继续前进的话，天气严寒，长途跋涉所需物品也没有备齐，不如先回龙阳观，等到明年春天再动身。"于是又回到德兴府的龙阳观。

1221年正月十五上元节，丘处机又到宣德州朝元观打醮。二月八日，大家正式踏上了西行之路。众道徒哭着问："师父前去万里之外，什么时候能再见面啊？"丘处机说："前途漫漫，不是人力所能转移，而且前去异域他乡，大道能不能行，并不一定啊！"大家说："师父怎么会不知道呢，请预告弟子。"丘处机不得已，意味深重地说："三年后回来吧。"

二月十一日穿过野狐岭，这里是南北自然地带的分界线。大家登高远望，向南望去，太行诸山，青翠可爱，向北看去，只见寒烟衰草，一片荒凉，与内地全然不同。然而丘处机对大家说："我们出家之人，随遇而安，无所不可。"宋德芳指着战场上的白骨许愿："我回来时要设道场，为孤魂超度，也算一段因缘。"

往北过抚州（今内蒙古兴和县），十五日，往东北方向过盖里泊之后，已经没有河流，当地居民都凿井汲水。骑马走了5天，越过金朝所修的界壕，这是金章宗明昌年间为了抵御北方蒙古所修的堡垒壕沟。又过了六七天，进入荒芜的大沙漠。到三月一日，终于走出沙漠，来到鱼儿泊，才看到有人烟，这里的人基本都是靠着湖岸，靠农耕和渔业为生。此时已经是清明时节，来到这里，总算感到一丝春意。

往东北再走一个月，途中见到一些随水草迁徙的游牧民，过了海拉尔河，再穿过一个小沙漠，到四月一日，来到帖木哥·斡赤斤大王的营帐，这里的冰才刚刚开始融化。四月七日见到了斡赤斤大王，大王问真人长生术，真人说："必须斋戒之后才能传授于你。"于是约好大王斋戒7天，到四月十五日对其传授长生之术。结果十五日下大雪，没能传授成。斡赤斤大王觉得这场大雪是上天的旨意，责备自己不该先于成吉思汗学长生术。他责备自己："大汗不远万里，派遣使者请真人前去问道，我怎么敢先听呢？"于是让阿里鲜对丘处机说："您见到大汗之后回来时，一定要再来我这里。"十七日，斡赤斤大王派遣数百头牛马、十来辆大车送真人上路，从此向西北方向行走。二十二日到达呼伦湖。呼伦湖一带美丽富饶，大风吹过，湖里的肥鱼就被吹上了岸，湖边的野韭菜非常甜美。

五月十六日，来到了鱼儿泺的驿路，这里是一条通往漠北的驿道。当地的蒙古人看到他们，高兴地说："前年就听说师父要来了。"便献上了15斗黍米。丘处机酬谢他们1斗大枣，他们说"从没见过这稀罕物"，便欢呼雀跃地走了。又走了10天，人烟逐渐繁盛，这里已经渐渐接近蒙古国的国都哈剌和林。当地都是地道的蒙古牧民，以放牧和打猎为生。

往西北过了4个驿站，来到克鲁伦河的河曲，过河之后是一片平原，山川秀丽，水草丰美，有西辽建立的旧城，现在已经破败了。

六月十三日到了长松岭（今蒙古人民共和国杭爱山），翻山渡河，山阴天气酷寒，早上起来，搭的帐篷上都结了冰，虽然是三伏天，河水中仍漂着冰块。当地人却说："往年五六月都下雪，今年天气晴朗，非常温暖。"

继续往西北方行走，二十八日到达哈剌和林成吉思汗的大斡尔朵东边。刘仲禄先派人去禀报皇后，皇后下旨请师父过河，住进了营帐。大斡尔朵非常壮观，有几百座车帐。金朝和西夏贡给成吉思汗的公主都为丘处机送来了防寒物品。

　　七月九日,丘处机和刘仲禄上路,从此往西南方向行走。过鄂特洪腾格里山和乌里雅苏台城之后,开始见到农耕的畏兀人。又过了五六天,来到了蒙古著名大臣田镇海在西域屯田时所修筑的镇海城。这座城中有很多当时田镇海带来的汉人。七月二十五日进城,汉人工匠络绎不绝前来迎接,欢呼庆贺。金章宗的两位妃子徒单氏和夹谷氏,还有金朝进贡的公主之母袁氏都来相迎,泪流不止,说:"当初就听说师父高风亮节,道高德厚,恨不能见,想不到在这里竟然有缘得见!"

　　丘处机一路所见都是游牧民,吃奶酪喝马乳为生,一斗黍米要十两白银,此时终于见到一座以耕种农业为主的城池,非常亲切,而且天气开始逐渐转凉,因此不愿再走。他对刘仲禄说:"我年岁已高,然而皇帝陛下连下两道诏书叮嘱我前来,因此不远万里长途跋涉。沙漠之中很少见到耕种为生的人,没想到这里竟然有农田,而且秋天的粮食快要收割,让人欣喜。我想在这里过冬,等来年就与成吉思汗在此相见,您看怎样?"刘仲禄说:"师父既然已经下了法旨,我不敢说什么。唯请镇海相公裁度决断。"

　　然而成吉思汗早就已经预料到可能有这种情况发生,提前做了防范。田镇海说:"今日接到敕旨:'各处官员,如果遇到真人经过,不许延误他的行程。'大概是大汗希望尽早见到真人吧。如果师父您住在这里,那么就是我田镇海之罪了。还请师父尽早上路,我将亲自护送,如果师父有什么需要用的,我怎么敢不尽心准备呢?"丘处机只好说:"因缘既然如此,那么我占卜吉日,尽早上路吧。"田镇海说:"前方多是高山峻岭,又有大片沼泽,不适合车行。最好能够不用车,减少人数和行李,骑马前进。"于是丘处机把宋道安等9位弟子留在了镇海城,让他们选择地址修建道观。当地居民都主动前来,有人出力,有人出钱,有人贡献技艺,仅用一个月时间就修好了栖霞观。

　　此地苦寒,八月就开始霜降,大家开始争分夺秒地收割麦子。八月八日丘处机带着赵道坚等徒弟以及20多位蒙古士兵,只带了2辆车,沿着大山往西南方向行走。刘仲禄和田镇海也带着100多人相从。中秋节时到达阿尔泰山东北。再往南山势险峻,早先本无路可走,窝阔台太子出军时才开辟了小路。这条小路过窄过险,根本无法行车,只能让100多蒙古兵用绳子拴着车辕,从山上吊着放下去。又走了4站,翻过5座山峰,终于过了阿尔泰山,在乌古伦河边扎营。

过河之后,走了70里草木不生的石滩地,又过了30里盐碱地,找到一口小沙井,才停下来汲水做饭。接下来的路程是最难走的,刘仲禄和田镇海商量对策。田镇海说:"这一带我最熟悉,必须得按我说的走。"于是他们去征求丘处机的意见。田镇海说:"再往前走,就到了白骨甸,地上全是黑石头,走200多里进入沙漠,这片沙漠南北有100多里,东西不知道有几千里,必须穿过沙漠到达回纥城才有水。"丘处机问:"为什么叫白骨甸?"田镇海说:"这里是交通要道,因此也是古战场。凡经长途跋涉的军队来到这里,十人中没有一个人能生还。这是一块死地,当初乃蛮的军队就是在这里打了败仗。遇到晴天,白天穿过的人往往会被渴死。只有太阳下山之后出发,连夜赶路,可以走过一半,一直走到第二天中午,能赶到有水的地方。等一会,我们吃过晚饭就开始赶路,要翻过数百座沙丘,到明天上午能抵达回纥城。夜里走路的话,恐怕鬼魅作怪,得用血涂在马头上辟邪。"丘处机笑着说:"妖邪鬼怪遇到正人只会远远避开。这都是书中所载,无人不知。我们修道之人不用担心这些。"

于是太阳下山之后,大家就出发了。由于牛走得太慢,都丢弃在路上了,只用6匹马驾车。他们照着田镇海所说的办法,穿过了沙漠。

八月二十七日抵达回纥城,酋长准备了葡萄酒、各种水果、大饼、洋葱等前来迎接,送给每个人一尺波斯布。这里非常热,盛产葡萄。翌日沿着河流西行,到达著名的大城别失八里(今天的新疆吉木萨尔以北)。别失八里是一个突厥语名称,意思是"五城",在唐代是北庭都护府。城里的官员、僧道、百姓一共几百人列队相迎,回纥王献上了葡萄酒、奇花异果和上等香料。丘处机问:"再走多长时间能到达大汗扎营处?"当地人回答说:"再往西走一万多里就到了。"丘处机写诗感叹,觉得自己真像随风的浮萍。

再过两座城后,九月九日重阳时到了回纥昌八里。当地的王和田

·欧·亚·历·史·文·化·文·库·

镇海是亲密旧友,率领部众和回纥僧人前来迎接。他们献上葡萄酒和各种瓜果,西瓜又大又重,没办法称量,甜瓜有枕头那么大,香甜异常。翌日出发,沿天山西行,又走了 10 站,遇到一片沙漠。这片沙漠是白骨甸大沙漠的分支,沙子极细,风吹则动,像流水一样,车马陷在沙中,难以行走,经过一昼夜才走出来。过了沙漠又走 5 天,到达天山北麓。第二天早晨翻越过天山,走了七八十里,晚上才扎营。这里非常寒冷,又没有水。次日早起南行,约 20 里,见到横断天山的赛里木湖,这片湖被包围在山中,被称为"天池"。赛里木湖方圆 200 多里,雪山环绕在周围,倒影映在湖中,非常美丽。沿着湖下山,松林茂密,峡谷中溪流奔腾,无路可走。察合台太子随成吉思汗西征时,在此处开凿山石,修建栈道,搭起 48 座栈桥,桥上可以两车并行。晚上在峡谷中住宿,第二天才出了峡谷。天山南麓温暖如春,还有桑树、枣树。

他们在这里休息了 3 天,九月二十七日来到阿力麻里城(今新疆霍城县),这里后来是察合台汗国的都城。这里的穆斯林国王和蒙古达鲁花赤带人前来迎接,住在西果园。突厥语"阿力麻"就是苹果的意思,因为这里盛产水果,所以叫阿力麻里。这里还出产棉花,是当时中原地区没有的。当地人把棉花送给丘真人等人做衣服,保暖效果非常好。

继续西行,4 天后到达伊犁河,十月二日渡河,再向西走 5 天,已经逐渐接近成吉思汗的驻扎地了。刘仲禄骑马前去向成吉思汗汇报,田镇海和丘处机同行。十月七日翻过西南方向的一座山,遇到东夏国的使者出使归来。东夏是金朝末年蒲鲜万奴在辽东地区建立的政权,蒲鲜万奴本是金朝大将,金末,东北的耶律留哥率领契丹人叛乱,蒲鲜万奴前去平叛。他眼见金朝被蒙古攻打,宣宗仓皇南逃,迁都到开封,便认为金朝政府已没有复兴的希望,于是建立了独立政权。金朝政府对这种行为非常痛恨,屡屡离间招降,因此东夏与蒙古联系甚密,派出使者前去通好。这位使者拜见丘处机,真人问他什么时候回来的,他说:"我七月十二日出发,大汗正在追赶花剌子模的君主札兰丁,一直追到了印度。"

十月十六日，一行人往西南方向过桥渡河，到达西辽国的都城虎斯斡尔朵（今吉尔吉斯斯坦的伏龙芝）。这里的风土气候和阿尔泰山以北非常不同，以农耕为主，酿造葡萄酒，物产和中原相似。夏秋两季是旱季，要靠修渠引水灌溉耕种。乃蛮被成吉思汗攻灭之后，乃蛮王子屈出律逃到了西辽，篡夺了西辽政权，花刺子模也向东扩张，占领西辽的西部地区。因为前面的路非常难走，又有一辆车坏了，因此丘处机等人在这里停留了一天，十八日沿着山继续往西。七八天之后到达塔拉斯城，此时山势转而向南，继续沿着山走了5站路，到了赛蓝城（今哈萨克斯坦奇姆肯特城东），回纥王前来迎接，住在城内。

　　十一月初连着下了很多天雨。十一月四日，当地的穆斯林过开斋节，相互庆贺。这一天虚静先生赵道坚病危，次日去世了，大家把赵道坚埋葬在城外东边的平原上，又上路了。往西南方向过了两座城，城主热情迎接，请大家吃中亚特色食品汤饼。再走两天，来到锡尔河。过河后住西岸，管理河桥的官员给田镇海献上河中出产的大鱼。锡尔河自东南向西北流淌，水势很大，往南有大雪山，和撒马尔干的南山首尾相连。

　　又经过几座小城，到十一月十八日，来到了撒马尔干大城之北。太师耶律阿海和蒙古、回纥的首领都来到城外迎接，搭起了帐篷。刘仲禄也因为前面道路不通，所以停留在这里。他说："不久前听说前方千里外有一条大河，用船架起的浮桥可以过河。然而浮桥被土匪破坏了，而且现在已经到了深冬时节，师父还是明年春天前去朝见吧。"于是大家决定暂时在此过冬。

　　撒马尔干城的城墙是绕着河堤修建的，这里夏秋两季缺少雨水，所以当地人把绕城的阿姆河水引入城中，修建了很多水渠，大家都可以方便地用水。花刺子模国没有被攻灭的时候，城中有十多万户人口，现在只有约四分之一幸存，大多数是回纥人。当地的回纥人地位比较低，没有自己的土地，必须依附汉人、契丹人、河西人才能生活，长官也不由当地人担任。

　　城中有一座算端的宫殿，耶律阿海太师曾经住在宫中，后来因为

·欧·亚·历·史·文·化·文·库·

粮食供应不足,常有盗贼出没,因此搬出城外住了。因此丘处机等住在城里的宫殿中。丘处机说:"修道之人随遇而安,逍遥自在,就算是刀子架在头上也不会有所畏惧。况且盗贼还没有来,何必要提前担心呢?而且善恶分途,不会相互侵害的。"于是大家都觉得安心了。

耶律阿海太师请求丘真人为其作斋醮,献上黄金和绸缎,丘处机推辞不受,于是耶律阿海每月供应米面、油盐、果菜等,非常尊敬真人。他见丘处机很少喝酒,担心他觉得酒不够好,于是让人用100斤葡萄酿新酒。丘处机说:"何必酿酒,只要给我一些葡萄招待宾客就可以了。"

当地有很多中原难得一见的动物,如孔雀、大象等,都是从印度运来的。葡萄非常好,过一个冬天也不会坏。

刘仲禄和田镇海派遣曷剌等人带着几百名士兵前去探路。闰十二月末,侦察的骑兵回来说:"察合台太子的军队已经修好了舟桥,土匪也被消灭了。曷剌去拜见了太子,告诉他师父要去朝见大汗。太子说:'大汗现在在大雪山东南扎营,现在大雪堆积在入山口处100多米,无法通行。但这是必经之路。请师父到我这里来等待吧。从撒马尔干城中派蒙古士兵护送。'"丘处机长途劳顿,已经不想继续跋涉,而且撒马尔干是中亚的重镇,有不少汉族知识分子在此留守。在这里,丘处机结识了耶律楚材,他们常常一起作诗、出游、赏花,相互唱和,非常开心。他对刘仲禄说:"我听说阿姆河以南千里之内都没有庄稼,我吃饭必须有米面和蔬菜,请你汇报太子殿下。"

1222年正月,巴旦杏开始开花,巴旦杏有小桃子那么大,主要吃杏仁,是一种美味的干果。二月二日春分,杏花落了。撒马尔干城内有很漂亮的大片园林,丘处机和当地的士人常常去院子里春游作诗。三月上旬,阿里鲜从成吉思汗处前来传旨:"真人从日出之地前来,翻山越岭,长途跋涉,辛苦之极。现在我已经回来了,非常想尽快听真人讲道,请暂时忍耐疲劳,前来见我。"还有给刘仲禄的圣旨说:"你手持我的诏书,前去寻访真人,做得很好,我一定会奖赏你。"又对田镇海下旨:"你护送真人前来,很辛苦,我会嘉奖你。"跟随阿里鲜来的还有负责护送真人的万户播鲁只代领的1000名士兵。

丘处机向阿里鲜询问路途的情况,阿里鲜说:"我们正月十三从这里出发,快马奔驰3天,过了东南方向的铁门关,又走了5天,过大河,二月初过了大雪山。积雪很厚,用鞭子插进雪里测量厚度,鞭子的长度还不到积雪的一半厚。再往南走3天到了大汗的行宫,禀报说师父到了,把详细情况一一上奏。大汗很高兴,让我们住了几天才回来。"

于是丘处机把尹志平等3位徒弟留在撒马尔干,自己带着五六个人跟着刘仲禄等,于三月十五日启程,4天之后过了铁门关。往东南要过一座大山,山势险峻,山脚下乱石堆积。士兵们拉着车,走了2天才到山脚。7天之后渡过阿姆河,再走4天,终于到了成吉思汗的行营,大汗派遣大臣曷剌博得前来迎接,这一天是四月五日。

安排好住宿后,丘处机就立刻和大汗见面了。一走进帐篷,大汗就慰劳真人说:"其他国家征召,你都没有答允,却不远万里来到我这儿,我非常高兴!"丘处机说:"我身为山野粗鄙之人,奉诏来到这里,这都是天的旨意啊。"大汗赐真人坐下。吃过饭后,大汗迫不及待地问:"你远道而来,有什么长生不老药可以给我吗?"丘处机说:"我有养生之道,但没有长生之药。"成吉思汗虽然失望,却非常赞赏丘处机的诚实,于是让真人一行住在东边的两座大帐篷里。大汗派翻译来问:"他们都把师父您称为长生的仙人,这是您的自称,还是别人的称呼啊?"丘处机说:"这不是我的自称,是别人给的称呼。"翻译回奏之后又来问:"那以前人们怎么称呼您?"丘处机说:"我们一共有4个人跟王重阳先生学道,其他3人都早已经得道成仙羽化飞升了,只有我还留在人间。人们称呼我为先生。"

大汗问田镇海:"应该怎么称呼真人呢?"田镇海说:"人们一般尊称其为'师父'、'真人'或者'神仙'。"大汗说:"从此以后,我要称他为'神仙'。"于是约定四月十四日讲道,由田镇海、刘仲禄、阿里鲜和另外3位侍从作记录。快要到这个日期时,有报告说:"发现回纥山贼前来挑战。"其实是上年攻下的巴里黑城叛乱了,当地的居民杀死了留守的蒙古官员和蒙古人选任的当地长官。面对这种情况,成吉思汗打算亲征。于是重新占卜吉日,约定十月讲道。因为蒙古人非常怕热,此时天

171

气已经开始变热,成吉思汗的军队在雪山中避暑。丘处机请求回撒马尔干城居住。大汗说:"十月再过来,不会非常烦劳吗?"丘处机说:"20天就可以到,没有关系。"于是 3 天后命令杨阿狗率领回纥酋长带着1000 多名士兵护送丘处机回到了撒马尔干大城。到达的时候,正好是五月初五端阳节。

撒马尔干位于河中地区,这里的土地很适宜农耕,四月中旬小麦就成熟了。但中亚最美味的还是瓜果。这里的瓜有斗那么大,10 个就可以装满一担,甘甜可口,气味芬芳,中原的瓜是远远比不上的。其他的蔬菜果品也很丰富。这里的人们流行戴缠头,需用六七尺布料,有的用白布,有的缠头是黑色或紫色,主妇的缠头上绣着花卉或各种繁复的图案。这里的风俗习惯颇有民族特色,丘处机一行人大开眼界,他们特意描述了当地的袍子,用布缝制而成,上窄下宽,封着袖子,当地人把它叫做"衬衣",男女都可以穿。中亚使用的器皿也和中原很不相同。中原多用瓷器,而中亚使用的大多是黄铜器皿,酒器都用琉璃制作,武器是镔铁制作的。市场交易使用金属钱币,但钱上没有孔。

当地有文化的人都是伊斯兰教士,他们负责掌管一切文书档案,每个伊斯兰历年的最后一个月都要斋戒。太阳初升到落下这段时间之内都不能吃东西。太阳落山之后可以进食,长者亲自切羊肉,大家一起分享,有的时候一直吃到天亮之前。其余的月份有 6 次斋戒。

他们在房间里会放一个像飞檐一样伸出来的大木板,长宽都有一丈多。上面建一亭子,每天早上和晚上,教长站在那里,向西方礼拜,呼喊吟诵,被称为"告天"。当地的人听到后,都会赶来在下面做礼拜。全国的人都这样做,如果不照做就会被处以死刑。当地没有佛教和道教的教徒。伊斯兰教士的服装和常人差不多,只是他们缠头的布有三丈二尺长,里面用竹子撑着。

丘处机等人第一次来到伊斯兰教国家,看到这些觉得很好奇,于是都记录在了书里,一路上还写下了不少诗歌。

七月十六日,丘处机派阿里鲜去成吉思汗处,禀告讲道的日期。八月七日阿里鲜带回了大汗的批复。次日就上路了。太师耶律阿海护送真人走了几十里。当时城东有 2000 户人造反,每天晚上灯火通明,人心不安。丘处机让耶律阿海回去安抚,太师说:"师父如果在路上有什么不测怎么办呢?"丘处机说:"放心,不会连累到你的。"于是耶律阿海就回去了。

八月十三日他们遇到了前来迎接护送的士兵 1000 多人,还有骑兵 300 人。进入大山,沿着山谷向东南前行。路上遇到了盐湖,周围结成盐块像冰一样。于是他们运走二斗,以备途中使用。十四日到铁门关西南,中秋时到达河岸,过河后遇到了特意赶来相见的窝阔台太子的医官郑景贤。郑景贤是一位修道之人,喜欢炼药养气,跟丘处机很有共同语言。

一行人继续向东南行走,晚上到了班里城(就是巴里黑,今天阿富汗的巴尔赫省首府马扎里沙里夫附近),这里刚刚发生了叛乱,被大军镇压之后屠城,剩下的人也都逃走了,几乎成为一座空城。大家住在城中。次日黎明吃过饭,又往东走。二十二日,田镇海前来迎接。

到达行宫之后,成吉思汗派田镇海询问丘处机:"真人是休息一会呢,还是立刻就见面?"丘真人希望立刻见面,成吉思汗很高兴,赐给他奶酪,并且问他供应的衣食物品是否够用。第二天,大汗又派侍卫官合住来问丘处机:"真人每天来我这里吃饭,可以吗?"但丘处机拒绝了,他说:"我是山野修道之人,只喜欢安静独处。"于是大汗下圣旨,不要拘束,让真人按自己喜欢的方式去做。

二十七日,一行人向北返回。在路上,大汗多次赐给丘真人葡萄酒、瓜果蔬菜等食物。九月一日,丘处机禀奏:"约定传道的日子就快要到了,请召唤耶律阿海太师。"到约定的九月十五日,成吉思汗为了传道之事,设立了庄重的道场,灯火辉煌,命令侍女和左右侍从全部退下,只有负责翻译的耶律阿海、阿里鲜留下来。丘处机说:"刘仲禄不远万里前去寻访迎接我,田镇海亲自千里护送,我希望他们也能进入帐篷听我传道。"于是大汗又把刘仲禄和田镇海召来。丘处机说一句,耶律阿海就翻译成蒙古语。成吉思汗对此很满意。

九月十九日晚上,大汗又请丘处机再讲一次。两次讲道之后,二十

·欧·亚·历·史·文·化·文·库·

三日,大汗请丘处机前来,把之前讲过的内容再复述一遍,请侍从记录下来,而且为了内容精确、永久保藏,是用汉字书写。写完之后,成吉思汗对左右侍从说:"神仙三次为我讲的养生之道,非常珍贵,你们不可泄露出去。"

4.3　丘处机所传之道

因为成吉思汗命令丘处机所讲授的道法,不得泄露出去,因此李志常没有将具体内容写进《长春真人西游记》中。但是这些内容被耶律楚材记录下来,变成一本书叫做《玄风庆会录》,收入了《道藏》中,我们现在还可以看到。《玄风庆会录》的署名是耶律楚材,但从明朝开始,就有学者认为不太可能是耶律楚材所撰,之后也有很多人同意这种看法。有人认为是当时的翻译耶律阿海所记录的,名字被误写成耶律楚材;有人认为是全真教的徒子徒孙根据丘处机事后的回忆辑录而成,为了反驳耶律楚材批评丘处机和全真教的书《西游录》而作,名字也故意题为耶律楚材。如果后一种说法成立的话,那么这书里所记载的内容就未必可靠。但现在有学者经过种种考证,认为《玄风庆会录》的确是耶律楚材所编辑的。他编辑这本书的时间是在元太宗窝阔台汗五年(1233)。这一年,蒙哥汗征伐金朝获得胜利,接受了金朝政府的求和之后,率师北还避暑。蒙哥汗在返回漠北的路上得了一场大病。也许正是由于这个原因,耶律楚材受命将丘处机向成吉思汗讲授的养生长寿之术编撰成书。因此这本书所记录的内容,基本上还是可信的。

其实丘处机讲述的内容很简单,并没有什么呼吸吐纳,内功秘籍。因为全真派本来就不是注重符箓秘术的传统道教,而是讲究修炼心性的一派,虽然早期也有一些内丹修炼的法门,但并不是教法的主要内容。而且即使给蒙古的大汗讲述呼吸吐纳之法,只怕大汗也难以理解,无法照做。

首先,丘处机知道蒙古人最崇拜的是长生天,因此他先对成吉思汗讲解了道的含义,告诉他道比天更大,更值得尊崇。他说:

道,生育了天地、日月和星辰,无论神鬼人类还是世间万物,都是从道中所生。然而人们只知道天之大,不知道道之大。我们所修习的,就是这个至大的道。我抛弃亲友,出家修行,就是为了学道。

　　之后他又向成吉思汗解释了欲念对于修身养性、长生得道的妨碍,因为这种观点与蒙古人的生活观念极为不合。因此丘处机在禁欲这个方面长篇大论,反复论述,列举纵欲不节的种种害处,以扭转成吉思汗的观念:

　　最初,道生天地,天地开辟之后生出了人。人刚刚出现的时候,身上有神光笼罩,行走如飞。人们吃地上生长的野菌,不需要烹调,也不要烟火。然而由于野生的菌类也有香气,有好吃与不好吃之分。因为人们喜好美味的食物,追求香气,欲望逐渐产生,开始烹调和选择食物,身体逐渐变重,神光也慢慢消失了,这是由于他们有了各种情感和欲望。

　　由于这个原因,学道的人,不去凡俗之人喜欢去的地方,不居住在凡俗之人喜欢住的地方,不喜好各种美妙的声音,不追求美色,认为清净是最大的快乐,拒绝各种美味的东西,认为清淡是最好的味道,不求名利,没有执念,只要心中还有执念,就无法理解更无法达到至大之道。

　　丘处机在向蒙古大汗解释欲望的害处时,用了一个"气"的比喻,把人体的气比喻为气球中的气。实际上道教所谓的气与普通的气并不完全一样。我们平常所说的"精气神",在道教书籍中常常写作"精炁神",这里的"炁",与"气"读音相同,但含义不同。"炁"在道教理论中被认为是一种神秘能量,用在人体时,指构成人体和维持人生命活动的能量,它既可以指全身的能量,也能指各个经脉中的不同能量。用在风水地理上时,"炁"是一种意识流,相当于"场"的概念。但这样说的话,蒙古人是理解不了的,因此丘处机模糊了"炁"和"气"的界限,用气球中的气作为比喻,虽然本质上是两种概念,但这个比喻还是非常巧妙的,可以让成吉思汗很形象地理解"炁"的作用。此外,道教理论

175

中"精气神"的概念，由于下面还会反复提到，在此略作解释。精、气、神均有先天、后天之分。简单地说，精相当于物质，先天之精指人出生之前形成身体的本质精华；后天之精指人摄取饮食水谷，由脾胃运化之后吸收的营养物质，也可以狭义地指肾精。气相当于能量，分为先天之炁和后天之气，先天之炁指元初的能量，又叫元炁；后天之气也就是我们的呼吸之气，即宇宙外在之气。神相当于精神，先天之神指元神，也就是道家修炼所要达到的目标；后天之神指识神，指我们的神智、认知能力等。当然，这些道家的概念都是非常玄妙的，不能跟我们现在的名词作简单对应，上述解释只是让读者大概知道它们相互之间的关系。在以下这一段中，丘处机主要讲述气的概念和作用：

> 如果你还执著于眼中所见的万物美丑，耳中所听到的声乐韵噪，口中所尝到的人间百味甘苦，心中的喜怒哀乐各种感情，那么你的元气就会散去，无法凝聚。我们以气球为例，当里面充满气的时候，气球就圆滚滚的，看起来非常健康，如果漏气了，气散去就会干瘪。人也是这样，最重要的就是气，如果心中有各种执念，追求世间万物，元气就会损耗，就像气球漏气一样。

> 天道生成二物，分别是植物和动物。花草树木之类就是植物。植物没有意识，只要有雨水浇灌，就自然能够繁荣茂盛。人属于动物，既然能动，就会有各种感觉和情绪。如果没有衣服穿，没有食物果腹，如何能够生活呢？所以需要打理自己的生活。从早到晚忙活生计，身体就被口腹之欲拖累。所以元气往往散去而不能凝聚。

> 男性属阳，属火；女性属阴，属水。唯独阴能消阳，水能克火。所以修道的人，第一要戒除的就是女色。忙碌于生计衣食，劳神费心，虽然会损耗元气，但损耗得比较少。如果贪色纵欲，不但消耗精力，更损伤元气，且损伤得多。

大概讲述了纵欲耗损元气、节欲保存元气的道理后，丘处机又把气分为阴气和阳气，以此阐明修炼之后可以飞升成仙，是因为阳气上升、阴气下沉的道理。为了让大汗理解阳气和阴气的不同，他又用了水和火的比喻。这一套理论虽然简单,但颇为圆满,可谓深入浅出。也许丘处机已经事先了解到蒙古人格外崇拜火,因此举了这样的例子。成吉思汗听后心中敬信也是理所当然了:

> 天道生成两仪,轻且清者为天,天属阳,属火;重且浊者为地,地属阴,属水。人居于天地之间,背负阴面抱阳,身体内有阴阳二气相生相克。所以学道的人想要修炼,就应该摒弃不必要的欲望,固精气,守神志,一心修炼自己的阳气,最终达到体内的阴气消去,留下的全都是阳气,就能够升天成仙,就好像火焰往上飞升一样。那些愚昧痴迷的人,好酒贪杯,常常有非分之想和非分之举,纵情恣意,追求享乐,消耗精力,损伤神志,因此阳气衰竭,阴气旺盛,最终沉入地下变成鬼,就好像水向下流一样。

> 学道修真的人,就好像推着石头上山,举步维艰,稍有不慎就前功尽弃。因为这件事如此艰难,所以世上没有人愿意去做。不遵行此道而追求欲望的人就好像扔石头下险峰,越往下越容易,一霎就坠落到底,一去不回。因为这件事如此容易,所以世间的人都这么做,没有人醒悟。

面向帝王说法,与对普通人传道不同,这也是宗教人士对待君王的一项惯例。金世宗在大定二十二年召太一道二祖萧道熙入内殿,询问摄生之道。萧道熙对他说:"呼吸吐纳,以清虚自守,这都是山林间野人所追求的。现今朝廷清明,您作为皇帝,只需要公允清明,执中庸之道,恭敬律己而无为就可以了。"因为君主对内统治国家,掌握生杀大权,对外又必须征伐四方,平息叛乱,除去这些不论,皇帝传宗接代的任务比普通人也重要许多,不可能完全戒除色欲,此外每日都有大量日常事务需要处理。身为一国君主,很难清心寡欲,更不用说完全禁欲了。因此让帝王接受宗教中禁欲、清净无为的观念似乎不太可能。面对皇帝的时候,宗教人士往往提出行善、爱民等,作为更重要的修炼方法。丘处机这样说道:

> 我之前所说的修炼之道,乃是平常人所用的方法。身为天下的君主,修炼的方法又有所不同。陛下本来是上天派来的,负有天

命之人,是上天借用您的手,除去世间残暴的统治者,让您成为众生万民的父母。您应该谨慎地行使天命,除暴安良。您就是代替上天,整肃乱世的人,将会战胜种种艰难,一旦功成,到达大限,就会升天,回到您在天上的位置。

说到这里,丘处机趁机劝说大汗取消拣选民间秀女的命令。成吉思汗西征的同时,派木华黎经略华北地区。1215 年,木华黎攻下了金中都,然后逐个攻破河北山东的各个城池,到 1222 年,黄河以北已尽为蒙古所有。因此成吉思汗派人在中都等地挑选美女。丘处机说:

您在世间的时候,应该减少声色之娱,不要过于追求美食美色,减少自己的欲望,这样才能够身体健康,长命百岁。普通的人娶一位妻子,尚且对身体有所损害,更何况天子有诸多嫔妃,怎么能不大大地损伤元气呢?陛下您的妃子和宫人如此之多,之前还听说命刘仲禄在中都等地挑选处女,以充实后宫。我听说《道经》里有这样的话:"不见可欲,使心不乱。"也就是说不要让自己见到会引起自己欲望的东西,心就不会乱。一旦见到,想要戒除就比较难了。希望您在这件事上再深思。

对丘处机提到的禁欲要求,成吉思汗难免感到犹豫。这位大汗后妃的数量极多,据《史集》记载有 500 多位。在成吉思汗心目中,征服天下的目的,就是财富和美女。1211 年,成吉思汗率军征伐金朝,1214 年包围了金朝的中都,将领们请求他乘胜攻破都城,他却没有同意,而是派遣使者要求让对方献出美女和财物以平息诸将的怒火。得到了金朝的公主和马匹三千之后,他就率军北还了。因此对于成吉思汗来说,美女是重要的战利品,是四处征战的意义之一。如果不能得到美女和财富,那么打仗和征服还有什么意义,如果不能征服四方,那么人生还有什么意义。面对这样的疑问,丘处机又详细地向大汗阐述"真我"的存在、人生的最终归宿和真正的快乐。

人们通常认为身体就是真正的自己,其实这是一种假象,自己的这个身体是从父母那里得到的,是一个虚假的外壳。而一个人的元神,能够思考、忧虑。有时醒来有时睡去的元神,是从道中

178

得到的,这才是真我。如果一个人能够行善,他的元神就可以升天,成为神仙;一个人作恶,元神就会进入地狱,变成恶鬼。从道中产生出各种各样的人和物,就好像用金子炼成了各种各样的器皿。如果把器皿高温烧熔,就又变回到金子。人能行善的话,元神就能够返回为道,就好像器皿又变回成金子一样。

人间有各种美食美色、华贵的服饰,普通人以为享受到这些东西就是快乐,其实这并非真正的快乐。世间人以妄念为真实,以痛苦为快乐,实在悲哀。殊不知,天上至高的快乐才是真正的快乐。

我们因为修道的缘故,离开了父母,住在深山岩洞之中。跟我同时学道的一共有4个人,除了我之外,还有刘处玄、谭处端和马钰。他们3人已经功德圆满,得道飞升。而我的时限还没有到,现在仍在辛苦修炼,每天只吃一顿饭,只吃一盆粥,就这样恬然自得,等待时限到来的那一天。

"真我"、"真乐"等概念对于成吉思汗来说,还是过于抽象了,因此丘处机又使用了更加形象、更接近于人间社会的形式来向成吉思汗讲解修道成仙的好处。他把人间的地位照搬到了天上,告诉大汗,天上的世界才是真正的世界,才是身为君王本来所处的世界,而在人间的短暂日子,只不过是为了将来回到天上之后得到更高地位和更多快乐而经受的考验。这种把现世归于虚幻的理论是从佛教中吸取的,然而天上的神仙也论资排辈,地位高低不同,用将来在天上更高的地位来诱导人们在人间行善和禁欲,这种功利性的说法,倒颇有道教的风格。

此外,对于是否能够成仙,成吉思汗也有所怀疑,成仙会是一件容易的事吗,具体应该怎么做呢? 为了解决这种畏难情绪,丘处机引用了古代很多神仙故事中的典故,向成吉思汗说明从古到今,有无数从天而降的经书里记载了成仙的方法。上天屡屡降下经书,可见天的意思是希望人们行善成仙的,只要照着经书所写的去做,成仙就不难。这里丘处机提到的干吉受《太平经》,天师张道陵受《南斗经》、《北斗经》,王纂、寇谦之受经等故事,今天我们还能在《神仙传》、《太平广记》等书

179

中看到。由于大汗对于禁欲较为抵触，所以丘处机首先讲述了修习外功，即行善、爱民的重要性：

世间大富大贵之人，能够拯救万民，安贫济世者，非常罕见。如果能够积累善行，替天行道，就不必担心不能成仙。中国从古到今，上天屡屡降下教化世人的经书，劝人为善，大河南北、全国各地都有。东汉的时候有一位叫做干吉的，受《太平经》150 卷，里面记载的全都是修道、治国的方法。中国的道人念诵真经，努力实践，就可以获得福缘，成仙得道。又有东汉桓帝永寿元年（155）正月七日，太上老君降临蜀地临邛（今天四川省邛崃市临邛县），传授给天师张道陵《南斗经》、《北斗经》和《二十四阶法箓》，各种经籍共有 1000 多卷。西晋时期，医生王纂遇到了太上老君的法驾从空中降临，赐给他经书数十卷。北魏时，天师寇谦之住在嵩山的时候，从太上老君处接受了道经 60 多卷。这些经书里全都是修心养心、修道成仙、祈福禳灾、扫除魑魅、拯救疾病的法术，其他还有很多很多的经书，在这里不能一一细说了。

上天降下经书的意思，是希望从古到今的帝王臣民，全都能够行善。经书的内容太多，请允许我大概陈述其要义：天地所生万物之中，人是最最贵重的，所以人的数量很少，就好像麒麟的角一样难得，然而万物纷纷然然多如牛毛，并不稀罕。既然我们获得了最贵重最难得的人身，就应该走向修真之路，行善事，修福缘，最终得妙道。上至君王，下至平民，尊卑虽然不同，然而性命是一样的。帝王本是天上的神仙，被贬降到人间，如果在人间行善修福，重新回到天上的时候，就能够得到比之前更高的位置。如果不行善事，不修福，那么回到天上的时候，位置就会下降。天上的神仙如果没有什么功劳，就会被命降至人间修福济民，然后回到天上，才能得到高位。起初轩辕氏接受天命，降临世间，第一世当了普通平民，第二世当了大臣，第三世成为君王，济世安民，积累了很多功劳，做了很多善事，在人间的时限满了之后重新回到天上，位置比之前还要尊贵。

讲完外修的内容,无论如何还是必须再强调内修的功夫。由于长期征战、酗酒、纵欲,此时成吉思汗的身体已经比较衰弱,如果不能认真保养的话,身体状况只会每况愈下,届时发现行善等功德对于保命养生没有什么用处,难免触怒龙颜,惹出大祸。丘处机左思右想,还是得从戒欲说起:

陛下修行的方法应当是,外修阴德,内修精神。对外体恤人民,保全天下,这就是在外的功德;对内则减少欲望,保养精神,这是对内的功夫。

对内修行,尤其应该注意戒色。人以饮食为本,吃下去的东西,清的部分变成了精气,浊的部分就成了便溺。如果贪图美色,恣情纵欲,就会耗损精神,丧失精气,人就会逐渐衰弱疲惫。陛下应该注意自己的身体,一夜行房一次已经是很严重的损害,更何况纵欲呢?虽然不能完全戒除女色,但应该有所节制,这样就距离得道很近了。

人的神志是子,精气是母。气通过眼睛出来就是眼泪,通过鼻子出来就是鼻血,通过口舌出来就是津液,从身体表皮出来就是汗水。精气在体内运行就是血液,在骨骼之中就是骨髓,在肾脏之中就是肾精。一个胎儿在母体中逐渐成长,待到气发育完全,就呱呱坠地,降生人间。人的年龄越来越大,气消竭之后就会死去。气盛的话身体就很年轻,气衰就逐渐变老。如果能够保持体内的气长久不散,就会神志清明、身体健壮,就好像孩子有母亲时,生活无忧,身体健康。如果气散去,就会神志不清、身体衰弱,好像孩子失去了父母,没有依靠。其实神志和精气本来是一体同源,相互转化。陛下可以尝试一个月单独就寝,必然会觉得精神清爽、筋骨强健。

由于禁欲对于大汗来说还是比较困难,于是大汗询问丘真人,是否有什么灵丹妙药可以补充精气。全真道本来是道教内丹派,对于外丹一派的炼丹采药之术并不认同,认为无论什么丹药,都不能替代自身所修炼的内丹,丘处机当然也不会向大汗提供什么丹药,而是继续

·欧·亚·历·史·文·化·文·库·

劝说其戒欲修身,他说:

> 古人曾经说过:"长年服补药,不如独自睡一宵。"药其实是草木所制,而精气是精髓所化,每天耗费精气,即使服用草药,又有什么用呢? 这好比口袋里本来装满了金子,金子用掉之后就把铁块放进去,久而久之,金子用完了,虽然口袋还是满的,但只是一袋铁而已。这和服补药的道理一样。

> 古人是为了传宗接代,所以才娶妻成家。先师先圣周公、孔子、孟子等都有儿子。孔子40岁就不再为美色所惑,孟子40岁就不再动心。人到了40岁以上,气血已经开始衰竭,所以要注意戒色。陛下的圣子神孙已经有很多,不再有传宗接代、立子嗣的问题,现在应该开始保养、戒欲,为自己的身体做打算。

成吉思汗一生戎马,至此已创立辉煌霸业,他的4个儿子都已成年,立下赫赫战功。1219年西征之前,在也遂皇后的劝说下,也决定了汗位的继承人。可如此说来,人生若没有了美酒、美食、美女等种种乐趣,似乎也没有太多值得留恋的。既然修道这么辛苦,能否早日升天,享受天上的真乐呢? 丘处机一听此言,立刻解释,必须尘缘已尽,时限到了,才能升天,时限未至是不能升天的。他还举了宋徽宗和林灵素的例子。因为北宋末年宋徽宗重用林灵素,导致政治腐败、国家混乱,士大夫都非常不满,所以丘处机用这个例子来劝说大汗,是耶律楚材对他不满的原因之一。其实丘处机的意思只是说,像您这样想的皇帝不止您一位,宋朝有一位皇帝就曾经有过这个念头,但这是不可能的:

> 宋朝有一位皇帝,本来是天上的神仙。有一个神仙叫做林灵素,他带着皇帝神游上天,于是皇帝看到了自己在天上所居住的宫殿,匾额上题着宫殿的名字,叫做"神霄"。皇帝在天上发现自己不会饿也不会渴,没有冷热的感觉,逍遥无事,快乐自在,希望永远住在天上,再也不要回到人间。林灵素劝他说:"陛下是接受天命降临人间的,还有当天子的任务没有完成,时限没有到,怎么能永远住在天上呢?"于是皇帝又回到人间。后来女真国的太祖皇帝派大将攻打宋朝,宋朝的皇帝来到北方,最终老死在上京。由此

可知，天上的快乐比人间多一万倍也不止。但是因缘没有终了，也不能遽然回到天上。

　　我早年出家的时候，同道共有 4 人。他们 3 人都已经飞升成仙，就好像金蝉脱壳一样，只留下凡间的肉体，元神脱壳而去，能够随意化身，无处不可去。我万般辛苦，但仍未能飞升化去，就是由于因缘未到的缘故。

既然不能提前成仙飞升，那么只能在人间修炼了。成吉思汗对丘真人坦言：控制自己的欲望是一件非常困难的事，就算明白了必须禁欲的道理，明白酗酒对身体的危害，可是面对美酒、美色的诱惑，还是很难忍得住啊。丘处机告诉他说，控制情绪的确是非常艰难的，但贵在坚持，心中没有杂念，控制欲望就较为容易。身为君主禁欲更加困难，如果不能全部戒除的话，只要稍有节制，就已经很好了。除了戒除欲望之外，还应该注意尽量减少自己的喜怒哀乐各种情绪，这些情绪过于激烈，对于身体也是有害的：

　　人还没有出生的时候，存在于大道之中，没有冷热、饥渴等感觉，心中没有任何忧虑烦恼，那才是真正的快乐。出生之后，有了身体，眼睛能够看到颜色，耳朵能够听到声音，舌头能够尝到味道，能够进行各种思考，产生了各种情绪，因此出现了种种痛苦和烦恼。古人因为人的心意无法控制，所以把心比喻成猿猴，把意念比喻成奔马，称为心猿意马，这说明人的情绪是多么难以控制。古人说："猛兽很容易被降服，但是人的心却很难收服。"因此控制自己的内心，就是成道升天的捷径。道士修炼内心，让自己的心中不产生任何意念，让心境达到完全的空虚，就好像平静的水面上没有一丝风。如果水面平静没有波纹，那么里面就能够清楚地映照出万物的影子。如果有风从水上吹过，水面上泛起波纹和沉渣，还怎么能照出世间万物呢？人原初的真性，本来静如止水。后来因为眼睛看见美色，耳朵听到悦耳的声音，口舌品尝出美味，意念执著于世间之事，这些东西蜂拥而来层出不穷，就好像大风在水上吹起了波浪。

183

　　道士最初修炼内心的时候,非常艰难,年深日久,功力渐深,就逐渐达到了无为的境界。道士抛弃一切,出家修行,所拖累自己的,无非是一个身体。这种情况,修炼内心还如此艰难,更何况天子拥有四海万民,日理万机,修炼内心怎么可能容易呢?只要是对欲望稍有节制,平常的所思所虑稍微减少,就已经能获得上天的护佑,如果能全部戒除就更好了。

　　最初轩辕黄帝制造弓箭,发明兵车,征服天下,成功之后,向仙人广成子请教修身养心之道。广成子说:"你只要记住'无使思虑'这一句话就够了。"我认为修身之道,最重要的是要中和,过于愤怒就会伤身,过于高兴就会伤神,思虑太过就会伤气,这三种情绪对于修行都大有损害,应该尽量戒除。

　　陛下既然知道了只有元神才是真正的自己,身体只是虚幻的外壳,那么凡是看到美色觉得心动的时候,就应该反思身体是假的,元神才是真的,这样就可以停止对美色的欲望。人生的寿命如此难得,就好像鸟兽每年产子,可是幼鸟和幼兽往往过不了多久就会夭折,能够长大变老的只是极少一部分,婴儿也是一样。所以,人能够活到二三十岁,已经算是下寿;活到四五十岁可以算中寿;若能活到六七十岁,已经是上寿。陛下您现在已经进入上寿的阶段,应该多行善事,修道德,保长生,争取达到高寿之年。出家修道之人,穿破破烂烂的衣服,吃粗糙无味的食物,不积累财物,就是唯恐美衣美食钱财之物伤害身体、折损福寿的缘故。即使道士不出家,在家修行,饮食起居、珍宝财物方面,也应该够用就好,不可过分。

　　丘处机在这里提到的二三十岁为下寿,四五十岁为中寿,六七十岁为上寿,并不是一个传统的说法,传统对于上寿、中寿、下寿的说法各有不同。道教经典《太平经》中说:"上寿一百二,中寿八十,下寿六十。"东汉的王充所写的《论衡》说:"上寿九十,中寿八十,下寿七十。"唐代的孔颖达为《左传》作疏,说"上寿百年以上,中寿九十以上,下寿八十以上。"总之,无论如何丘处机所说的这个上寿、中寿、下寿标准也过低了。也许是金元之际，战乱频繁，因此大家的平均寿命普遍缩短，更可能是为了把成吉思汗算进上寿里去，因此造出了这样的说法吧。

丘处机提出不可积聚财物，成吉思汗不免有些奇怪，他征战四方，得到无数珍奇异宝，这些东西样样都不可多得，难道全部都要丢弃吗？丘处机对他说：

> 普天之下，四海之外，大大小小的国家不知道有多少个，每个国家都出产珍奇异宝，但无论是什么珍宝，都比不上我中原上天所降下的经书，其中所载全都是治国修身之术，每每有奇人异士照此修炼，得道升天。这些天将奇书才是最珍贵的宝物啊。

讲完修身之道后，丘处机向成吉思汗提出了派遣廉洁干练的官员管理山东、河北，并减免当地赋税的请求。当时山东和河北已经全部属于蒙古，但以游牧和征战为主要生活方式的蒙古人并未对这些地区进行有效的管理，因此河北、山东出现了很多汉人军阀，这些军阀各据一方，相互混战。因此丘处机劝说成吉思汗派人担任华北地区的最高长官，使得社会安定，人民安居乐业。这对于丘处机本人来说，也是在积累外功，行善修道：

> 山东、河北是闻名天下的富饶之地，大量出产优质的粮食、蔬菜、海产、丝绸、桑蚕、海盐等物品，可以供给全国各地使用。自古以来能够得到山东和河北两地，就能建成称霸一方的大国。所以这里历代都是称王称霸者的必争之地。现在中原地带战乱频繁，民不聊生，流离失所。应该派遣了解当地地理出产与风俗民情、熟悉政务、小心谨慎、有才能的官员进行管理，规划政治，发展经济，免除当地三年的赋税，使国家和军队有足够的丝帛供应，也使当地的百姓得到休息，安居乐业。这是一举两得的善举，也是使人民安定、让天下百姓为您祈福的好办法。天下百姓都为您祈福，必然能得到上天的护佑，就能够无往而不利。

听了丘处机的请求，成吉思汗一口答应。他没有想到丘处机身为出家修行的道士，对于国家大事也有自己的看法，于是成吉思汗继续询问治国安民之道，请丘真人畅所欲言，不要有所保留。丘处机说：

·欧·亚·历·史·文·化·文·库·

我从万里之外，一听到您的征召，不怕路途遥远，立刻前来，修身养命的方法既然都已经毫无保留地告诉了你，治国安民的方法又何必吝惜。我之前所说的安定山东、河北的事，只要派遣清明能干的官员前去，按照以上所说的方法规措谋划，一定能够符合上天的希望。如果这件事情交给了没有才能或者贪污成性的人，不但没有好处，反而有害。

最初金朝得到天下，因为起自东北，不熟悉中原的人情风土，因此封宋朝的官员刘豫为王，建立齐政权，经略八年，然后才亲自进行统治。这也是开创事业的良策，不妨考虑这种方法。

至此，丘处机的讲道基本已经结束。然而这些道法如此难以实行，不但要行善，而且要戒欲，对于蒙古国的大汗来说，简直有些强人所难。但是效果究竟如何，成吉思汗难免还想求证明白，于是丘处机举出金世宗为例，说金世宗在大定十年（1170）听自己讲道之后，身体状况有了极大改善，因此得以在位30年。金朝屡次征召丘处机，成吉思汗也有耳闻，因而对此深信不疑，对丘真人更是大为敬信。

实际上世宗在位只有29年，于大定二十九年（1189）正月驾崩，而他请丘处机进京讲道已经在大定二十八年（1188），距离他去世只有不到一年时间。大定二十七年（1187），金世宗还曾经请全真七子中的王处一前去讲道，所讲道法的宗旨大约与丘处机所说相似，但金世宗显然并未因听了全真教传授的道法而增寿。这里举虚假事例宣传全真教修炼方法的效果，也是后来耶律楚材对丘处机不满的原因之一。但可以肯定，这种例子对于说服成吉思汗相信丘处机所传授的道法，是非常有利的。

修身养性、延年保命的妙道，我已经尽数传授给了你，治国安民的方法，我也大概陈述了。是接受照做，还是置之不理，这些就要看您自己的态度了。当初金国的皇帝金世宗即位10年之后，因为纵欲过度，身体非常衰弱，每次上朝的时候，都要两个人搀扶着行走。于是他四处访求有道高人，寻觅保健养身的方法，也曾经问过我修真之道，我就对他讲了之前的那些话。从那以后他身体强健，行走如故，在位30年才升天。

　　我生平学道，心中无思无虑，在梦中曾听到上天对我说："你功行尚未圆满，应该等待时限到来就能飞升化去。"身体是虚幻的，就好像在旅途中借宿的屋子一样，有什么可留恋的呢？等到真身飞升之后，可以化作千百种形态，没有什么不可达成。在天上能够长生至千千万万岁，直到有事时，奉天命再度降临世间投胎而已。

　　丘处机讲完之后，成吉思汗觉得修道之路非常艰难，但又对这些道法非常相信，他说："您的谆谆教诲，我已铭记在心。您说的全都是非常难以做到之事，但我怎么敢不照做呢？一定会谨遵您所说的，认真实行。您讲述的修道方法，我已经让近臣记录下来，我将亲自再认真阅读。如果有玄妙之处没有领会的话，还要再继续请教您。"

　　讲道结束了，丘处机等人跟随着成吉思汗的大军一路向东，返回蒙古草原。路上大汗不断继续向丘处机问道。有一天，成吉思汗问丘处机："神仙，天上打雷到底是怎么回事？"

　　丘处机回答说："我听说蒙古人夏天的时候不在河里洗澡，不洗衣服，不制作毛毡，禁止人们采集野生蘑菇，就是害怕天上打雷，用这种种办法来防范回避。这可不是敬天奉天之道。我听说大大小小的罪过，都比不上不孝的罪过重大。因此天上的雷震，是为了警示不孝之人。据说蒙古国的风俗不怎么孝敬父母。陛下应该告诫晓谕众人，使他们孝敬父母，就不会有雷震之灾了。"

　　在第一章中提到过，蒙古人非常敬畏雷电，因为在草原上，夏天很容易遇到雷电伤人或打死牲畜，为此有很多禁忌。对雷电的崇奉也是萨满教的一个重要部分。但在中原传统文化中，雷神劈的正是不孝之人。因此丘处机说出了这样一番告诫之语。成吉思汗听说这种理论之后，认为很有道理，他说："神仙您所说的话，正好是我所想的。"于是他让侍从把这些话用蒙古文记录下来。丘处机又请求大汗把这些话宣告天下，让天下人都孝敬父母，大汗同意了，于是召集太子、诸王、大臣等人，对他们说："汉人尊重丘神仙，就像我们敬奉天一样。我现在越

187

来越敬信丘神仙，神仙的确是天人啊。"然后他把丘处机所讲授的道理告诉大家，对大家说："这是天让丘神仙来给我讲这些道理，你们都应该铭记在心。"

过了半个月，有一天，成吉思汗打猎，正要射杀一只野猪，他的马忽然摔倒，失去了控制，幸好野猪竟然站在原地，没有前来攻击，左右侍卫很快赶到，打猎就此中止。回到大营，丘处机对成吉思汗说："上天好生恶杀。陛下年事已高，应该少去打猎。这次从马上跌下来，正是上天的警告，而野猪不敢上前，则是上天的护佑啊。"大汗说："我已经暗自反省了，神仙说得很对。我们蒙古人从小就

蒙古人狩猎

习惯于骑马射箭，不能立刻戒除，虽然如此，神仙所说的话我一定牢记心中。"

4.4　成吉思汗对全真教的优待

又过了一个月，三月初七日，丘处机急于东归，请求先走。成吉思汗要赐给他牛马等财物，他都谢绝了，最后成吉思汗问阿里鲜："神仙在汉地有多少弟子？"阿里鲜说："非常多。神仙来之前，官府正在德兴府龙阳观催他们服差役。"大汗说："神仙门下的弟子，应该全部免除差税。"于是赐给丘处机一道圣旨，又让阿里鲜作为宣差，蒙古带、喝刺八海作为副使护送。各级官员带着葡萄酒和各种珍贵的果品送出十余里，最后终于依依离别。成吉思汗赐给丘处机的这道圣旨收录在《长春真人西游记》的附录中，也是蒙文硬译文体，内容并不难懂，原文如下：

成吉思皇帝圣旨："道与诸处官员每：'丘神仙应有底修行底院舍等，系逐日念诵经文告天底人每，与皇帝祝寿万万岁者。所据

大小差发税赋都休教著者。据丘神仙底应系出家门人等,随处院舍都教免了差发税赋者。其外诈推出家,影占差发底人每,告到官司,治罪断按。主者奉到,如此不得违错,须至给付照用者。'

"右付神仙门下收执。照使所据:神仙应系出家门人精严住持院子底人等,并免差发税赋。准此。癸未羊儿年三月 日御宝。"

这份圣旨的大概内容是对各级官员说:"丘处机门下的道观和道士全都免除差役赋税。但其他假称出家、逃避赋税的人则要治罪。"这道圣旨是很厉害的,因为现在还能看到的蒙元时期颁发给各个寺院的优待宗教人士的圣旨,大多数只免除差役,并不免除赋税,而这道圣旨差役赋税都免,在此之后很少见到。最后写"右付神仙门下收执",因为古代的汉语文书从右往左写,所以这样说,其实就是"以上内容交给神仙门下保存"。圣旨最后盖有一个皇帝的御印,在誊抄的时候,用"御宝"两个字代替,表示那个位置本来是一个印。丘处机拿着这道圣旨,就踏上了东归之路。

三天后,他们在赛蓝城祭奠了赵道坚的坟墓,五月初,他们到达阿不罕山田镇海屯田的地方与宋道安等人会合。1223 年六月,阿里鲜护送丘处机一行人到达丰州,在今天内蒙古呼和浩特附近。从此他们进入金朝界内,各地的官员都迎接招待。九月,成吉思汗又让阿里鲜再发给丘处机一道圣旨,原文如下:

宣差阿里鲜面奉成吉思皇帝圣旨:"丘神仙奏知来底公事是也煞好。我前时已有圣旨文字与你来,教你天下应有底出家善人都管著者,好底歹底,丘神仙你就便理会,只你识者,奉到如此。癸未年九月二十四日。"

十一月,一行人过了野狐岭,在德兴府的龙阳观举行醮礼。此时,成吉思汗又派贾昌再传给丘处机一道圣旨:

宣差都元帅贾昌传奉成吉思皇帝圣旨:"丘神仙,你春月行程别来,至夏日,路上炎热艰难来,沿路好底铺马得骑来么?路里饮食广多不少么?你到宣德州等处,官员好觑你来么?下头百姓

189

得来么？你身起心里好么？我这里常思量著神仙你，我不曾忘了你，你休忘了我者。癸未年十一月十五日。"

宣差阿里鮮面奏

成吉思皇帝聖旨丘神仙奏

知來應公事是呀煩好我

前呼你天下應有聖旨文字興好你

神仙奏到如此

善人教你就便著應理會只你識

者奉到如此九月二十四日

真人感勞廬如朕親臨符牌可

西域化胡歸至燕京

皇帝癸未年九月二十四日

仙人到漢地九居者居之掌管天城

池其至漢地賜朕所有臨之丘

下道人門事務得干預聽宮觀處

置他人事務得干預官司常

役盡護行蹕免所在官司

切衙天樂道人李道謙書

成吉思汗赐丘处机圣旨碑

1224年二月，丘处机等人终于回到燕京。当地的官员、道士和百姓夹道欢迎，用香花导引，果然如丘处机所说，西觐三年之后回来了。燕京的最高长官石抹咸得不和便宜公刘仲禄邀请丘处机等住在大天长观，天长观就是以后的长春宫。这个月，成吉思汗又派喝剌前来传旨："神仙好田地内爱住处住，道与阿里鲜：'神仙寿高，善为护持'，神仙勿忘朕旧言"。夏天，成吉思汗又派札八传旨："自神仙去，朕未尝一日忘神仙，神仙无忘朕。朕所有之地爱愿处即住，门人恒为朕诵经祝寿则嘉。"这两道圣旨准许丘处机找好的地方，随便选自己喜欢的地方住，为之后全真教修建大量道观，甚至占用佛寺、孔庙等铺平了道路。

从这几道圣旨中不难看出，成吉思汗对丘处机眷顾非常，极其尊信。可见丘处机的几次传道取得了很好的效果。但也正因为丘处机和全真道得到特殊优待，使得道教迅速发展，势力急剧壮大，全真道的徒子徒孙们又不懂得韬光养晦，道众良莠不齐，难免出现仗势欺人等事，终于和佛教产生了巨大矛盾，引发蒙哥汗和世祖时期的佛道辩论，导致道教遭到打压。这正应了那句"水满则溢,月圆则亏"的老话。

4.5 耶律楚材

耶律楚材是契丹人,而且是辽朝皇室的后裔,他的九世祖就是辽朝的建立者,辽太祖耶律阿保机。耶律楚材的父亲在金朝担任高官,不过在他很小的时候,他的父亲就去世了。他的母亲杨氏是一位名士之女,耶律楚材在母亲的教育下成长,接受了严格的汉文化教育,成为一位饱学之士,博览群书,且精通天文、地理、律历、星象、术数、释老、音乐、医术、占卜等。

13世纪初,成吉思汗南下伐金,在蒙古军队的凌厉攻势下,金朝军队可称不堪一击。在蒙古的两次进攻后,金朝皇室发生了政变,皇帝允济被杀,政变中由于两派人马的激战,中都城惨遭涂炭。继承皇位的金宣宗登基不久,就放弃中都,带领大批官员南逃。成吉思汗听说金宣宗南迁之后,再次率领大军包围中都,一年围困之后,中都城弹尽粮绝,饿殍满地,甚至出现人相食的惨状,最终于1215年五月落入蒙古人

耶律楚材

之手。而此时,耶律楚材正在中都任职,亲眼目睹了这些悲惨场景。

中都覆灭之后,耶律楚材皈依佛教,开始修行禅宗。虽然耶律楚材从小就喜欢佛学,但并未将其当做自己的信仰,只是偶尔涉猎佛学书籍,以其作为搜寻章句、卖弄学问的工具。经过中都的灭城之灾,耶律楚材没有跟着大部分官员"开门请降",而是经由澄公和尚的推荐,找到了儒释兼备、精通宗说的万松老人,拜他为师,皈依佛门。

随着蒙古的兴起和金朝的衰落,生活在金朝统治下的契丹人中开

·欧·亚·历·史·文·化·文·库·

始出现了反金的浪潮,并且出于为国复仇的愿望,越来越多的契丹人投奔到成吉思汗麾下。蒙古国在与金国对抗的过程中,也很注重征召契丹人才,曾走访故辽的宗室贵族。由于耶律楚材家族长期担任高官,名望显赫,又一直以东丹王的后裔自诩,耶律楚材本人广闻博学,精通占卜,又正好留在中都燕京,当成吉思汗想要了解天象,命令燕京行台石抹明安搜寻"儒者"时,石抹明安便推荐了耶律楚材,因此耶律楚材是被成吉思汗指名征召的。成吉思汗其实并不深知何谓儒家思想,他所要找的儒者不过是文化水平比较高,尤其是具有天文、占卜技能的人。虽然耶律楚材知道成吉思汗找他主要是为了天文、占卜,但他怀着继承先业、治天下的抱负立刻上路了。

耶律楚材受到成吉思汗的征召后,于 1218 年三月从燕京启程,出居庸关,经过今天的河北宣德、山西大同,翻越阴山(需要注意的是,耶律楚材在自己的《西游录》中说翻越了天山,其实是阴山。元朝人一般把阴山称为天山,反而把新疆境内的天山叫做阴山),经过今天的内蒙古四子王旗西北的净州古城,再过内蒙古达尔罕茂明安联合旗,向北穿越沙漠,花了大概 3 个月的时间,终于到达成吉思汗大帐的所在地,克鲁伦河畔,在今天的蒙古人民共和国的肯特省。此时正是盛夏七月,是北方草原最美的时候。耶律楚材在诗作中描述成吉思汗的大帐,山川相连,郁郁葱葱,车马和帐篷像云一样,将士和牛马像雨一样,烟火连天,蔓延万里,如此盛大的场景,千古以来未曾有过。

到达成吉思汗的大帐后,成吉思汗对耶律楚材说:"辽朝和金朝是世仇,这个仇我已经帮你报了。"这句话哪像一个皇帝所说,活脱脱是一个有过命交情的好兄弟,蒙古国大汗的豪爽侠气呼之欲出,着实令人神往。然而耶律楚材却回答道:"我的父亲、祖父都曾当过金朝的臣子,我怎么会怀有二心,以我的君王和父、祖为仇人呢?"蒙古人最看重忠诚的品质,《蒙古秘史》中记载成吉思汗早年和札木合打仗,札木合战败,他的属下背叛了他,把他抓来送给成吉思汗,成吉思汗非常不满他们对主人不忠的行为,把他们全部处死了。因此耶律楚材的忠诚立刻得到了成吉思汗的赏识,再加上耶律楚材精通佛道、五行占卜,又了解医术,从此留在了成吉思汗身边。耶律楚材有一口非常漂亮的大胡子,因此成吉思汗称呼他为"吾图撒合理",意思是"长胡子"。据说蒙古人胡子比较少,所以很喜欢胡子多的人,或许耶律楚材的大胡子也是他得到成吉思汗喜爱的原因之一吧。

就在蒙古军队攻破金朝中都城的1215年,花剌子模国的摩诃末算段("算段"是阿拉伯语音译,意思是君主、国王)派遣一支使团来到成吉思汗的大营。花剌子模是当时中亚的大国,刚于1210年打败了西辽帝国,势力正在不断扩张,是当时伊斯兰世界最强大的国家。这支使团可能是用来试探刚刚崛起的蒙古人的虚实。成吉思汗立刻做出友好的回应,派出了一支450人的商队,打算跟花剌子模建立友好的贸易关系。没想到这支商队到达花剌子模的讹答剌城时,因为城主哈亦儿汗贪图商队所携带的大量珍宝,竟然污蔑商人们是间谍,然后杀掉了商人,没收了财宝,只有一位驮夫逃了回去,向成吉思汗报告这件事。成吉思汗又派巴哈剌为使臣,两个蒙古人为副使,前往摩诃末处索要罪犯。因为哈亦儿汗是摩诃末的亲戚,所以摩诃末非但不肯把哈亦儿汗交给蒙古人,反而杀掉了巴哈剌,剃掉了两个蒙古人的头发和胡子,把他们赶了回去。可见花剌子模国并未把蒙古人放在眼里。成吉思汗大怒,《蒙古秘史》中记载他说:"怎么能让回回人斩断我的黄金鞍辔……我要以怨报怨,以仇报仇!"但他也知道花剌子模是一个实力强大的国家,因此他没有立刻出兵,而是先平定了北方"林木中的百姓"和西方乃蛮的残余势力。1217年,他封木华黎为国王,以太行山为界,让他全权负责征服太行山以南的中原地区。并在出征前确定了让窝阔台继承自己的汗位,终于在1219年,也就是耶律楚材来到他身边的次年,出征花剌子模。

耶律楚材随军出征,很快就发挥出自己知识渊博、无所不通的优势。成吉思汗从蒙古出发的时候是1219年六月,正是盛夏时节,却在出发之日下起了大雪。书上记载,大雪下了三尺,成吉思汗非常烦恼,一来行军不便,二来似乎兆头不好,有可能导致军心不稳。但耶律楚材立刻预言说"玄冥之气见于盛夏",是"克敌之征"。1220年,成吉思汗

·欧·亚·历·史·文·化·文·库·

驻扎在也儿的石河,冬天打雷,巨雷阵阵,耶律楚材预测这是因为花剌子模的摩诃末算端会死在野外。这些预言后来都应验了。当时有一个西夏人叫常八斤,非常善于制造弓箭,成吉思汗很看重他,因此他每每骄傲自大,瞧不起耶律楚材。有一次他嘲笑耶律楚材,对他说:"国家现在正在打仗,需要勇武善战之人,耶律只不过是一介儒生,有什么用?"耶律楚材反驳道:"制造弓箭,尚且需要治弓匠,要征服天下、统治天下,怎能不用治天下匠呢?"这句话说中了大汗最大的愿望和目标,成吉思汗听到异常惊喜,所以越来越重用耶律楚材。

蒙古人西征,俘虏了很多西域人,西域人科技水平很高,尤其善于天文历法方面。有一个西域的天文历算学家上奏,说五月十五日夜里会发生月食。耶律楚材认为不会,到了那一天,果然没有月食。次年十月,耶律楚材预测会发生月食,西域天文学家说不会,到时候果然月食。1222年八月,西方天空出现了彗星,耶律楚材说:"金朝的皇帝要换人了。"次年,金宣宗果然死了。成吉思汗非常惊讶,说:"天上的事你都知道,更何况人间的事呢。"因此他每次出征都会命令耶律楚材占卜,并且曾对继承皇位的窝阔台说:"这个人是上天赐给我们的,你将来统治国家的时候,应该把政务都委托给他。"

还有一个著名的故事,记载于耶律楚材的神道碑中。1224年,成吉思汗行军到铁门关,他的侍从看见一只怪兽,只有一只角,长得有些像鹿,但尾巴像马尾,毛色发绿,能够说人话,对侍从说:"你们的主人该回去了。"侍从们赶紧向成吉思汗汇报这件怪事儿,成吉思汗就询问耶律楚材这是什么怪兽。耶律楚材说:"这是一种吉祥的动物,名字叫角端,能够说各种不同的语言。角端天生不喜欢凶杀之事,这是一个祥瑞的征兆,是上天专门派来给陛下传达旨意的。陛下是天的儿子,天下所有的人都是陛下的孩子,所以您应该顺从上天的意思,安抚百姓,造福天下,才能够福祚绵绵,万寿无疆啊。"成吉思汗听从了耶律楚材的劝谏,当天就下令班师回朝了。耶律楚材用一句话就阻止了有可能发生的战争和屠杀,所以这个故事被广为传颂,在元朝时就被写进了很多文学作品中,诗人作诗写文章常常引用这个典故。

也有学者考证认为,耶律楚材并没有借助角端出现一事来劝阻成吉思汗打仗。因为耶律希逸曾写了一首诗来赞颂此事,在诗后记录了事情的过程,说成吉思汗是在1221年夏天驻扎在铁门关,耶律楚材向成吉思汗汇报说侍从见到了角端。耶律楚材也并没有说角端好生恶杀,是上天降下的旨意,只说角端是上天降下的神兽,预示着吉兆,应该举行祭礼。耶律希逸是耶律楚材的孙子,他的记载应该是比较具有真实性的。他明确记载了成吉思汗大军遇角端的时间在1221年五月,此后蒙古军仍横扫中亚,如果耶律希逸所记载的时间真实准确的话,可见此时耶律楚材并未劝大汗退兵,即使劝了,也没有取得效果。

无论耶律楚材对成吉思汗怎样解说角端的含义,可以想象,他的预言和解说对成吉思汗和当时的蒙古贵族很有影响力。元末陶宗仪所写的《南村辍耕录》中也记载此事,耶律楚材所说的话已经被大大发挥,书中记载耶律楚材对成吉思汗说:"这种动物的名字叫角端,是旄星的精华。如果圣人得到了天下,那么这种神兽就会前来献天书。角端一日能跑一万八千里,像鬼神一样灵异,不可轻犯。"在这里,角端变成了圣人在位一统天下的象征。陶宗仪还自己发挥,说:"角端只有一只角,象征着海内一统,一日能行一万八千里,说明疆域广阔没有边界,这正是上天要统一天下的征兆啊。"可见耶律楚材创造的这一传说,在元朝就已经成为蒙古人统治天下的舆论手段了。由于耶律楚材的知识广博和机智灵活所达到的稳定人心、制造舆论的效果,让成吉思汗非常满意。

说到角端这种动物,是最早在《汉书》所录司马相如写的《子虚赋》中的一种神兽,在中国古代传说中不断流传,到底长的是什么样,各种书籍的记载都不太相同。关于成吉思汗的侍从所见到的这一只,有人认为是犀牛,有人认为是高鼻羚羊,也有人认为是长颈鹿科的奥卡狓。但无论哪一种,都不能完全符合耶律楚材所描述的"只有一只角,长得像鹿,但尾巴像马尾,毛色发绿"的外形,更不用说"能说人话"了。这种描述,应该只是耶律楚材为了达到劝告的目的,所进行的艺术性夸张吧。

· 欧 · 亚 · 历 · 史 · 文 · 化 · 文 · 库 ·

奥卡狓　　　　　　　　　　高鼻羚羊

耶律楚材虽然精通天文历算,也常常进行预言,并因此得到成吉思汗的信任,但他骨子里还是一位儒者,最大的目标还是辅佐明君,以圣贤之道治理天下。1227 年,成吉思汗去世,耶律楚材随军队回到蒙古,然后立刻被派往燕京搜索经籍。他在燕京主要做了两件事,一件事是整顿当地秩序,因为蒙古人没有成熟的官僚和社会制度,只是在各地派遣监临官全权治理,各地治安的好坏,与镇守官的个人品行操守密切相关。燕京的长官石抹咸得不是功臣石抹明安的儿子,承袭他父亲的职位。他性情贪婪残暴,随意杀人,夺取财物,兼并土地。耶律楚材立刻上奏拖雷,拖雷很重视他的意见,派塔察儿作为使者来到燕京,和耶律楚材一起进行治理。他们发现当地那些杀人越货、非常猖獗的盗贼基本都是石抹咸得不的亲戚或当地豪强的子孙。塔察儿起初考虑到他们的背景,想请示朝廷从轻发落,但耶律楚材坚决反对,因为当时附近还有很多州县仍未投降,属于金朝,如果不严惩,可能会导致燕京出现叛乱。因此塔察儿立刻处死了 16 名情节严重的盗贼,燕京的秩序大有好转。

耶律楚材在燕京做的第二件事,就是写了一本书《西游录》。据耶律楚材自己在序里所说,因为他跟随成吉思汗西征,回到燕京之后,很多人询问他西域的情况,他不愿重复讲述,所以就写了这本书。其实看书的内容,分成上下两卷,只有上卷是简单讲述西行的情况,下卷完全是攻击长春真人丘处机;从篇幅来看,西行的情况只有三分之一,攻击丘处机的内容倒有三分之二。根据书后的刊记,这本书是耶律楚材写成之后自己印刷发行的,他为了攻击全真道真可谓不遗余力。

这本书虽然当时印刷发行了,但并没有流传很广,在元代也没有多少人知道。这是为什么呢？早先大家并不知道,著名的学者陈垣在1929年时发表了一篇文章《耶律楚材父子信仰之异趣》,其中经过详细的考证,发现虽然耶律楚材本人是佛教徒,但他的儿子耶律铸却信仰道教。陈垣先生收集了大量史料,考证出这本书逐渐散佚的过程:虽然耶律楚材自己印刷发行了这本书,但由于耶律铸反对他父亲攻击道教,所以在父亲去世之后,销毁了书版,因此《西游录》成了罕见的书。后来的人有读到这本书的,往往只对里面的上卷,即与西域地理相关的部分感兴趣,因此把上卷的内容抄入自己的书中。下卷则不见踪影,没有人收藏。直到1926年,在日本又发现了完整的《西游录》,应该是日本人抄写了元刻本的《西游录》,带了回去。因为有了这个在日本保存下来的版本,我们才能由之了解到耶律楚材对长春真人不满的原因。

4.6　耶律楚材对丘处机的不满

从现在流传下来的材料来看,耶律楚材其实并不是一开始就对道教持反对和攻击态度,他是赞成三教合一的,并且最初丘处机与成吉思汗会面,耶律楚材也抱着支持的态度。耶律楚材在书中说:"蒙古人建国以来,一直忙于用兵,没有时间振兴文治,儒家、佛教、道教这三教都是有益于世人的。现在有一个道教徒愿意来向成吉思汗进言,使其兴文治、施善政,这是一件好事,在这件事上,道教是儒家和佛教的先行军。"耶律楚材虽然信仰佛教禅宗,是万松行秀的徒弟,但他从心底里仍然认为自己是一个儒者,以治世安民为最高目标。蒙古人好战好杀,不断地发起征战,并且遇到抵抗就要屠城,耶律楚材其实是很高兴成吉思汗愿意跟道教高人进行一番长谈,他希望成吉思汗能够因此被感化,也有利于自己实现政治抱负。

另一方面,耶律楚材随成吉思汗西征,1220年三月征服了寻思干,也就是今天乌兹别克斯坦的撒马尔罕。撒马尔罕是花剌子模国的都城,是中亚重镇,成吉思汗派契丹人耶律阿海留在这里镇守,自己率领大军继续西征,耶律楚材也留了下来,一直到 1222 年成吉思汗回到撒马尔罕。这两年间,耶律楚材在西域非常寂寞,他出身于世家贵族,受到很好的文化教育,喜欢作诗、焚香,有一切文人的风雅爱好。然而在跟随成吉思汗西征的过程中,几乎没有机会让他施展才华,重温氤氲着文化气息的场合。一旦有机会吟诗作对,他就不会放过。从他的文集中,我们可以看到很多以各种主题,甚至没有主题的诗作,与有限的几个朋友唱和,相互赠送。有一次,他向一位叫贾抟霄的朋友索要马奶,于是写了一首律诗《寄贾抟霄乞马乳》,诗云:"天马西来酿玉浆,革囊倾处酒微香。长沙莫吝西江水,文举休空北海觞。浅白痛思琼液冷,微甘酷爱蔗浆凉。茂陵要洒尘心渴,愿得朝朝赐我尝。"贾抟霄接到诗后,送给他一些马乳,他又用相同的韵脚写了一首诗表示感谢,说:"生涯箪食与壶浆,空忆朝回衣惹香。笔去余才犹可赋,酒来多病不能觞。松窗雨细琴书润,槐馆风微枕簟凉。正与文君谋此渴,长沙美渑送予尝。"可见耶律楚材在西域玩这种文字游戏的机会多么稀少。

1221 年十一月,丘处机到达撒马尔罕城,见到了耶律楚材。丘处机也很喜欢作诗,他一路西行,常常写诗记录当地景色与风土人情,因此丘处机的到来对耶律楚材来说,当然是一大喜事。他在《西游录》里写道:"我离开燕京很长时间,身处西域,周围没有一个能够谈话的朋友。现在丘处机来到这里,我们可以一起联句、作诗、焚香、喝茶,春天可以一起出游赏花,晚上秉烛长谈。"

最初耶律楚材和丘处机见面的时候,并非一下子就成了知交好友。因为宗教信仰不同,而且丘处机又是前来传教,心中难免有所猜忌。丘处机进入撒马尔罕之后,耶律楚材接待他非常客气。过了一段时间,丘处机对他说:"我很早以前就听说你信奉佛教。佛教和道教在历史上常常相互攻击,我还担心和你难以相处,没有想到你对我如此厚待,真是一个性格通达、品行方正的人啊!"

耶律楚材说:"儒、释、道三教都是圣人所创,在中国流行已经有漫长的历史,之间的高下尊卑,早在汉代、唐代已经有了定论,又何须我们这些平庸之才、凡俗之士再来辩论呢?"

其实佛教和道教的争执，无论是在汉代还是唐代，都没有过定论，耶律楚材这样说，无非也就是弱化矛盾，避开信仰差异吧。毕竟耶律楚材最初见到丘处机的时候，对他长途跋涉，前来向君王传道劝善的行为和精神还是非常赞许的。耶律楚材远在西域，能够遇到一个同在中原传统文化的氛围下成长起来的知识分子，也是很高兴的。他在《西游录》中记录，最初和丘处机谈论酬唱的时候，他曾当面赞许过对方。在耶律楚材的文集中也有很多和丘处机唱和的诗作，但后来因为他对道教不满，因此文集中写给丘处机的诗虽然保留了内容，但都删去了丘处机的名字。

　　丘处机到达撒马尔罕的时候，成吉思汗正在攻打巴里黑，即今天的阿富汗巴尔赫省。1222年春天，成吉思汗攻下了巴里黑和塔里寒（今天阿富汗的塔哈尔省），派阿里鲜来迎接丘处机前往成吉思汗的大营。到达之后，巴里黑又发生叛乱，成吉思汗去镇压巴叛乱，于是丘处机回到撒马尔罕继续等待。九月成吉思汗平叛归来，丘处机再次觐见，开始讲道。其后则随着蒙古军队东归，1224年到达燕京。

　　如前所述，丘处机与成吉思汗会面之后，成吉思汗对他非常尊敬，并且给予道教很多特殊优待，道教地位骤然提高。而耶律楚材与丘处机的关系又颇为融洽密切，因此有传闻说耶律楚材跟随丘处机信道了。耶律楚材本是禅宗弟子，对这种说法很是不以为然，他说："我幼年学习儒学，后来信奉佛教，怎么可能从乔木降至幽谷？"这句话出自诗经中的"出自幽谷，迁于乔木"，后来被浓缩为一个成语，叫做"出谷迁乔"，形容地位的上升。耶律楚材把佛教比作乔木，把道教比作幽谷，表现出对道教的轻视。

　　1227年，耶律楚材作为蒙古朝廷派出的使者出发去往燕京，一路上看到道教气焰极胜，很多佛寺被改为道观，很多僧人改投道教。他路过太原南阳镇的紫薇观时，在墙壁上题诗：

　　　　三教根源本自同，愚人迷执强西东。

　　　　南阳笑倒知音士，反改莲宫作道宫。

　　这首诗收在他的《湛然居士文集》中，大概说三教本自同源，没有

必要强分你我,争执高下,非得把佛寺改成道观。然而在丘处机的弟子尹志平的《葆光集》中有一首和他的诗:

> 三教虽同人不同,既言西是必非东。
>
> 目前便是分明处,了一真通不二宫。

这首诗说,虽说三教同源,可和尚毕竟跟道士不同,如果道士是对的,那和尚当然是错的,分分明明,还有什么好说。可见当时道教态度强硬,得理不饶人。耶律楚材在燕京住了一年,这段时间内,他亲眼目睹道教气焰嚣张,势力大盛。他本以为丘处机会利用成吉思汗赐予的优待圣旨,招抚各界宗教人士甚至包括儒家知识分子,没想到丘处机只是趁机扩大道教的势力,尤其趁机大肆招揽弟子加入全真道,这让他非常不满。而且丘处机为了扩大自己的势力,提升自己的名望,还造出一些故弄玄虚的说法,也是耶律楚材批评他的原因。他在《西游录》的下卷列出了对丘处机不满的原因,有以下10条:

第一,最初成吉思汗见到丘处机的时候,询问他多大年纪,丘处机假称不知道。这个世上会有明白人不知道自己多大岁数的吗?

编者按:丘处机假称不知道自己的年龄,可能是因为刘仲禄最初劝说成吉思汗召见丘处机时,曾说丘是有道高人,养生有术,现在已经300多岁了。正因如此成吉思汗才会急切想要召见并礼遇丘处机。丘处机自然不愿谎称自己确实已有300多岁,又不好当面揭穿刘仲禄的谎言,更要取得成吉思汗的信任和尊崇,大概因此推称自己年龄太大,已经不记得多少春秋,也有些故弄玄虚的意思。

第二,丘处机对成吉思汗讲述林灵素带领宋徽宗梦游神霄宫的事。

编者按:林灵素之事详见前文以及第二章的介绍。丘处机为了体现道教的神奇之处,又为了劝说成吉思汗懂得天命有常,不要执著于长命百岁,因此讲述了这件事。丘处机给成吉思汗塑造了一个比人间快乐一万倍不止的天上世界,常人听来荒诞不稽,但对于崇拜"天"的蒙古人来说,大概是正中其心吧。然而林灵素与宋徽宗,在儒家士大夫眼中实在是政治之大害,故而耶律楚材对丘处机以这件事取得成吉思汗的尊信非常不满。

第三，丘处机自称能够"出神入梦"，并称其为道教的最高境界。

第四，丘处机说圣贤之人，往往遨游异域，喜爱梦境。佛教的禅宗不喜欢梦境，是因为他们福缘浅薄，法力微弱，所以总是难以进入美妙的梦境，常常遇到魔障，所以不喜梦境。

编者按：道教有一种神通叫"出神入梦"，全真七子中的王处一据说就能够"度人逐鬼，踣盗碎石，出神入梦，召雨撼峰"。对于这些神神鬼鬼之说，耶律楚材当然表示不屑。禅宗讲究参禅开悟，认为这些都是旁门左道之说。于是丘处机诋毁佛教禅宗不喜欢梦境，是因为他们法力微弱，没有办法进入美妙的梦境，这种说法当然更让耶律楚材愤愤不平。

第五，丘处机读不懂黄鲁直的《观音赞》。

编者按：黄鲁直就是北宋的著名文人黄庭坚，耶律楚材所说的《观音赞》是他的一首诗叫《沙弥文信大悲颂》："通身是眼，不见自己；欲识自己，频掣驴耳。通身是手，不解着鞭；白牛懒惰，空打车辕。通身是佛，顶戴弥陀；头上安头，笑杀涪皤。"这是一首充满哲学意味、包含佛理的禅诗。

黄庭坚本人是一位一心向佛的居士，写了很多禅诗。据说他年轻的时候喜欢作艳词，人们争相传诵，圆通法秀禅师责备他说："才思妙笔，怎么能用在这些地方呢？"他笑着说："你要说我也入马腹吗？"这里所说的又是一个小典故，当时的著名画家李公麟善于画马，法秀曾经指责他说："你擅长画马，期望别人夸你尽得马的妙处。妙得入马腹，恐怕不是好事。"入马腹是佛家常用的词语，常说"出牛胎，入马腹"，表示六道轮回，遭受万世不尽之劫。因此李公麟不再画马，法师劝他改画观音像用以赎罪。黄庭坚在这里开玩笑，意思是说，我写一些香艳的诗词，应该没有那么严重的罪过。法秀说："你用艳语引动天下人的淫心，不止在马腹中，恐怕会入泥犁。"泥犁是梵文的音译，意思就是地狱。黄庭坚听了这话，表示要悔过自新，从此不再作艳词，戒除酒色，锐意修习佛法。

关于黄庭坚悟道的过程，也有一个经常被引用的故事，说黄庭坚

·欧·亚·历·史·文·化·文·库·

学习佛法,去向晦堂禅师请教,问他参悟佛法有什么捷径。晦堂禅师对他说:"孔子说:'你们以为我有什么隐瞒的吗?我并没有隐瞒啊。'这句话你怎么解释?"

这句话是《论语》中的,孔子的学生觉得孔子知识渊博、道德高远,自己无论如何努力都无法企及,于是问老师是否有所隐瞒,孔子就这样回答他们。

但是黄庭坚一解释这句话,晦堂就说:"不是,不是。"黄庭坚非常苦闷。有一天,他们走到山间,桂花开放,香气袭人,晦堂问他:"你闻到桂花的香气了吗?"他说:"闻到了。"晦堂说:"我并没有隐瞒啊。"黄庭坚立刻大彻大悟。

这个故事是说,佛法道法,就像桂花香气弥漫在空气之中,无色无形,并没有人将之隐瞒起来,只是需要自己去参悟和发现。所以黄庭坚作《观音赞》说"通身是眼,不见自己",只是在阐述佛理而已。佛教禅宗之中,常常有这样的故事和诗词用来说明佛理,如果没有了解过佛理和禅宗经典的话,不容易看懂。

丘处机看不懂这首充满禅机的诗,来问耶律楚材。耶律楚材心中轻视他,没有回答,并且事后对别人说:"山语脱白衲,僧已知落处。他连佛祖之道的竹篱都还没看见,更别说登堂入室了。"

要说知识水平的话,丘处机确实远远不如耶律楚材。如前所述,耶律楚材出身于世家望族,家学渊源,自幼接受了各种良好的教育。但丘处机出自农民家庭,本名丘哥,跟随王重阳学道之后,才改名丘处机,他的文化修养自然不能与耶律楚材相比。然而知识水平较低的丘处机得到成吉思汗的宠信,占据高位,取得封号,难免让耶律楚材心中不快。这种文化的差异大概也是耶律楚材对其不满的重要原因之一。

第六,在这西域偏远之境,梵僧和修善的人士,都可以得到免除赋役的待遇。丘处机回到燕京,只宣布免除全真教门下道士的差役,却不提僧人。皇上虽然允许免除道士的差役,但曾下令在发出这道诏书之后,不能再剃度新的道士。然而丘处机却违背诏旨,在此之后,还招收了大量徒弟。

编者按:根据耶律楚材在《西游录》中的自述,"丘处机向成吉思汗辞行的时候,耶律楚材正在塔剌思城管领屯田事宜。回去之后听人说,丘处机辞行之时,向成吉思汗请求免除修善出家之人的差役。当时书写圣旨的人不在,所以成吉思汗让丘处机自己写,于是丘处机只写了免除全真教自己门下的道士,没有提及僧人,甚至不包括其他门派的道教徒。当时既然说是免除修善出家之人的差役,大家都以为包括佛僧道徒,没想到几年之后才知道只写了道人。大家都对此不以为然。"现在我们无法得知免除全真教门下弟子的圣旨是成吉思汗的本意还是丘处机自己所写,但无论如何,这道圣旨导致大量平民投入全真教门,甚至其他宗教和门派也有很多人改宗,全真教的势力迅速膨胀。耶律楚材认为丘处机玩弄权术扩张势力,因此不齿。除此之外,丘处机大量招人入教,导致劳动力减少,国家财政收入不足,增加社会不稳定因素,在耶律楚材看来,大概也违背儒家治国之道。

第七,丘处机向皇帝上书,请求赐给他官符和官印,可以自行加封道士的封号,自己批准修建道观。这种自古以来从未有过的事竟然也想施行。

第八,丘处机向皇帝请求可以利用驿站的牌符。道士王伯平悬挂着成吉思汗所赐予的牌符,带领数十人,在数个州郡招摇过市,宣称要通管天下的僧人和女尼。丘处机又在蓟州开读圣旨,表示成吉思汗命他掌管天下宗教,因此要求蓟州甘泉寺的本无玄和尚前来拜谒。

第九,拆毁儒家的夫子庙,修筑道观,毁坏佛像,强夺寺院的田产,把寺院改成庵堂道观。

编者按:在《西游录》中,耶律楚材还着意详述了这一条。他采用问答的形式,编造了一个客人发问:"中原地区经过长期战乱,其实大多数寺院已经毁于战火。丘处机只不过是在寺院的遗址上建立了道观而已。而且战乱之中,很多人并非真心皈依佛道二教,而是假装出家,逃避劳役,四方乞食而已。如果削发为僧,想要还俗是比较麻烦的。如果当道士,还俗则较为方便。因此僧人少而道士多。战争中,人们纷纷逃亡,寺院空置,即使道士不占据,也会被权豪势要占据,或者被小农

·欧·亚·历·史·文·化·文·库·

拆毁当做薪柴,不如让道士居住修行,也是一件善举啊。"然后耶律楚材针对问题再进行反驳:"一开始可能只是占据没有佛像的寺院,后来就会毁掉佛像占据寺院。一开始可能抢占山野之间被毁的房舍,之后就会觊觎城市之中完好无损的寺庙。一旦这样的行为开始,就不会有止境,这是必然之事。既然已经是出家之人,怎能有这种巧取豪夺的行为? 如果真的是修复寺院,就不应毁坏佛像,更不该变为道观。兵火战乱,每朝每代都有,没听说过改寺庙为道观的事。北宋时林灵素假托怪力乱神之说,宣扬道教,鼓励僧人入道,尚未改寺院为道观、改佛像为道像。今天这帮人的行为,与林灵素相比,更为恶劣。丘处机回到燕京之后,不久就去世,难道不是因为神佛的震怒吗?"

第十,丘处机因为痢疾,死于厕所之中,他的徒弟却文饰其死因。

编者按:根据僧人祥迈所作的《至元辨伪录》记载,丘处机因患痢疾,腹泻十分严重,坐卧都在厕所,七日不肯出来,弟子劝他出来,他疲累困顿至极,还假装说:"厕所和卧室又有什么区别呢?"又过了两天,死在厕所之中。弟子却对外宣扬师父求福而去,化异香满室。在这种人尽皆知、无可掩饰的事上尚且撒谎,更何况其余呢? 因为此事,有僧人写诗嘲笑:"一把形骸瘦骨头,长春一旦变成秋,和滩带屎亡圊厕,一道流来两道流。"

丘处机去世之前,可能的确得了痢疾。在《长春真人西游记》中也记载,丘处机去世之前一天如厕数次,并且对弟子说:"我不愿意给你们添麻烦,你们都很忙,况且厕所和卧室其实并无分别啊。"

这十条对丘处机的批判,前四条是反对丘处机故弄玄虚,第五条嘲笑他知识水平低下,第六条到第九条都是反对全真道依凭成吉思汗的圣旨,仗势欺人,一味扩张自己的势力,第十条则有点人身攻击的意思了。最后,耶律楚材在书中坦然承认,他对丘处机最为不满的是,丘处机最初曾说儒、释、道三教本自同源,并没有什么分别,而且说自己并不擅长国家政治一类的事物,来见成吉思汗的目的只是宣扬道德之心,劝说成吉思汗节欲向善。在这兵马乱世之中,使儒、释、道三教重新发扬光大,才是自己的心愿等等,这种说法颇得耶律楚材的赞赏。结果他得势之后却全然不是这么回事,不但没有尊崇佛教和儒家,反而毁坏佛像,夺取佛教和儒家的田产,把夫子庙和寺院改为道观,显然是摒斥佛、儒两派,独尊道教,令耶律楚材觉得无法容忍。

　　如果我们把耶律楚材和丘处机的矛盾归结为佛教和道教的矛盾,就有点过于简单化了。此二人虽然宗教信仰不同,但都秉持着三教合一的思想,从这一点来看,他们的宗教分歧并没有那么严重。耶律楚材从小就是儒释道兼通,主张三教合一。他曾经读过很多道教经典,对道家思想相当了解,也非常喜欢。他曾经写下这样的诗句:"昔年学道颇得趣,鱼兔入手忘筌蹄。残编断简披《庄子》,日日须当诵《秋水》。……高卧嵩莱傲唐室,清风千古独王通。曲者自曲直者直,何必区区较绳尺。""鱼兔入手忘筌蹄"是出自《庄子·外物》:"筌者所以在鱼,得鱼而忘筌,蹄者所以在兔,得兔而忘蹄。"筌是捕鱼用的竹器,蹄是捉兔子用的网。日日诵读《庄子》,可见他对老庄思想的喜爱。而他所说的高卧嵩莱之中、千古清风的王通,则是最早提出三教合一的隋代大儒。耶律楚材非常赞同王通的思想,王通提出三教合一之后,有很多人赞同,但也有不少人反对,因此耶律楚材说"曲者自曲直者直,何必区区较绳尺",意思是说是非曲直自有公道,不必跟那些反对王通的人斤斤计较。耶律楚材把三教所尊崇的释迦牟尼、孔子和老子称为三圣人,认为三教同源,最初在立教的宗旨方面并没有什么不同,而且三教都是有益于世事的。他说:"孔子之道治天下,老子之道养性,释氏之道修心,这是从古到今的通论。""佛教以因果报应的训诫化其心,使人能仁、不杀、不欺、不盗、不淫,老氏以慈俭自然的道法化其迹,孔子以君臣父子之名教化其身,如果把三圣人之道相互权衡,然后行之于世,那么万民归化,就好像风吹草低、百川汇流一样。"因此耶律楚材并不反对道家思想。

　　除了丘处机之外,耶律楚材也有一些学道的朋友,譬如在他的文集中,可以看到他赠给一位叫连国华的朋友的诗作:"学道宗儒难两全,湛然深许国华贤。儒门已悟如心恕,道藏能穷象帝先。似海词源涵万水,如鲸饮量吸长川。而今一识君侯面,始信清名不浪传。"从这首诗可以看出,连国华是一位儒、道兼修之人,唯独不学佛,但耶律楚材对他非常赞许,并没有表现出排道的意思。他还在赠给连国华的诗中说:"自己月上枝头后,弹铗悲歌,为出征的士兵感叹。只能每日看《周易》,在梦里随着风去拜谒老子,以清净无为消解自己心中的愁闷。希望真人出世,使天下太平。"可见在 1227 年前往燕京之前,耶律楚材并不反对道家思想。

反过来说,对于某些佛教人士,耶律楚材也非常反对,譬如当时中国北方流行的一些由佛教发展而来的民间宗教,如毗卢教、糠禅、瓢禅、白莲教、香会等,一律被耶律楚材称为"释教之邪"。这些民间宗教中,在金末元初影响最大的是糠禅,其实就是我们所熟悉的头陀教。这是一种以苦修为主的宗教,要求信徒清心寡欲、严守戒律。在这一方面,全真教也受了不少头陀教的影响。

这一类由佛教发展出的民间宗教与传统佛教有所不同,这些教派往往崇拜弥勒佛。在《佛说弥勒下生经》中,佛曾预言弥勒佛将从兜率天下降人间,继承释迦牟尼的佛位,弥勒出现,国土丰乐。随着此种信仰的流传,出现了很多经典,加入了"扫除旧魔"、"改天换地"等内容,逐渐发展成三佛应劫救世观念,即燃灯佛、释迦牟尼佛、弥勒佛在不同时期应世而出,救度众生,弥勒佛在末劫之世降临人间,行龙华三会,改天换地,救度群民。因此出现了不少信奉弥勒佛的宗教组织,希望能够改天换地,国土丰乐。这一类教派利用人们的功利主义思想,用弥勒下生的美好前景作为诱惑,教义经典又极其简单,易于被普遍大众接受,因此流传既快且广,被耶律楚材斥为"释教之邪",大肆批判。

让我们来重新审视并且归纳耶律楚材的思想,在他的心目中,最高一等的思想是儒释道三教同源的"大道",无论佛法、道家、儒家,其最高层次都可以达到这种境界。当然他本人是通过佛法达到了这一境界。因此对他来说,佛法是他所追求的最高境界。

但如果超出自己的内心,想要经世致用、辅佐明君,就必须采用儒家治道。万松行秀认为可以"以佛治国",他则给万松行秀回信中说自己"以儒治国,以佛治心"乃是不得已所采用的权宜之计,因为当今天下之人尚未达到这种高度,对小乘之人不能说大乘之法,只能暂时用儒家之道来治理天下。

比经世致用、实事求是的儒家思想更低一等的,就是借助各种宗教的幌子,故弄玄虚,装神弄鬼,假装自己有各种神通,对君主和人民假称佛道之名,而行欺诈之实。最为低劣最为可怕的,就是借助宗教的幌子,用各种花招来治理国家。因此在耶律楚材看来,丘处机以及其他全真道人,说自己能够"出神入梦、召神驱鬼",就是第三等的次恶劣行为。而丘处机借助成吉思汗的政治势力来发展全真道,包括宋代的林灵素引诱宋徽宗建立神权政治,都是把宗教欺诈和国家权力相结合的实例,可归入第四等的最恶劣行为。笔者认为,这才是耶律楚材反对丘处机的真正原因。

但从宗教的角度来讲,在佛教的观念中,神是比较低等、完全无法和佛并列的,任何人,只要拥有神通,就成了神,但仅仅成为神,并不能摒弃七情六欲,也无法逃脱六道轮回,只有成了佛,才能得到解脱,才能真正进入化境。道教所宣传的只是人所具有的神通,与佛教追求的开悟与解脱不是一回事。因此禅宗佛理是耶律楚材的精神依凭和思维哲学,儒家经世致用思想是耶律楚材处世之道,但民间的秘密结社和道教所谓神通法力,就被认为是等而下之,被耶律楚材批判也不足为奇了。

然而耶律楚材没有认识到的是,虽然在他的心目中,蒙古统治者和当时的士人是"小乘人",不能对其说"大乘法",不能让他们理解禅宗高深玄妙的佛理,只能用儒家治道来引导他们,但实际上,当时的蒙古统治者也无法理解和接受儒家思想,他们所能够接受的只是耶律楚材认为等而下之的神通法力。因此成吉思汗先接受了道教,之后蒙哥汗和忽必烈选择了藏传佛教,吸引他们的正是耶律楚材所排斥的种种神通、诸般变化。

5　佛道辩论

如前所述,道教全真派在蒙古国时代取得了前所未有的崇高地位,势力发展到顶峰,引起了佛教的不满。耶律楚材因此撰写《西游录》,批评全真教和丘处机的各种做法。这种矛盾在蒙哥汗时期达到了顶峰。

从成吉思汗会见丘处机到蒙哥汗即位,经过了近30年,这期间蒙古铁骑征服了西夏、西辽和吐蕃等大片区域,这些都是佛教盛行的地区。蒙古统治者在征服的过程中受到了大量佛教的影响。尤其是蒙哥汗继位之后,各宗王分封吐蕃,与吐蕃藏传佛教各派结成施主与福田的关系,佛教的影响越来越明显。汉地禅宗的势力也逐渐恢复,对于全真教的不满越来越明显,终于在蒙哥汗四年(1255)上诉,要求辩论决定双方高下。

佛道辩论共举行4次,在藏传佛教的支持和皇帝明显的偏袒之下,4次辩论都以佛教胜利、道教失败而告终。这4次辩论是如何进行的,两种宗教的辩论内容是什么,都会在这一章进行介绍。

5.1　佛道辩论的起因

1219年,刘仲禄手持成吉思汗诏书,前去迎请丘处机。次年正月,丘处机率领弟子18人启程西去。一路上,王公大人争相拜谒,赠送诗歌,士庶均奉香火迎接,全真教的影响已经非常广泛。路途花费两年,1222年四月到达阿姆河南岸的军营与成吉思汗会面。交谈之后,成吉思汗对丘处机非常崇敬,称他为"神仙"。这些情况在第四章中已经详细叙述。1223年,丘处机请求东归。成吉思汗赐给他虎头金牌和玺书,免除他门下所有宗教人士和机构的赋税差役。这一次他手执成吉思汗的圣旨,回到燕京的路上,更是沿途受到蒙古官员的敬奉。

这种情况正是全真教发展的大好时机,丘处机已经清楚地认识到这一点,在返回燕京的路上,他就对随行弟子说:"当今战乱之后,生灵涂炭,很多人衣食不保,居无定所。我们应该抓紧时间,建立道观,度化徒众。这是此后修行的首要任务,你们要牢记在心。"

回到燕京之后,丘处机应燕京行省官员所请,居住在太极观——后来改名为长春宫,这里从此变成了全真教甚至北方道教的中心。丘处机的弟子们谨记师父所教导的,以立观度人为修行的首要任务,四处招收徒众,为人颁发度牒,很多无力度日、卖身为奴的贫民借此机会归入道门。因此全真教的徒众飞速增长,据记载很快增加到两三万人。当时的文人元好问写了一篇文章记录修建武清真观的始末,他在文中说:"自从丘处机应诏觐见成吉思汗之后,天下之人有十分之二都是全真教的道士,声势浩大,鼓动海岳。"

这样数量庞大的徒众,原有的道观是远远不够的,更何况如第二章所介绍的,全真教创立之初,教义是以清净无为、避世苦修为主,本来不注重修建道观。此时人数激增,且有成吉思汗的圣旨,可以随处建立宫观,于是趁此良机,开始大兴土木。根据现代学

永乐宫

者的统计,从丘处机到李志常掌教期间所建立的道观,燕京地区有一百多所,河北、河南地区有二三百所,山东、山西和陕西地区也建立了大批宫观。全真教的三大祖庭,山西的永乐纯阳万寿宫、陕西的重阳万寿宫和北京的长春宫(现在的白云观),都是这一时期建立的。

虽然大量建立宫观,可是仍然赶不上教徒增长的速度,为了方便起见,且有皇帝圣旨的支持,不可避免地出现了占领本来的佛寺、夫子庙等释教和儒家的产业,改建成道观的现象。因为战乱之后,很多寺院被毁,僧人四处逃散,勉强保留下来的寺庙也没有僧人居住,文庙更是荒芜。全真教得势之后,更有大量僧人转而学道,佛教衰落,僧人减少,废弃的佛寺也有不少。起初,全真教只是在被毁寺庙旧址上建道观,或

·欧·亚·历·史·文·化·文·库·

占据被废的寺院,后来也出现了霸占仍有僧人居住的寺院,直接把佛像换成老子像,就地将寺庙改成道观的情况。《至元辨伪录》中列举了一些道士占据寺观、文庙的典型事例:

白云观

　　盘山中盘的法兴寺,战乱之后荒芜一片,几乎没有僧人居住,振公长老身为方丈,依靠橡子野果充粮度日。此时全真教徒人数激增,于是向振公长老请求借住。振公长老觉得让道人居住总比荒凉一片要好,于是同意道士借住。时间长了之后,就有王道政、陈知观、吴先生等拆毁殿宇,打坏佛像,又推倒了寺院里的古舍利塔,而且向太后陈奏,获准将法兴寺改成了栖云观。

　　又有德兴府的水谷寺,是一座名刹,保存着一尊古佛像和十六尊罗汉石像。战乱之后僧人逃散,寺庙废弃,无人看守。于是道士居住其中。时间长了之后,道士想要霸占寺院,怕僧人夺回,因此将佛像和罗汉像推进山涧。后来僧人果然前来争要,道士竟然大言不惭,说这本来就是道观。僧人从山涧中找到佛像,道士才无话可说。

　　道士还毁掉西京的夫子庙,改为文成观;把平谷县的水谷寺改成道观,将正殿的三座佛像推入山涧之中;又有道士许志观,把檀州的木林寺中佛像拆毁,改立三清塑像,变成天宝万寿宫等。

《至元辨伪录》是佛道辩论僧人胜利之后所编写的书,其中提到的这些情况也不知是真是假,譬如盘山中盘的法兴寺改为栖云观事件,《至元辨伪录》虽然说道士假称借住,后来打坏佛像占据,但道教方面的说法并非如此。盘山是苏州城北的一座名山,山有上中下三盘,风景秀丽。道士姬志真所写的《云山集》中说:长春真人门下有弟子王志谨,号栖云子,他和他的徒弟张志格等四处寻找适于建道观的处所,发现此山,于是兴建道观,请长春真人建醮,题名为栖云观。由于佛道辩论道教失败后《道藏》被焚毁,道教资料留下较少,我们只能在文集之类的零散史料中寻找道教方面的说法,所以在其他大量记载中,很难看到道教方面的说法,只能读到僧人的一面之词。

有时候可以看出《至元辨伪录》中的一些说法有夸张之处,其中提到"丘处机的弟子宋德芳占据了净居山,穿石打洞,改为道观,立碑树号"。河南息州(今天的河南省息县)的净居山寺是非常著名的一处佛寺,其有名之处在于宋金曾在此有过一场重要战争。金宣宗即位后,蒙古南下,金朝南渡,迁都汴京(现在的河南开封),失去了北方的大片土地,人口和税收骤减,大量官员无处安排,因此兴定年间决定向南宋开战,准备从南方获得弥补。南侵的战争就是从息州净居山寺开始的。金兵出兵息州,宋兵占据山寺进行抵抗,于是金兵放火烧山,净居山寺在这一战之后,其实已成为一片废墟。后来宋德芳在此废墟之上建立道观,似乎称不上强占佛寺。

《至元辨伪录》又称"檀州的灵岩寺,是昔日邹衍吹律处,堂殿廊庑全都完好,然而全真道的贾志平、王志钦依仗着丘处机的势力,将佛像毁坏,立起道教三清的塑像,把刻有佛经的石幢推入山涧之中,又占据了原属寺院的田地园林,改名为大同观"。如果所述属实,占据灵岩寺固然属道教之过,然而邹衍是战国时期齐国的一位阴阳五行家。"邹衍吹律"是汉代刘向《别录》中记载的一个传说,大意说燕地有一个山谷,水土丰美,但因为气候严寒,不生五谷,后来邹衍在此吹奏春之韵律,改变五行之气,使气候温暖,从此可以种植黍稷,因此叫做黍谷山。按说作为阴阳五行家的邹衍和佛教毫无关系,反倒是跟道教颇有渊源,结果僧人竟提出占据了"邹衍吹律处"来彰显道士的罪过,只不过当时道教已经大败,自然无人能够反驳了。

总的来说,由于全真教势力发展过快,虽然大量建造道观,仍无法容纳众多教徒,更何况成吉思汗对丘处机崇信非常,每次有燕京的使者去见成吉思汗,他都要问:"神仙最近好不好?"1224年,成吉思汗又派使者对丘处机说:"自从神仙走了以后,我没有一天忘了神仙,神仙也不要忘了我。一切属于我的地方,你喜欢就可以住下。要让你的门人经常为我念经祝寿。"得到成吉思汗这样的恩宠和允许,全真教徒们占领土地建立道观,若说是奉旨而为只怕也不为过。何况教门势力大张,短短几年内招收数万徒众,难保良莠不齐,龙蛇混杂,有些地方的道教徒仗势欺人,的确难免。

道教的势力过于庞大,严重损害了儒家、佛教,尤其是佛教的势力,是这次辩论的主要原因。但这次辩论的直接原因是全真教道士令狐璋和史志经编入《道藏》的两本书,《老君化胡成佛经》和《老子八十一化图》。

从唐代开元时起,道教经典被结集成《道藏》,此后宋代编辑过《政和道藏》,金代利用《政和道藏》的版片,又补入残缺部分,编纂过一部《大金玄都宝藏》,然而金章宗明昌二年(1191)编成,仅过了10年,泰和二年(1202)版片就毁于大火。金末战争之中,各地所藏的道经又多毁于兵马。因此丘处机觐见成吉思汗,返回燕京之后,决定重修《道藏》。丘处机回到燕京时已经77岁高龄,3年之后就去世了,因此这件事由他的弟子宋德方承担。宋德方率领徒众,在山西、陕西、河南等地设立了27所经局,召集500多名熟习道经的道士进行收集、编纂、校雠、刻版等工作。其中山西平阳的玄都观为总局。宋德方的弟子秦志安在平阳玄都观总理其事,使用保存在管州的唯一一套《大金玄都宝藏》为底本,又四处寻找遗经。从1237年开始,一直到1244年编纂结束,前后经过8年时间,编成7800多卷,称为《大元玄都宝藏》。

这是中国古代历史上唯一一次由私人重修的《道藏》,其余都是官修。而且这次重修,是在金代的版片已经全毁的情况下,利用保留下来的书籍,重新刻版修成。不过在编修《道藏》的过程中,也有不少道士借此机会,将一些自己编写的道经收入其中,希望传至于后世。譬如李志常就编了一本《重阳王真人悯化图》,这本书讲述王重阳悯化众生的事迹,共有55幅图,形式很可能跟《老子八十一化图》差不多,金末元初的文人任士林为此图所作的跋文流传下来,因此我们能够了解大概的情况。令狐璋和史志经将《老君化胡成佛经》和《老子八十一化图》编入《道藏》,说不定在当时也是全真教高层道士的普遍行为。然而因为史志经将此二书单独抽出，印刷多份，广为散发，导致佛教徒借此机会，引起辩论，最终道教辩论失败，这套《道藏》除了《道德经》之外，被全部焚毁，实在是非常可惜。

因为道教辩论失败之后，这两种书作为辩论的起因，被严格销毁了，我们现在无法了解这些书的全部内容。但在元代僧人祥迈所编纂的记录辩论经过的《至元辨伪录》中大量引用了《老子八十一化图》，因此我们还可以看到这本书的一部分观点。《老子八十一化图》主要是讲述老子最早如何诞生，后来又发生了 81 种变化，在这 81 种变化中，出现了大量神迹，施展了无数功德。根据书名来看，很可能是一部图文并茂的作品。

史志经是燕京长春宫的玄学讲经宣义大师，因此宣讲教义是他的本职工作，《老子八十一化图》很可能是史志经所编写的讲经课本。书成之后，他和令狐璋又进行了大量的宣传，不但把《老子八十一化图》雕刻在很多石碑上，而且将此书送给朝中的很多王公大臣。这一行为，应该是为了传教之用，其目的是宣传道教的诸般神奇、无所不能，从而使信仰其他宗教的人改信道教，使道教人士信仰更加坚定。

这本书广泛流传之后，引起了佛教徒的极度不满。因为老子的 81 化中，包括了在西域教化胡人的内容。说老子前去西域感化胡王，胡王用火烧他，他在火中大放光明，讲《金光明经》，胡王又用大锅煮他 3 天，他在沸水中使莲花盛开，坐在莲花上讲《涅槃经》。之后让尹喜变成佛，当胡王的上师，为其传授五戒十善、《四十二章经》。尹喜是《史记》中记载的，是看守函谷关的关令，老子西出函谷关隐居的时候，尹喜让他隐居之前写点东西，于是老子留下了《道德经》五千言。结果函谷关的关令在《老子八十一化图》中变成了释迦牟尼佛。这自然令佛教徒非常不满。由于道教侵占寺庙、毁坏佛像、占据寺观的土地财产等，已经引起了佛道二教的深刻矛盾，因此佛教徒决定借此机会进行反击。

当时少林寺的住持雪庭福裕，是我们在第三章中介绍过的万松行秀的弟子。他在北方佛教中地位很高，和万松行秀、海云印简均关系密

·欧·亚·历·史·文·化·文·库·

切,也很早就和蒙古皇室有联系。乃马真后称制期间,忽必烈曾提供田地钱物,命他在当时的首都哈剌和林(现在的蒙古国乌兰巴托)修建报恩寺,召开资戒大会,布施众僧,为王室祈福。贵由汗继位后,命他主持和林的兴国寺。蒙哥汗继位后,又命他在哈喇和林兴建北少林,并担任住持。因此福裕长老在蒙古宫廷中颇有声望。

1255 年,也就是宪宗即位后的第 4 年,福裕长老发现全真道士向很多王室近臣赠送《老子八十一化图》。这本书与其说是宣扬道教的经典,不如说是佛教对付道教最佳的武器。早在尊信道教的唐朝,就因老子化胡说导致了佛道辩论的道教失败,皇帝下旨毁去化胡经。然而道教每次得到政府支持时,总是忍不住又把这件事儿抬出来,提升自己的地位,证明道教比佛教更高一等,这次也是如此。全真教在丘处机觐见成吉思汗后势力急剧扩张,佛教早就想要反击,这次福裕立刻抓住机会,请求学士安藏将此书呈现给阿里不哥,控诉其书之伪。

安藏是一个畏兀儿人,出身于佛教世家,是一个虔诚的佛教徒,兼通儒学、医学。据说他出生之前的某一天,他的父亲正在冥想观音,忽然看见观音抱着一个童子交给他,之后他的母亲就怀孕了。安藏 5 岁的时候,有一次连睡了三天三夜,醒后问他缘故,他说因为听文殊菩萨说法,不知不觉久留忘返。从此跟父亲和哥哥讲诵经论,读一遍就明了其意。9 岁随师父学习佛法,13 岁就能背诵《俱舍论》,15 岁的时候,儒释贯通,19 岁因为精通佛法,应对合皇帝心意而被任用,侍奉阿里不哥。忽必烈和阿里不哥争夺汗位的时候,他归附忽必烈,后来为世祖推荐过不少佛教人士。他精通多国语言,为忽必烈翻译过《尚书》、《资治通鉴》、《贞观政要》、《难经》、《本草》等书。

安藏信奉佛教,知识渊博,又精通各种语言,因此福裕请他在阿里不哥面前辨析《老子八十一化图》为伪造经典,控诉道教诽谤佛门,实在是最合适的人选。经过他的一番辨析解说,果然阿里不哥同意这本书不合道理,明显伪造,因此上奏宪宗蒙哥,说道教诈伪、破灭佛法、败伤风化等等。

蒙哥本来是一个宗教平等主义者,听到这样的控诉之后,觉得不应该偏听一面之词,1255 年,他召集福裕长老和全真教掌教李志常在和林的万安阁当面对质。在座的还有一些王公大臣、学士安藏,以及作为翻译的哈剌哈孙。顺便说一句,哈剌哈孙本人也是一个佛教徒。

这次辩论主要是在和林北少林的福裕长老所率领的一批少林僧和李志常之间进行的,此外,佛教方面还有藏传佛教的那摩国师助阵。据《至元辨伪录》的记载,李志常在蒙哥汗面前,面对福裕等做出的指控,根本没有做出什么争辩,只是一再说:"乞儿们不会做出这样的事。这些事我一概不知。"众僧指责:"你什么都不知道,如何掌管天下道教?"李志常只能嘿嘿赔笑,说不出一句话。僧人又在大汗面前批驳《老子八十一化图》的内容荒诞不经,说:"这《八十一化图》中说李老君生于五运之前,明显就是妄言,不知道从哪编出来的。而且《史记》明明记载说老子和孔子是同时代的人,都在周朝末年,所以唐初的秀才胡曾咏史诗有'七雄戈戟乱如麻,四海无人得坐家,老氏却思天竺住,便将徐甲去流沙'这样的诗句。根据这首诗,老子明明就是周末的人,凭什么编造出这样的伪说,欺骗主上呢?!"

关于道家的"老子生于五运之前"这一说法和佛家对此的批评,在此略作解释。根据《至元辨伪录》所引用的来看,《老子八十一化图》中提到:道是万物之始,自然之母,由道生真一之气,真一之气历九十九万亿九十九万岁生上三气,再历九十九万亿九十九万岁,上三气生虚皇天尊,历九十九万亿九十九万岁,再生中三气,再过如上时间,中三气生元始天尊,以此类推生下三气、生太上道君,最后生了李老君。老君生后,乃生五运,为太易、太初、太始、太素、太极。

佛家辩论说:根据《列子》《易经》《钩命诀》,天地未生之前有太易、太初、太始、太素、太极,太易时未见气,太初时开始有气,太始时开始有形,太素时开始有质,太极时形质已有,混沌未分。怎么可能在太易之前就已有九气?老子分明是周末的人,而虚皇天尊、元始天尊、太上道君这几个人的名字,从大篆、蝌蚪文、玉版、金匮到秦汉魏晋、宋齐梁陈记事记史的书里,都从没见过。可见这是瞎编的伪说。

李志常听到僧人这样批评,说:"这都是下面的歹人做的事,弟子

215

实在不知情。"

少林僧人又说:"老子既然是大贤,就应该佐国安民,周末乱世,辅佐君主还来不及,怎么能坐视国家乱亡,自己西去流沙,忍心不拯救自己的国家呢?自己的家乡都不能拯救,还要去教化羌胡,岂不是荒谬之极。这就好像头上着了火,尚且不能扑灭,却要去救他山之火,就算是愚昧无知的人,也知道是荒谬之说。"

李志常拱手谢罪,脸红出汗。

少林僧人乘胜追击:"道士欺瞒轻侮朝廷,仗着财力雄厚,收买臣下,取媚人情。又仗势欺人,占夺佛寺,损毁佛像,打碎石塔。玉泉山的白玉石观音像被道士打碎了,各处刻有经文的石幢被道士推倒了,寺院的田产、果园、树木也都被道士霸占了。粗略计算一下,能叫出名的就有 500 多处。今天都要请皇上做主,令道士归还。"

李志常表示情愿归还,无可辩驳。

少林僧人又说:"这《老子成佛化胡经》和《老子八十一化图》本是伪造,如果不把书版片烧毁,难以杜绝邪说。"

李志常又表示情愿烧毁,没什么可说的。

蒙哥汗说:"我登基当皇帝之前就有的,依照旧例实行。我登位之前没有的,不宜增添。既然是说谎的道士重新编辑的,那么不可行。"

当时少林的胜讲主瞪眼怒骂李志常,骂他为畜牲,李志常赧然无对,一言不发。蒙哥汗对群臣说:"道士理短,不敢回答。"

以上是《至元辨伪录》所记录在御前辩论的情景。一看就知道,李志常懦弱得不合常理,此种描述应该是被僧人丑化的结果。史书记载,这次御前的小型辩论之后,还先后举行过两次公开的大辩论,如果在蒙哥汗面前,李志常已经诚恳认错,愿打愿罚,该退还的寺院田产一并退还,该烧毁的经版一概烧毁,那么就不需要再进行后面的两次辩论了。如我们已经在第二章所介绍过的,李志常是一个政治手腕很厉害的人,不会如此退缩。

大概可能的情况是,对于所谓强掠寺院、毁坏佛像、霸占田产等指控,李志常在皇帝面前推称一概不知,即使有,也是下面的不肖歹人暗中所为,因为教徒众多,遍布全国,这样的事情即使有一两件,也难以遍知,自己最多有掌教不严、管理不力的罪名。至于伪造经典、毁谤佛教、欺瞒朝廷,这种罪名大概不会承认,因此才会引发后面的两次大型辩论。

这一次的御前辩论之后,和林的北少林方丈雪庭福裕长老又上表陈述道教的荒诞欺罔,其表洋洋万言,翻译为白话文大概如下:

第一部分主要讲述佛教的诞生:

> 释迦牟尼在周朝的第 5 位皇帝昭王二十四年时生于天竺,父亲是净饭皇帝。母亲是大术圣后,梦见白象驾着日轮忽然坠落在怀中,醒来之后就怀孕了。足月时圣母扶着树枝,释迦牟尼从她的右胁出生。当时红莲开放,9 条龙喷出香水为他沐浴。佛祖有 32 种独特的外貌特征,还有 80 种美妙之处。他出生后一手指天一手指地,口称"唯我称尊",就在这种种祥瑞景象中降生了。

第二部分主要讲述道教的起源:

> 老子在周朝第 22 位皇帝定王二年生于楚国苦县厉乡曲仁里。父亲叫韩乾,母亲叫精敷,怀胎 81 年才生于李树下,所以姓李名耳,字伯阳。因为生下来就是满头白发,所以人称老聃。到简王二年时,官至守藏吏,十四年迁太史。到周景王二十三年。西出函谷关,遇关令尹喜,传授《道》、《德》二篇。但出关之后,未能穿越流沙,死于槐里,即京兆府的兴平,就地安葬,这些都是有据可查的。

第三部分论述全真教的"老子化胡说":

> 释迦牟尼和老子两位圣贤,虽然有先有后,但其圣贤之心,并无分别。而全真教兴起于战乱之后,穿道家的衣冠,号称老子的徒党,实际上弃老子之宗庙,悖老子之道德,拆毁寺庙,假造伪经,新编辑的《老子八十一化图》和《老子成佛化胡经》等,荒谬之极。《老子八十一化图》说:老子生于殷朝第 18 位皇帝阳甲庚申年,是真妙玉女白天睡觉的时候,梦见太阳神驾九龙而下,化为五色流珠,吞珠而受孕。怀胎 81 年,到殷朝第 21 位皇帝武丁庚辰年,攀着一棵李树,剖左胁而生。他出生后就走了 9 步,步步生出莲花,

·欧·亚·历·史·文·化·文·库·

天上日月光明,祥云笼罩。他的母亲扶着树枝。天上白鹤飞翔,九龙吐水。老子有72种外貌特征、81种美妙之处,指天指地,称说"唯道独尊"。长大后当了文王的守藏吏,到成康时,为柱下史,不久舍弃周朝的官爵。这些话明显是从佛经中抄来的。《老子八十一化图》又说,老子在周昭王二十四年时飞升,成为太微星,又生于成都的李家,与尹喜相会,又飞升转世到了西天天竺,让尹喜变成佛以教化胡人。这些话简直就像小孩子说的戏语。

第四部分批评这种说法:

> 佛生于周昭王,老子生于周定王,尹喜授《道》、《德》二篇于周景王,之间相隔507年,却说尹喜是佛,岂非过于荒谬。老子的生平在《史记》中记载得很清楚,却说他是殷朝阳甲时候,真妙玉女所生。这真妙玉女是凡人还是神仙?如果是神仙,老子怎么会去当周朝的小吏呢?如果是凡人,姓甚名谁,哪里人氏?何况如果老子出生的时候,有万般祥瑞,世间的人怎么能不知道,竟然还让他当小吏?这可不是瞎编吗?现在老子在槐里的冢墓仍在,全真教徒却说老子白日飞升,没有冢墓,因此不去祭祀清扫,使老子之墓淹没在荒草荆棘之中。只要是人就做不出这样的事。庄子是老子之后的亚圣,列子是道教先贤,他们却均未说过老子化胡之事。这《老子成佛化胡经》和《老子八十一化图》中所说的人,与史书记载全部符合,似乎根本不是老聃。难道老聃之外另有一个太上老君成了圣人吗?为什么要编造这样一个圣人呢?人怎么能这样凭空说谎呢?

第五部分控诉道教,祈求皇帝伸张正义:

> 最近道教徒在许昌新做了三教碑,把老子放在中间,而佛和儒在两边,完全不遵循自古以来的定例。三教之位,从汉朝至今1000多年,就好像手掌上的手指,短长左右自有固定的位置,岂是这些人能够改变的。这些道教徒一心想毁灭释教之道,释氏是不可能被毁灭的,可惜老子之道却被他们败坏了。这就好像藤萝攀附在松树上,繁荣茂盛。樵夫牧人路过的时候仰头观看,虽感叹道

"多么茂盛的藤萝啊",却赞叹藤萝不及松树。如果松树枯萎,没有树枝让藤萝攀附,藤萝即将枯萎落地。而藤萝虽然茂盛,难道还期望伸入云霄吗?老子之道,只不过就是攀附在松树上的藤萝而已。希望皇上明察英鉴,正三教之典谟,为万世之规矩。

这篇上表洋洋洒洒,旁征博引,笔者在翻译成白话文的过程中已经做了一些删减,原文翻译成蒙文估计甚是困难,即使成功地翻译成蒙文,蒙哥汗也未必看得懂,解释起来真是要费老大精神。因此蒙哥汗下了一个顺水推舟的圣旨,大意说:

> 那摩大师和少林长老说道士诽谤佛教,制造伪经,毁坏佛像,把释迦牟尼佛像放在老君下面。与李真人当面对证问了,李真人说并不知情。现在委派布只儿等断事官与其对证。若发现果然有新造的伪经,就交给那摩大师,造伪经的道士,交给布只儿等断事官,当面对证断罪,断决轻重由那摩大师掌握。毁坏释迦佛像及观音像,改塑李老君的,让道士们依旧重塑释迦观音像,改塑好了交给和尚们,毁坏佛像的道士们依理断罪。若和尚们毁坏了老子像,改塑佛像,也依例断罪。

从这圣旨看来,蒙哥汗也没弄清楚到底谁有理,让布只儿等断事官来处理这件事。由于佛教方面是原告,所以按照僧人所控诉的罪状调查,如果查清楚僧人所说是实,就按照佛僧所说的办,但如果是僧人做了坏事,也要照例惩罚。

布只儿是蒙古脱脱里台氏人,在太祖时期就已经是著名的勇士,跟太祖四方征战,曾经在战斗中身中数箭,血流遍体,昏迷不醒,生命垂危。太祖成吉思汗命人杀了一头牛,剖开牛腹,把他放了进去,浸在热血之中,过了很久他才苏醒过来,捡回一条命。因为他战功卓绝,因此被太宗窝阔台任命为大断事官,可以想见,对于老子和释迦牟尼谁早谁晚一类的判断,他既无兴趣,也不在行。大概也就依照僧人所指控的,给道士下了类似于这样的判决:"如果你们真的占了僧人的寺院,就还给人家,打坏了的塑像,就给人家重塑吧。"所判决归还的寺院,大概包括前面所说,僧人陈述的盘山中盘的法兴寺、德兴府水谷寺、檀州的木林寺等。

前面说过,道教兴盛时期,成吉思汗曾经允许他们随意建立道观居住,因此修建了大量道观,也有不少是在寺庙的原址上修建的,之后发展为把寺庙改造为道观,所以这一类事情是无法否认的。但李志常并未按照判决乖乖归还,而是派道录樊志英向皇帝上奏,陈述自己一方的理由。具体怎样陈述的,现在我们已经不知道,但由此已经可知,在御前辩论时,李志常绝非僧人所描述的那般懦弱无能,一概认罪。

据《至元辨伪录》的记载,李志常上奏之后,大贵族忽都忽那颜认为已经决定的事情不需更改,但道士们"假传圣旨,坚持不还寺院,反而推倒界墙"云云。据常理猜测,李志常等未必有假传圣旨的胆子。有可能是李志常上奏之后,蒙哥汗又顺着道家的说法下了圣旨,导致反反复复纠缠不清。这种情况在蒙元时期倒是常见的。除了忽必烈之外,蒙古的皇帝大多对政治不感兴趣。若读一些元朝文书,可以看到,皇帝的圣旨多半是顺着臣子的意思说话,大臣说怎么办,皇帝就愉快地同意,另一批大臣表示相反的意见,皇帝还是愉快地同意,如此反复,就看两批大臣谁说得过谁了。

李志常不肯归还寺院,僧人们则继续上诉,要求再次辩论。1256年,那摩国师连同一批少林僧人,还有燕京、大名等各地前来助阵的僧人,在哈剌和林的南昔剌行宫——"昔剌"是蒙语金黄色的意思,所谓昔剌行宫,应该就是一个巨大的金色帐篷——再次和道士辩论。

我们还是只能从僧人的记载中了解当时的情况。僧人记载说,众僧在行宫等待道士前来辩论,但李志常胆怯不敢来。因为李志常自己琢磨,之前在皇帝面前唯唯诺诺,推称什么都不知道,这次再来辩论,岂不是说过的话不算数,自己打自己嘴巴子。所以让代理掌教张志敬和道士魏仲平等人前来拖延时间。打听到众僧人退朝之后,又来到宫中走关系。蒙哥汗和阿里不哥大王都知道李志常理短词穷,因此谁都不理他。李志常见到众僧得势,非常害怕,进退两难,烦恼郁结在心中,竟然脑中长疮,再加上惊恐不已,又被雷劈,就此死了。和尚照例作诗嘲笑:"楂子店前不死方,老丘传与李真常。三千玉女长春馆,十二琼楼偃月堂。服气变为休息痢,吞霞化作脑疽疮。全真业贯年来满,霹雳掀檐罪玉皇。""服气变为休息痢"是说丘处机得了痢疾,"吞霞化作脑疽疮"就是嘲笑李志常,最后两句说全真教恶贯满盈,所以遭受雷劈,真是极尽讥讽之事。

李志常此时的确已经病重,有可能是因为道教遭此大难,心中烦恼,再加上本来年事已高,几次奔波,因此患病不治,不久去世,因此未能前来参加辩论。

最后,蒙哥汗决定不管这种宗教文化界的纠纷,把这件事交给了忽必烈,让忽必烈主持佛道二教再辩论一次。当时,忽必烈受命管理中原的一切事务,在开平(也就是后来的上都,在今天的内蒙古正蓝旗)建立自己的王府,处理汉地政务。他对汉文化和佛教都颇感兴趣,延揽了各界知识分子,僧道士俗无所不有,有点孟尝君养士的感觉,手下有足够的能人可以主持、翻译和评判佛道二教的辩论。而且忽必烈掌管汉地事务,僧道二教的主要势力都在汉地活动,这件事由他来处理,倒也甚为恰当。

1258 年,忽必烈奉蒙哥汗之命,在开平主持佛道两教的大辩论。这一次的辩论规模远盛于前次的御前辩论,双方都召集了很多高人领袖,由儒家知识分子担任裁判,忽必烈和众位大臣观战。

参加辩论的双方辩手如下:

佛教方面是以雪庭福裕为首的众位汉地僧人,包括我们介绍过的万松行秀的弟子林泉从伦和至温,还有在忽必烈身边大为得势的僧子聪,也是前文详细介绍过的刘秉忠,此时他已被封为太保,所以被称为太保聪公,另有燕京、大名府、蓟州等地著名寺院的高僧,以及以那摩国师、八思巴国师等为代表的藏传佛教僧人,另有西番国师、河西国僧、大理国僧等各地僧人总共 300 多人。

道教方面是以张志敬为首的全真派道士,包括道录樊志英、道判魏志阳、讲师周立志等 200 余人。

还有忽必烈门下的儒士谋臣窦默、姚枢、孟速思、廉希宪、张文谦等200 多人旁听作为证人及裁判团成员。这些都是元初非常有名的儒

221

士,在此简略作一介绍。

窦默,字汉卿,出身于金朝望族。蒙古伐金时家破逃难,娶了一位医生的女儿,因此学习医术,成为医生。后来被忽必烈召至潜邸。忽必烈向窦默请教治国之道,窦默不太懂这些,说了些三纲五常、真心诚意的道理。忽必烈不是很满意,问窦默:"有谁知道治理国家之道呢?"窦默于是推荐了姚枢。

姚枢在窝阔台时期就曾觐见大汗,受命在战争结束后寻找战败一方的道、释、儒、医、卜等人才。这个活很不好干,为了振奋士气,主将往往命令屠城,多半将他挑选出来的人才也一并屠杀,他只能一边跟主将争辩,一边示意大家快跑,就这样救出了儒士赵复,后来成为北方理学的代表人物,朱子之学就是通过赵复才传入北方的。姚枢后来弃官隐居,和许衡研究学问,颇有名望。直到窦默向忽必烈推荐,被召至府邸,他的才能才得以发挥。世祖朝的大量规章制度,都是由姚枢制定的,他是元初最重要的政治人物之一。

孟速思和廉希宪都是畏兀人。孟速思据说本国书无所不通,知识非常渊博。廉希宪从小喜好经史,被世祖称为廉孟子。畏兀人大都信仰佛教,但廉希宪更加尚儒。他曾担任京兆宣抚使。京兆是忽必烈的分地,也是忽必烈即位之前的根本之地。这一带多是贵族豪强,少数民族聚居,以难于治理著名。廉希宪和许衡、姚枢等商议后,首举办学校,教育人才。有庶民的妻子请一个术士咒杀了她的丈夫,二人被逮捕入狱之后,左右属官都说现在正在大旱,应该免除术士的死罪,令他求雨,廉希宪坚持处死了术士,之后大雨倾盆。

总的来说,这个裁判团并没有明显的宗教倾向,应当会比较公正。

5.2 关于"老子化胡说"

从上面《至元辨伪录》中记载的佛道辩论的具体内容来看,这次辩论的切入点和佛教批判道教的关键点是著名的"老子化胡说"。因此有必要在此介绍一下此种理论的历史渊源。

"老子化胡说"的主要内容就是老子去西方，化身为佛陀，教化胡人，然后创造出了佛教。这其实是一种佛道同源论。通常认为这种说法来自于一本魏晋时期的道教经典《老子化胡经》，后来根据《老子化胡经》又编出很多类似的经书，如《老子开天经》、《老子西升化胡经》、《老君出塞纪》、《老君变化无极经》、《太上老君历世应化图说》等。因为佛教反对"老子化胡说"，所以古代有很多次以此为中心的佛道辩论，如果道教辩论失败，往往要下令毁掉这些经书，所以很多此类经书我们现在无法看到。不过在敦煌出土的文书中，有《老子化胡经》的残卷，可以大概了解这种经书的内容。

　　最早的《老子化胡经》，根据《辨证论》、《高僧传》等佛教经典的说法，作者是西晋的道士王浮。王浮的地位很高，是天师道的领袖人物，因为常常与一个佛教沙门辩论，又辩不过，所以自己编造了《老子化胡经》，用来诽谤佛教。由于这些都是佛教徒所说的，所以不一定可靠，但抛开王浮和《老子化胡经》不论，大家通常同意"老子化胡"的说法是道教首先提出的，为了把佛教说成自己的支派，是一种要把道教凌驾于佛教之上的说法。但经过学者研究之后，认为很可能并非如此。

　　"老子化胡说"这一说法，渊源已久，根据《后汉书》的记载，早在东汉时期，有一个叫襄楷的人，他给皇帝上疏，其中有这么一句话："或言老子入夷狄为浮屠"，浮屠就是佛陀的另一种译法，这句话是说："有一种说法，老子去了西方，变成了佛。"《三国志》中也有类似说法，《东夷传》裴松之所作的注引用《魏略》，更为详细，大意如下：

　　　　有一个国度叫做临儿国，《浮屠经》记载，这个国的国王生了浮屠，浮屠就是这个国的太子……浮屠的父亲叫屑头邪，母亲叫莫耶，……当初浮屠的母亲梦见白象，然后怀了孕，生产的时候，他从母亲的左胁出生，刚生下来就能走路。这个国在天竺……《浮屠经》所记载的内容跟中国的《老子经》不一样，老子西行出关，到了西域的天竺，然后向浮屠传授佛法。

　　天竺大概相当于今天的印度和巴基斯坦，临儿国就是释迦牟尼出生的地方，是佛教的圣地，据说在今天的尼泊尔南部，也有一种说法在

·欧·亚·历·史·文·化·文·库·

今天的印度北部,可能位于印度和尼泊尔边境一带吧。有学者讨论"老子化胡"这种说法,所谓"老子去西方,变成了佛陀",大概很难是他骑着青牛从函谷关一路走到印度,然后摇身一变,变成释迦牟尼创造了佛教,更难想象老子用梵文向印度人传教。因此认为很可能说的是老子转世为佛陀。然而转世思想在佛教传入之前,中国是绝对没有的。转世轮回是佛教独有的理论,因此"老子化胡"这种说法是否是道教人士首创,已经让人怀疑。有学者提出这种说法其实最初是出自佛教徒之口,这一观点颇有见地。

从时间上来看,既然襄楷给桓帝上书时,已经把这种说法当成了一种普遍言论,无论如何,最晚到东汉的桓帝之前,已经有"老子化胡"这种说法了。

然而在东汉时期,道教尚未与道家思想有密切的联系。老子和庄子的道家思想,和道教最初的宗教团体五斗米道及太平道,其实本来并没有太大关系,直到魏晋时期,士大夫阶层才把道家思想和道教相互联系,将老子附会为道教的始祖。这是在第二章中已经详细讲解过的。因此在东汉时期,五斗米道和太平道等,仍是以夺取政权为主要目的的民间宗教团体。这一时期的道教,不但宗旨与佛教完全不同,且尚不认为自己跟老子有关,何必要创造"老子化胡说"以凌驾于佛教之上呢?因而他们似乎并无将老子附会为佛教始祖、创造佛教同源论的动机。除此之外,无论是太平道还是五斗米道,仔细说来,其创立时间大约是在东汉灵帝时期,前面提到,"老子化胡说"最晚在东汉桓帝时已经出现了,因此道教团体的出现晚于"老子化胡说"的出现时间,更不可能编造"老子化胡"的理论了。

与此相反,大约在东汉初年,佛教传入中国。也有人认为早至王莽时代,受到当时政局的影响,丝绸之路几乎一时中断,结果可能有僧侣不得不在中国定居并尝试在中国人中布教,而中国人里也可能有人对僧侣的仪式等感到好奇,从而开始接近他们,于是一部分中国人逐渐对佛教有所了解。

在那个时代,道家、黄老学、神仙方术的信仰极为盛行,黄帝和老子被视为神仙,成为崇拜的对象。因此佛教虽然传入,但佛祖也只不过被认为是跟黄老相似的偶像而已。东汉桓帝的时候,宫中同时祭祀黄老和浮屠,有的学者认为,对于东汉人来说,佛教的教义差不多相当于神仙方术式的教义,僧侣大概就是咒师、预言家、隐士、修行仙道的人或方士一类的人物,而佛差不多就是像黄帝、老子那样能够飞行自如的金色神仙。

出现这种现象是因为,某地的固有文化往往较为符合当地的思维方式,当外来文化传入的时候,由于与当地固有文化有本质区别,因此除非在传入时主动或被动地改变以符合当地的固有文化,否则外来文化可能难以被当地居民所理解和接收。只有当外来文化与当地文化相结合,当地民众方能将其纳入自己的思维方式,外来文化才能顺利进入这一地域民众的精神世界。

以唐代传入中国的景教(基督教的聂斯脱利派)和祆教(波斯的拜火教,又叫琐罗亚斯德教)为例,正因为没有变革其本来的姿态以适应中国人的思想、中国的宗教和习俗,因此难以被中国人充分理解和接受,很快就灭绝了(直到元朝才又重新传入)。而摩尼教从7世纪末传入中国起,就乔装打扮成佛教的一个派别,号称在释迦牟尼涅槃之后,降临世间的弥勒佛就是摩尼,因此摩尼又被称为末牟尼。唐武宗灭佛之后,摩尼教也难以生存,它又采取秘密结社的形式,依托道教,继续发展,在宋代被称为明教。到北宋以后,摩尼教从表面看来几乎与道教毫无二致。北宋编辑的《道藏》中也收了摩尼教的经典,可见不光是一般百姓,就连道士们也把摩尼教的经典看做是道教的经典。

再回到汉代的佛教来看,佛教刚刚传入的时候,基本上是一种与中国文化格格不入的宗教,佛教的早期经典往往译自胡人,非常难懂,剃发出家的规定又完全不符合中国的传统文化,被当时的大臣批判为"无父无君",要求完全禁绝。因此为了传播佛教,必然要使其融入中原的文化之中,把佛教的教义融合在中国的信仰中进行宣传。而当时的佛教徒也正是这么做的,因此有一段时间,佛教被认为是道教的一个分支,叫做"浮屠道"。从佛教方面来看,既然佛陀被视为类似于黄

欧·亚·历·史·文·化·文·库

老一类的神仙,那么不妨就把释迦牟尼与黄帝、老子一类的神仙联系起来,说成是神仙之一较为便捷有利。因此很可能是当时宣扬佛教的人利用《史记》中记载"老子西去,不知所终"这样的说法,将佛陀与老子结合起来了。与此相似的是,摩尼教的经典中,也有摩尼是老子的变身这样的说法,虽然是很久以后出现的巧合,但可见宗教的传播方式总是类似的。

后来佛教越来越流行,而道教就开始利用"老子化胡"这一说法编成经典,用以抬高道教地位。而佛教也很不满这种理论,因此这种说法一直是历代佛道辩论的焦点。佛教屡屡因为这一说法提出抗议,要求进行辩论。唐代就曾有过好几次这样的辩论。唐代由于皇帝自称是老子的后代,因此较为尊崇道教,但佛教势力也很大,佛教要求跟道教辩论,皇帝也不能轻易拒绝。当时辩论的结果是道教失败,唐高宗要求"搜天下《化胡经》焚弃,不在道经之列"。因为《老子化胡经》本来没有什么理论依据,听起来就有点荒诞不稽。唐中宗时代,朝廷再度明令禁止,把《老子化胡经》列为禁书,理由是:"老子所做的《道德经》上下二篇,所阐述的空、有这两种真义,难道还不足以说清楚玄门道教的教义,宣扬道教的精妙理论吗?难道非得假借化胡的说法,才能弘扬道教吗?"实际来看,确实如此,此种无稽之谈在辩论的时候很难站得住脚,如果当时彻底禁绝,道教人士也不再采信,可能真的省了后来很多麻烦。但道教并不放弃这种理论,反而又出现了很多类似经典,如《老子开天经》、《出塞纪》、《玄妙篇》等,这些经典都被编入《老子化胡经》中,《老子化胡经》的篇幅也越来越长,真是越禁越多,导致元代的佛教辩论中道教又被佛教徒击中软肋。

元代的全真教也大肆宣扬"老子化胡"理论。不但所刻的《道藏》中收入了多种《老子化胡经》,而且令狐璋、史志经这两位道人又创造了《老君化胡成佛经》和《老子八十一化胡图》,四处发散,用图文并茂的方式充分发扬这一理论。《老子八十一化图》已经不是简单说老子教化西域胡人,创造了佛教,而是讲述了老子从诞生开始,进行了81种化现,随代教化众人,成为历代帝王之师,有诸般奇妙等等。这是把

"老子化胡"的理论充分推广,不但化胡,而且化帝王、化众生,无所不化,把老子的神妙和功德推向顶峰。

其实这种"八十一化"的说法,也是采用了佛教的理论。道教本身并无"化现"的概念,这是一个佛教名词。我们所熟知的成语"随机应变",就是说明化现的一个佛教词汇。佛在教化众生的时候,根据所教化对象的根基,根据不同的机缘,进行不同的化现,用不同的方式教化对方,譬如对方是畜牲,佛就化现为畜牲,这就是所谓的"随机应变",只不过这个佛教词汇被用于世俗的意义了。《老子八十一化图》等经典不但说老子化胡,而且大量采用佛教的理论来抬高道教,因此让佛教徒们大为不满。

5.3　四次辩论的经过

如前所述,蒙哥汗八年(1258),忽必烈奉蒙哥汗之命,在开平主持佛道辩论。汉地佛教、藏传佛教等300多名僧人和全真教200多名道士进行辩论,另有200多名儒士旁听作证。

根据翰林院文臣唐方、杨文郁、王构、李谦、阎复、李涛、王磐等人后来所撰写的《圣旨焚毁诸路伪道藏经之碑》中的记载,辩论之前忽必烈问:"如果僧道两家某一方输了,应该怎么惩罚呢?"僧人说:"西天的规定是,如果教义堕坏,就要砍头谢罪。"道士听了之后面面相觑,支支吾吾,不敢明确回答。忽必烈也觉得过于严苛,说:"这倒用不着。辩论结果,如果是僧家没有根据,就留头发戴道冠,如果是道士的说法错了,就削发为僧。"

于是辩论正式开始。《圣旨焚毁诸路伪道藏经之碑》记载了其中的一些精彩片段。僧人先从经书的题目开始发难,问道:"就说你们这本经书的题目《太上混元上德皇帝明威化胡成佛经》,如果详细辩论起来,过于烦琐,我们就大意来评论评论。请问:这《化胡经》的内容,确实是老子说的吗?"

道士说:"的确是老君所说。"

·欧·亚·历·史·文·化·文·库·

僧人说:"如果的确是老君说来,《化胡经》中说我们僧众剃发受戒所行之事,你们应该知道得很清楚吧。那请你们把受戒仪范详细说来。"

道士并不了解佛教的受戒仪式,即使知道,对方说并非如此,又该如何?因此答道:"你们的事儿我们不管。"

僧人说:"受戒这种小事你们都不知道,明显《化胡经》是偷窃佛经作成的。"

僧人又问:"你们写《化胡成佛经》,说老子西去化胡、成佛,你们知道佛的含义吗?"

道士说:"佛是世间的上等好人。"

僧人说:"自古以来多少好人,怎么不称佛呢?佛的深义你们并不知道。"

又有道士站出来说:"佛是觉义。"

僧人问:"觉什么?"

道说:"觉察觉悟。"

僧问:"何者能觉,何者所觉?"

这两句已经进入了禅宗机锋问答的模式,道士显然并不熟悉,就按照问题的字面意思回答起来,说:"觉天、觉地、觉阴、觉阳、觉仁、觉义、觉知、觉信,无所不觉,是佛义也。"

这话一看就不符合禅宗的问答方式,僧人方面只怕已经笑掉了大牙,嗤笑说:"佛是大圣之人,穷尽性命之道,岂止觉仁义呢?所谓的觉,是自觉、觉他、觉行圆满,三觉圆明,因此号称佛陀,怎么会仅仅是觉天地、阴阳、仁义而已呢?仁义礼智信这些五常纲典,都是孔子所说的。佛要是只知道这些,孔子怎么不称佛呢?"

在此稍作解释,佛教所谓的三觉,是有明确定义的,指佛教修行的三个不同境界。所谓"自觉",属于小乘,就是能够看透过去、现在、未来三世,能够超越生死,度化自身。"觉他"就到了菩萨的境界,有慈悲心,能够普度众生,使众生都能够脱离生死之苦,得到涅槃之乐。而"觉行圆满"就是佛,能够消除思惑、尘沙惑、无明惑三惑,指的是心性修行的圆满。道家大概是知道佛教所谓的三觉，然而具体内容并不清楚，胡说一气，被僧人们抓住了把柄，因此作为辩论失败的证据被写进碑文。

燕京的圆福寺长老从超禅师趁机挑起矛盾，扩大战火，他对姚枢说："'仁义'这些话，是老子之言，还是孔子之言？"姚枢回答说："是孔子之教。"从超长老说："道士从来都喜欢偷我们的佛经改作道书。你们儒家只有'仁义礼智信'之言，你们看守不定，你瞧，现在也被道士们当面偷了。"

忽必烈听了这话，很感兴趣，问旁边的儒生："仁义之语，是孔子所说的吗？"姚枢等人回答："是孔子之说。"忽必烈说："既然是孔子之说，道士们怎么还拿出来说呢？"至此，道士明显已经败了一场。

接下来藏传佛教的僧人入场。八思巴出面质问："老子留下的根本经教是什么？"

道士回答："有《道德经》是正根本。"

再问："除了《道德经》之外，还有什么根本经教。"

道士说："只有《道德经》是源本经。"

八思巴立刻开始反击："那么《道德经》中有化胡之事么？"

《道德经》五千言，天下人大都读过，道士不敢瞎说，只能老实回答："无有此事。"

八思巴追问："既然《道德经》里没有，那这说法是哪里来的？"

道士说："汉地的史书之中记载了化胡之事。"

在《汉书》、《魏略》等书的《西域传》中，均有"老子化胡"的说法，历代佛道辩论，牵扯到这个问题，道教方面都是用这些书的记载来证明。道士们说到这里，立刻把相关的书籍呈献给忽必烈。如第三章中所述，八思巴和忽必烈的关系非比寻常。1255年，八思巴已经成为忽必烈的上师，传授他喜金刚灌顶，忽必烈多次赐给八思巴诏书，无人之处，传法之时，八思巴坐在上座，忽必烈坐在下位。因此忽必烈必然偏祖八思巴。而且忽必烈早已敬信佛教，对道教既无信仰，也不了解，他看着这些史书问："这是什么书？"

·欧·亚·历·史·文·化·文·库·

道士说:"这是汉地自古以来有名的皇帝编辑而成的史书,从古到今都以此为凭。"

忽必烈因此开始找茬:"自古以来,皇帝是只有汉地才出呢,还是其他地方也有?"现如今蒙古人当了皇帝,道士当然不敢坚持皇帝只有汉地才有,也不敢说什么华夷之辨的道理,只好回答:"其他国家也有。"忽必烈又问:"其他国家的皇帝与汉地的皇帝都一样么?其他国家皇帝说的言语,和汉地皇帝的言语,都一样算数吗?"道士更不敢造次,赶紧说:"都一样,一样算数。"

八思巴立刻接上,说:"既然说他国史书和汉地史书都一样算数,那么我们天竺也有史书,能作为凭据吗?"

道士无奈地说:"都是史书,怎么敢不信呢。"

八思巴说:"且听我来给你讲天竺的史书。佛祖诞生的时候,天竺的频婆娑罗王赞颂佛的出世,他赞道:'天上天下无如佛,十方世界亦无比。世间所有我尽见,一切无有如佛者。'这些是天竺的史书中所记载的。既然'天上天下无如佛',从哪里看出'老君化胡成佛'来?老君如何能比佛呢?可知你们说的都是虚诡之言。"

八思巴继续说:"天竺的史书里还说:'天下有头发的俗人,礼拜一个小小沙弥。'这些话我们的史书中都有,但不见有说老君度人的记载。我们史书中的这些话,你们听说过吗?"

道士答曰:"不曾听说。"

忽必烈一下子发怒了:"偏偏天竺的史书你们就没听说过,汉地的史书你们偏就听说过!既然各地的史书都一样算数,那么其他各地的史书都没有记载老子行化的事迹,只有这《史记》里记着,'老子化胡'不是说谎是什么?连《史记》也不可信,都该烧了!"

眼看着再辩论下去,连中国古代的正史都在劫难逃,不免被烧的命运,姚枢赶紧在旁边宣判:"道士们眼界狭窄,井底之蛙,难以跟他们讲论大方。道士只为执着汉地史书的记载,自相矛盾。前面都说了'都是史书,怎么敢不信',既然天竺的史书这样记载了,那么佛是胜者,道士已经输了。"姚枢为了保护儒家正史经典,不得不弃道保儒,眼

230

看忽必烈如此偏袒佛教,道士也无话可说。忽必烈还乘胜追击:"老君之名,只有在这里才听说过。佛祖之名,普天下都有听闻。老君怎么能跟佛祖平齐呢?"道士也只能默然。这时候有一名道士愤怒不已,气昏了头脑,竟然上言,说自己已经380岁了。大概是听说丘处机曾经号称300多岁而取得了成吉思汗的敬信,因此打算效仿,没想到弄巧成拙。忽必烈命人问他:"你既然活了这么多年,那你说说,当初宋上皇时候,僧人有什么过错,为什么让他们皈依道教,改戴道冠?"宋上皇指的是北宋徽宗,因为金兵南下时,禅让给钦宗,自己当太上皇,所以称之为宋上皇。他宠信林灵素,让天下佛教改为道教,这些在第二章中已有介绍。然而忽必烈何曾知道这些典故,想必是僧人发问。这位大胆的道士说:"我当时住在山中,不知此事。"忽必烈怒道:"你既然说自己已经300多岁了,怎么会不知道这件事。既然不知道这件事,说明你在说谎。"于是派王府中的官员张仲谦去调查这个道士的真实年龄。调查发现他只有30多岁,是邢州人。这一说谎不要紧,因为蒙古人极其憎恨说谎不诚实的人,这位可怜的道士最后竟然被喂了豹子。

最终道教被判定辩论失败,按照约定受罚,皇帝派遣使者脱欢带着道教的樊志英等17人,到龙觉寺削发为僧,焚烧道教45部经,收归以前被道教占据的佛寺共237座。

为纪念这17位道士出家、皈依佛门的佛教盛事,八思巴专门写了一篇文章,翻译为白话文大概如下:

祈愿吉祥!

向上师和文殊菩萨顶礼!向以狮子吼摧毁一切恶见的佛陀顶礼!

当具有福德利乐和大智慧的人主颁布诏命,使善辩的勇士从天界射出装上了正理金刚之簇的讲论清净教法之箭时,那些致力于仙人之道,具有预知未来的慧眼和神幻之力,但却受世俗之气的熏染,而念恋尘世,难入解脱之道,追随太上老君的道士们,他们虽然精习自己的教法,却自吹自擂,近乎癫狂,然而此时他们铁石般顽固的心肠也染上了清净佛法的金粉,勤守佛陀的禁戒和佛法

231

的律仪,使大德们时常欢喜。

祈愿由此善业,世间众生不再追求虚空的神仙,从此进入佛教正法。

以前出生在汉地的太上老君,据说在母胎中住了 82 年,出生后性喜寂静,努力修定,获得了预知世间以及神幻等成就,并使其弟子也入于此道。他的教法和外道数论师相同,信奉此教的道士被称为神仙,他们为数甚多。

因为见此教法危害佛陀之教法,尊奉人主忽必烈破斥此邪魔外道之命,八思巴于马年(1258)仲夏五月二十三日,以清净正见,驳倒了长期修炼神仙之术,精通此道的道士 17 名,使其出家为僧。特记于此。

这次辩论结束之后,僧人方面的辩手之一,开滦路的开觉寺长老祥迈编写了一部《至元辨伪录》,记录双方辩论的情况。其中多方贬低道教,将其描述得懦弱无能、荒谬可笑。但是从八思巴这篇文章来看,道士的表现并不是那么无能,八思巴认为道士的确"精习自己的教法",老子也的确获得了各种神通,可见道士的辩论还是可圈可点的。相对而言,萨迦派的八思巴比起汉地禅僧,态度更为客观。

虽然道教辩论失败,忽必烈下旨,要求道教焚烧伪经,归还佛寺,但其实全真教方面并没有严格实行。1258 年举行辩论之时,蒙古王朝正致力于征伐南宋,对于汉地的宗教辩论并不特别关注。次年,蒙哥汗就在合州城身亡,阿里不哥和忽必烈开始抢夺汗位,征战长达 5 年之久。在忽必烈与阿里不哥作战期间,李璮又在山东叛乱。忽必烈平息叛乱,打败阿里不哥之后,忙于征伐南宋、日本、高丽等地。总之此后十几年间,一直纷纷扰扰,战乱不断。除了应付战争,四处征伐,忽必烈作为建立大元朝、打算用中原的传统方式治理国家的第一个元朝帝王,还花费了大量的时间制定各种礼乐制度。此外,经过几十年的发展,全真教势力已经非常强大,虽然在蒙古王府中一时遭受挫折,但在地方仍然有很多人尊崇,教徒众多,所居住的道观即使曾为佛寺,也不可能一概立刻归还。因此,虽然道士们没有严格执行销毁伪经的圣旨,并仍占据大量寺院不予归还,对此佛教僧人也毫无办法。在当时的政治环境下,僧人也明白,如果咄咄逼人总为这种事向皇帝申诉,实非明智之举。根据后来僧人的申诉:"京城的通玄关观音院,其中的塑像、壁画本来全都完好,当初李志常派弟子打坏佛家圣像,改立三清塑像,后来僧人虽然屡屡陈诉,但道士坚持不予归还。不得已归还时,仍占据原有房产30余间。又有净恩禅寺50余间,正殿内有无量寿佛等16尊塑像,被女冠夺取,改成修真观。还有悯忠寺、慈圣院、资圣寺、金桥寺等。"因为有这些争端,佛道二教之间的矛盾不断,一直吵闹不已。

至元十七年,道士们终于做出了一件颇不明智的无赖事儿。他们自己纵火,烧了自己的3900石粮食,然后诬陷是佛教的广渊僧人派人放火烧掉的。这有点类似于武则天掐死自己的亲生女儿,然后陷害王皇后的事件,只不过武则天大获成功,道士们事情做得不严密,最后失败了。

道士们控告僧人烧毁道教粮食,要求赔偿,僧人们当然不承认。这件事闹到了中书省——中书省是相当于现在国务院的最高政府机关——经过调查,弄清了真相,原来是道士贼喊捉贼,于是将为首的道士甘志泉处死,其他从犯被流放的有几十个人,又向道士们征发3900石粮食——正如他们声称被僧人烧掉的数量——给和尚,作为补偿。蒙古人很憎恨说谎欺骗的行为,这样的惩罚结果是非常符合蒙古传统习惯法的。

因为这件事的发生,佛教徒找到了好机会,再次提出,说在保定、真定、太原、平阳、河中府、关西等处,还有《道藏》伪经的经版没有烧毁,仍然被道士们藏匿着。这时候南宋已经征服,国家也比较稳定,皇太子真金监国,于是这件事就上诉至真金那里。道士们刚刚做出了欺瞒枉上之举,也没什么好说的,真金当即派遣枢密院副使孛罗、中书省左丞张文谦、秘书监焦友直、释教总统合台萨里、太常卿忽都于思、中书省客省使都鲁与在大都僧录司的很多和尚,还有翰林院的王磐,这么一大帮人一同前往长春宫无极殿,协同正一教的天师张宗演,全真教的掌教祈志诚,大道教的掌教李德和、杜富春,以及其他的道教人士,这些人

·欧·亚·历·史·文·化·文·库·

应该算是请来的专家学者，一同考察《道藏》中诸多经典的真伪。

所谓的考察，从这些参与考察的人的身份来判断，其实应该也是佛教和道教关于道教经典的小型辩论，儒生在其中大概还是进行评判工作。这次辩论的主题是《道藏》中有哪些东西应该烧。按说《道藏》里面有价值的书很多，不太可能只有《道德经》是唯一有保留价值的，但此时道教已经几次辩论失败，藏传佛教在忽必烈王朝地位极高，当局人士包括道教徒本身，都已经明确知道了皇帝偏向佛教的态度，因此这次辩论道教也不可能占到上风。考察到最后，僧人们得出结论：《道藏》中虽然有好几千篇，但只有《道德经》真正是由老子所写，也只有这部书有保留价值。其余出自东汉天师道的张道陵，后魏的寇谦之，唐代的吴筠、杜光庭，宋代的王钦若等的道经，都是后人敷衍编造而成，内容则凿空架虚，没有什么根据。后来这些编写道经的人，虽然号称是道教人士，但多半是看了其他诸家的经典，就剽窃过来，当做自己的理论。其中有假借阴阳术数之说来推演兴衰者，有假借医药学说来故做博学者，都当成是道家的理论，并且借用之后，又改头换面，脱漏讹误，改变了人家本来的意思。除此之外，还有一些道士为了牟利，又编出一些符咒，假称佩戴之后，可以使人经商利润翻倍、子孙繁盛、家庭和睦，求妻求子无不灵验。更有甚者，教人佩戴符咒，号称男人佩戴可以当皇帝、宰相，女人佩戴可以当妃子。还有符咒可以避水火、刀枪不入等等，乱七八糟不一而足，如果流传下去，只能愚昧人民，是很严重的社会不安定因素。因此除了《道德经》保留之外，其他的全都是伪经，应该全部焚毁。

虽然得出了这个考察结果，但道教众人还有些不满，毕竟伪经是全真派所编造的，跟大道教、正一道等其他派别无关，现在要销毁《道藏》，只留《道德经》，未免其他各派经典也都要遭殃。而且佛家经典也并非全部都是释迦牟尼所作，如果因为不是老子所作，就全部烧毁，多少让人觉得不合情理。这一结论报告给元世祖之后，世祖说："道家的经典，虽然并非全都是老子所作，但是流传了这么长时间，也未必全部都是假的。如果不分青红皂白，全都烧掉，恐怕道士们心中不服。既然说有符咒可以入水不溺、入火不焚,不如让道士们亲身试验。若不能灵验,再焚毁不迟。"这种试验方法在宗教史里倒也常见,如第一章讲到萨满教和藏传佛教的斗争,就有蒙古王公如此测验萨满教的萨满,不同的是,传说中的确有伟大的萨满经历了大火焚烧的考验,火灭之后反而胡须上挂满冰凌,仿佛在冰天雪地之中跋涉,因此令蒙古王公大为折服,萨满教也保留了下来。

于是皇帝命枢密院副使孛罗、司徒和礼霍孙等人主持,让张宗演、祁志诚、李德和、杜福春四人各推荐一个道士,佩戴符咒,经受大火焚烧的试验。四人上奏说:"这些都是虚妄荒诞的说法,如果让我们经受火烧,必然被烧成灰烬,不敢尝试。我们愿意焚毁《道藏》。"

因此皇帝降下圣旨:天下道家的各种经典,只可留下《道德经》,其余的无论文字、刻版、图画全部烧毁,不得隐匿,否则降罪。民间刊布的医书可以保留。今后道教诸人,都要尊崇老子的道法。喜好佛教的,可以削发为僧,不愿意当僧、道者,可以还俗为民。

然后选定了至元十八年十月二十日,集合文武百官,由大都报恩禅寺的林泉从伦长老点火,在大悯忠寺焚毁了《道藏》中的伪经以及各种道家杂书。这一下,佛教可谓扬眉吐气,振奋不已。当时林泉从伦长老燃香谢恩,发表演说。他第一次举香时,感谢皇帝天恩,说:"佛心天子,悲悯众生,唯恐诸位,堕入邪坑,从不偏袒,公正开明,谁高谁低,必要分明,第一炷香为恭祝我大元世主当今皇帝圣躬万岁万岁万万岁。伏愿金轮与法轮同转,福满乾坤,舜日共佛日齐明,长寿万年。"第二次举香,批判道教的荒谬可恶,说:"忆昔当年明帝时,曾烈火焚烧伪经,辨出真假,大元天子继承传统,显正摧邪,天下欢呼。嗟乎,道教阴蠹佛书,自古至今,造讹捏伪,盗窃佛教经典,谤毁如来,赃诬先圣,丑辞恶语,无知狂谈。自从张道陵杜撰伪经,不遵老子玄言,此后葛洪、陶弘景、杜光庭、陆修静、王浮、寇谦之、林灵素等人,均无好报。毁人祖兮定遭一时之辱,灭贤良兮必招三世之殃,因果无差,报应有准。恭唯我大元世主圣明皇帝陛下辟邪归正,去伪存真,感谢皇恩,粉骨碎身,莫能酬报。"然后他举起火炬,点燃道经,说道:"从此灰飞烟灭后,任伊到处觅

·欧·亚·历·史·文·化·文·库·

天尊。"京城的《道藏》就这样"灰飞烟灭"了。

销毁大都的伪经之后,朝廷又派遣使者到各地执行这一圣旨。幸好当时正一道的张留孙在大都,深受忽必烈的宠信,但他在这种情况下也不敢替道教说话,只能私下里偷偷向太子真金求情。后来真金对忽必烈说:"道家的黄帝、老子之书,里面有很多清净无为、治理国家的方法,不能全部烧毁。"于是忽必烈才又派遣儒生进行挑选。除了儒生挑出的一部分外,还有一些关于设醮的仪式和禁咒的方法等方面的书籍被保留了下来。但是大部分的《道藏》,尤其是涉及佛道关系,以及道教人士传记等内容的经书还是被毁掉了。

根据明代正统年间刊刻《道藏》的时候,考察元代《道藏》所缺的部分编成的《阙经目录》来看,元代的《道藏》一共缺了794种,2500卷,也就是差不多元《道藏》(7800卷)的三分之一都被烧毁。因此明代刊刻的《正统道藏》只有5305卷,比元代反而要少。现在我们已经不知道当时烧掉的道经究竟有哪些,不过《至元辨伪录》中列出了一小部分目录,说明是"圣旨断定为伪经,禁止收藏保存,见到就可以随处烧毁的经书",共有39种,大概是僧人认为特别邪恶的,作为焚毁的重点。这39种经书,一部分是老子的传记,里面或多或少都涉及了老子西去化胡成佛的内容。还有一部分是历代帝王崇尚道教的记录,譬如《历代帝王崇道记》,因为在记述历代的皇帝崇尚道教的事迹时,难免提到道教优于佛教的思想。还有一些是历史上佛道争论的书,譬如有一本叫《道佛先后记》,可想而知,一定是宣扬道先于佛,抬高道教的书籍。

这次《道藏》被毁,实在相当可惜。如前所述,《大元玄都宝藏》共7800多卷,比《大金玄都宝藏》多出1400余卷,短短数十年间,且逢兵荒马乱,怎么会新出现那么多卷道家经典呢?实际上正像第三章中介绍过的,道教是一种包容性极强的宗教,善于吸收各种文化。《道藏》中除了道教书籍外,还包括很多儒家、诸子、医药等各方面的书,甚至其他宗教的经典,道教经常改换名字,就收入《道藏》之中。更何况全真教是以"三教合一"为宗旨的,所编修的《大元玄都宝藏》更是贯彻此项宗旨,兼容并蓄,儒释道三家无所不包。我们现在已经无法看到元代

《道藏》的内容,但当时有一位文人陈旅曾看到了《道藏》的一卷经目,并为其写了一篇跋文。仅此一卷经目中,陈旅就看到"多儒家古书",还有很多"巫医卜祝"之书,感叹说"道经真是世间所不能缺少的"。全真教在战乱之后,花费大量人力物力,收集了如此大数量的各类书籍,编成《道藏》,却被一把火烧掉,对于中国传统文化来说,可称一次灾难。

5.4 佛道辩论的内容

4次辩论之后,佛教取得了完全的胜利,道教则彻底失败。为了纪念这个伟大胜利,滦州开觉寺的长老祥迈编辑了一本《至元辨伪录》记录了整个辩论的过程。《至元辨伪录》是一本很有趣的书,从古到今,有过无数次的宗教辩论,这难免使人好奇,两种宗教进行辩论,究竟从何辩起,又怎样判定胜负呢?其实除了考试和有明确规则的竞技类游戏,任何领域中的强弱高下都是很难判定的,譬如汉武帝和凯撒大帝谁更厉害呢?孔子和苏格拉底谁更高明呢?真的很难说清楚。宗教之中,同一派别的修行者,也许尚有一定标准分辨高下,譬如禅宗高僧相见往往相互辩论打机锋,天师道的道长可以比赛撒豆成兵、召唤雷公电母。可是两种宗教的教义、教法的优劣似乎很难区分。

《至元辨伪录》这本书不但记录了佛道二教辩论的过程,而且详细记载了佛教如何逐条批判道教《老子八十一化图》中的各种观点,很有意思。不过因为最后的结果是佛教胜出,所以这本书是祥迈等僧人把辩论过程中种种批评的酣畅淋漓的得意之语进行汇编而成的,因此记录之中有很多对道教的贬低之语。然而无论如何,这本书让我们了解到宗教辩论究竟是以何种方式进行,如何评判胜负的,还是很珍贵的资料。不过,需要注意的是,由于此书是汇集众人的观点言论编成,其中有些说法前后不同,应该是不同时期的经书内容不同造成的,为了保存原样,本书中对不同说法不作统一。

根据《至元辨伪录》的记载,佛教批判道教的共有14条。这14条

欧·亚·历·史·文·化·文·库·

的格式,都是先概括道教伪经的一个中心伪论点,然后引用道教《老子八十一化图》中的某几化中的说法,接下来佛教徒对这些说法进行长篇累牍的批判。批判时非常注意文采,常常采用对仗句,一气呵成,痛快淋漓,可惜笔者在翻译的时候就只能以表达含义为主了。

由于这本书是在辩论之后、由众多佛教徒编辑而成的,所以应该不完全是现场辩论的记录,而是有大部分后来添加的内容,但从这些内容,我们可以大概看到佛道二教辩论的中心和大概的辩论方法。下面我们来看看佛教是怎样批判道教的各种经典,对于其中比较难以理解的部分,笔者会在后面略作解释。

第一辩,妄立天尊伪

道教观点:

第一化说:大道生出真一之气,经过九十九万亿九十九万年后生出上三气,再经过九十九万亿九十九万年,上三气生出虚皇天尊,以此类推生出中三气和元始天尊,再生出下三气和太上道君,最后生出了老子。生出老子之后,又生五运,分别是太易、太初、太始、太素、太极。

第五化说:老子是混沌的祖宗,是天地的父母,所以他能够开天辟地,分开清浊。

佛家辩论:

从大篆、蝌蚪文、玉版、金匮到秦汉魏晋、宋齐梁陈记事记史的书里,都没见过虚皇天尊、元始天尊、太上道君这几个人的名字。而且天尊这个名字,是用了佛教词汇,佛教古代经典中,把释迦牟尼佛称为天尊。

《列子》和《孝经纬·钩命诀》中讲述宇宙生成的过程,都说天地未生之前有太易、太初、太始、太素、太极这五运。在太易的时候还没有气,太初的时候开始有气,太始的时候开始有形状,太素时开始有质量,太极的时候形和质都有了,但是混沌未分。太易之前已不应有九气四人。在天地产生之前,本来没有年岁。数字是伏羲所造,甲子是轩辕黄帝的发明,不能用后来出现的年岁概念,记述天地未生之前的事情。

所谓虚皇天尊、元始天尊等等,都是谁人所生?籍贯在哪里?住在何处？如果有来源,是哪本书里记载过？而且这几位天尊有没有形态呢？如果有形,应该有父母籍贯,不应该在太始之前就凭空出现。如果说无形,是三气化生而成,却在第七化中又描述了老子见到元始天尊,天尊乘着玉车,驾着九色龙,在西河之上传授老子洞玄玉符。

老子本来是周朝末年的人,担任柱下史,为了避乱,所以西出函谷关。竟然说他是混沌的祖宗、天地的父母。老子自己在《道德经》中说:"我有三宝,一曰慈,二曰俭,三曰不敢为天下先。"《化胡经》中说老子与胡兵格战,这是慈吗？说老子乘玉车,披九色彩衣,撑九光描鹤的华盖,这是俭吗？说老子生于天地之前,是天地的父母,这是不敢为天下先吗？

高宪曾经游览东京(这里指金朝的东京,今天的辽宁辽阳)的白鹤观,看到三清像,指着右边的像问:"这是谁的像？"观主说:"是老君像。"高宪问:"他是什么年代的人？"回答说:"是周定王时期的人。"高宪又指着左边的像问:"这是谁的像？"观主说:"是太上道君像。"高宪问:"他是什么年代的人？"观主仓皇失措,不知道该怎么回答。高宪指着中间那尊像说:"且饶了这尊元始天尊。"

编者按:

在印度佛教中,"天"指的是"神","神"是一种远远低于"佛"的存在,仅仅是六道中的一道,不太可能用"天尊"来称呼佛。汉地的早期佛教倒是有过把"佛"翻译成"世尊",有可能是道教参考这个称呼,创造出看似地位更高的"天尊"。

我们现在通常所知的三清,是指三清仙境里的三位尊神,即玉清境的元始天尊、上清境的灵宝天尊和太清境的道德天尊。其中道德天尊就是老子。三清这一说法的最初来源,应该是南朝陶弘景的《真灵位业图》,这本书给道教的神仙排队,第一位是上合虚皇道君,号元始天尊,第二位是上清高圣太上玉晨元皇大道君,第三位是太极金阙帝君,第四位是太清太上老君。此时道家的说法还是跟陶弘景的排位比较类似,老子排在第四位。至于三清仙境,老子排在第三位的说法,是后来才出现的了。

239

高宪是金代辽东人,是金代著名文臣王庭筠的外甥。他本人也是当时出名的才子,有很多诗词佳作流传下来。从他的诗作中可以看出他信仰佛教,因此批评道教也属正常。

第二辩,创立劫运年号伪

道教观点:

第三化说:太虚之气相互碰撞,过了百亿万气之后化为自然之气,自然之气又如上经过,结成吉祥之气。吉祥之气生成一位圣人,自号元始天王,同时生出五老,分别主五行。元始天王的劫号延康,年号龙汉。又如上经过,生出太上道君,劫号赤明,年号也是赤明,同时生出九老,分别主九天。又如上生出老子,劫号清运,年号上皇,同时生出八公,又立太易、太初等五运。老子把阴阳二气结为混沌,万物就逐渐产生了。

佛教辩论:

《汉书·律历志》、《史记·天官书》、皇甫谧的《帝王世纪》、陶隐居的《帝纪》,都没说五运之前先有年号。若说老君把阴阳二气结成混沌,那么老子之前,清浊还没有成形,只是洪濛一气,哪里会有老君、元始、五老、九天和各种劫号、年号呢?

"劫"这个词,也是道教用了佛教的词,却不晓得词本来的意思。在佛教传入之前,汉地"劫"的意思只是劫杀、逼夺,所以许慎的《说文解字》说"用兵器威胁别人叫做劫"。只有在佛教中,"劫"是表示时间的意思,梵语本来是"劫波",简称为劫,时间或长或短,都可以创立劫名。因此佛教传入之前,汉地是不可能有"劫运"这种说法的。

此外,只有统一四海的天子,才能建立年号,没有名位的人,不敢立年号。所以孔子虽然删定六经、分辨君臣之礼,因没有登上天子之位,所以只能号称素王。老子只不过是周朝的一介臣子,竟然假装自己是帝王,建立年号,更何况轩辕黄帝之前没有甲子,汉武帝才始创年号。

编者按:

"劫"在表示时间的时候,的确是一个佛教词汇,梵文音译劫波的简称,指的是世界生成又灭亡的一个周期,称为一劫。后来引申为灾难。在佛教传入之前,"劫"确实没有这个意思,《说文解字》中对"劫"

的解释是:"对方想走,但是以强力逼迫不许对方走。"

佛教徒在这一辩中暗示道教徒有将老子比为皇帝的野心,这招相当狠。

第三辩,开分三界伪

道教观点:

第五化说:老子是混沌的祖宗,是天地的父母,所以能开天辟地,分布清浊。老子在天上把玄、元、始这三种气分别化成了三清三境,始气为玉清境,元气为上清境,玄气为太清境。三清之气又各生三气,共为九气,这九气就成了九天。这九天又各生三气,每气各成为一天,共有二十七天,加上九天共有三十六天。

这三十六天中,最下层的六天是欲界,欲界之上的十八天是色界,再往上的四天是无色界。欲界、色界、无色界共二十八天统称为三界。

三界之上有四种人天。再往上是上三天,又叫三清境,分别是太清境太赤天、上清境虫余天和玉清境清微天。三清净之上是大罗天,是最高的一层。在大罗天中,有玄都境、玉京山、七宝玄台,使用金床、玉几,还有金童玉女服侍,这就是虚皇天尊、元始天尊和太上道君所在的地方。

佛教辩论:

伏羲、炎帝、太皞、少皞、邹衍、黄缭等人,《括地志》《舆地志》《甘氏星经》、张衡的《灵宪》等书,都没有提到过三清天,也没有记载过大罗天。而且道教起源于黄帝和老子,其后有涓子、列子、庄周、鹖冠、尹文等道教诸子,他们都没有说过与"天"有关的内容。只有张道陵编写的《灵宝经》中提到三十二天,从此以后,道经才开始有这些概念。佛教没有传入的时候,道教不提三界,佛经开始流传之后,道教开始到处宣扬,明显是仿效佛经。

《尔雅·释天》说天有四天,是为了配合四季。《太玄经》说天有九天,是为了配合九州。道教,随意增加天的数量。天本来是固定的实体,怎么可能随便增加呢?

佛经中有三界,共二十八天,其中欲界有六天,色界有十八天,无色

·欧·亚·历·史·文·化·文·库·

界有四天。欲界是指具有各种欲望等有情所居的世界;色界中远离欲染,但仍具有色质;无色界没有物质,只有心识。超越无色界之后,万物皆空,怎么会有玄都境、玉京山、金童玉女之类的事呢?

编者按:

道教中三十六天和三界的说法明显是吸取了佛教的概念。最早,道教中天的概念是不分层的,在南北朝时期的一些道经中,最早看到把天分层的观念,最早有三十二天、三十五天、三十六天等,最后统一于三十六天,这正是佛道二教的思想大量融合的时期。南朝陶弘景的《真诰》中出现过三十六天,但并没有具体说到各天的名字和三界的概念,这应该是为了让神仙在天上排位置而创造出的。北周武帝时候编纂的道教类书《无上秘要》中,引用了《度人经》中提到的三十二天的具体名称,南齐的严齐给《度人经》作过注,这本经书应该在南齐之前已经出现并且非常流行了。《度人经》就是僧人们提到的张道陵所编的《灵宝经》之一。

《灵宝经》是早期道教经典的三大派别(《上清经》、《灵宝经》、《三皇经》)之一,分为《古灵宝经》和《新灵宝经》,实际上不是张道陵所编。《灵宝经》中影响最大的就是《度人经》,这部经书里面讲述了三十二天和三十二天的秘密名讳,说念诵这些秘密名讳可以普度众人。

不过道教的三十六天和佛教二十八天的名称不同,排列方式也有差异。三界的概念吸收了佛教的教义,但也略有区别。

第四辩,随代为帝王师伪

道教观点:

第十一化说:老子在伏羲帝的时候,化为郁华子,为伏羲讲《元阳经》,教给伏羲人伦道德,又教他画八卦;在祝融时,老子化身为广寿子,为祝融讲授《按摩通精经》,教他钻木取火,烧制陶土器皿;在神农帝时,化为大成子,为神农讲授《太一元精经》,教他播种五谷,辨识百草,采药制药;在黄帝时,化为广成子,教黄帝抱神守静,修炼之道;在少昊时,化为随应子,为少昊说《在敬经》,教少昊让各种鸟担任百官职务,分别统领各个部落;在颛顼时,化为赤精子,为颛顼说《微言》;在帝誉时,化为禄图子,讲授《黄庭经》;在尧帝时,化为务成子,讲授《宣化经》;在舜帝时,化为尹寿子,讲授《通玄经》70卷,又讲《道德经》8200卷;在夏朝禹帝时,化为真行子,讲授《元始经》60卷;殷朝汤帝时,化为锡则子,讲授《长生经》20卷;周文王时,化为燮邑子,讲授《赤精经》,教文王仁孝之道。上古的历代君主,全都是受教于老子,然后造作万物。

佛教辩论:

要知道贤人和圣人是不同的,老子最多是一位贤人,还算不上圣人。从古到今的各位圣贤,都有其出处来历。庄子说:"如果能一万年遇到一次大圣人,就已经好像早上刚见到晚上又见那么频繁。"这说明圣人出世是很少见的。圣人一旦出世,就会有多种祥瑞,圣人应时而生,木秀于林,与常人不同,所以才能让帝王以之为师,让诸侯都尊敬他。一万年遇到一次,就已经很不得了,怎么可能每朝每代都出现呢?

老子李耳是一位退隐之人,清净无为,《史记》把他称为"隐君子",说他"因为躲避战乱,西出函谷关,死后葬于槐里"。他身为柱下史,本来是为人臣子,官品很低,连宰辅都没有当上,怎么可能是帝王的老师呢?按照这种说法,岂不是开天辟地之后,亿万年之间,除了老子,就没有一个出类拔萃的人,只有老子才能当帝王的老师?!

《三坟》、《五典》、《八索》、《九丘》、孔子编订的《春秋》、左丘明的《国语》、诸子百家的各种学说、三教九流的种种杂谈,都没有提到过老子当帝王的老师这样的说法。

这种说法倒是好听,可惜一听就是假的。伏羲、神农,都是圣贤君主,轩辕黄帝、尧帝、舜帝,都是古代著名的明君。《史记》中记载黄帝一生下来就会说话,还未长大就明白各种道理,还需要老子去教他,才会发明万物吗?更何况,各种书传中所记载的古史都讲得明明白白,燧人氏发明了钻木取火,伏羲氏演画八卦,炎帝发明了耕种田地,播撒五谷,女娲制造笙、簧等乐器,黄帝修建房屋,发明轩车和冕服,编写了《咸池》乐,颛顼编写了《六英》乐,尧作《大章》乐,舜作《大韶》乐,还发明了围棋,禹作《大夏》乐,汤作《大濩》乐,周文王建立了辟雍(教育贵

·欧·亚·历·史·文·化·文·库·

族子弟的大学),周武王作《诗经·大雅》的《下武》篇,鲧建立城郭,蚩尤发明兵器,岐伯发明了医术,俞跗作《脉经》,伶伦发现了音律,隶首发明算术和算盘,容成发明历法,大挠创造甲子,奚仲发明车,曹胡发明衣,伯余发明裳(在古代汉语中衣专指上衣,裳专指下衣,即裙子),于则发明鞋,共鼓发明船和桨,巨挥作发明弓,夷牟发明箭,黄雍父发明杵和臼,孟庄子发明锯,赵武灵王发明靴子,苏威公和暴辛发明了篪和埙这两种乐器,孙叔均发明了犁,蒙恬发明了笔,蔡伦发明了纸,昆吾氏制作了陶器瓦罐。这些各种各样的发明,书上已经清楚记载了发明者,怎么全都说成是老子所作呢?

此外,孔子的《周易系辞》中也列出了古代帝王发明创造的事迹,譬如伏羲氏统治天下之后,上观天象,下察地法,结合周围远近的人、物、鸟、兽等,演画八卦,来说明世间万物的道理和神明的旨意。因此万物万事都是从八卦中来。伏羲用绳子编成了渔网和捕兽网,用来打鱼打猎,这是来自于离卦。伏羲氏死去之后,神农氏统治万民,发明了用于耕种的耜和耒,人们用了这些工具,耕种的收益大大增加,这是来自于益卦。神农氏还开办市场,让大家聚集在一起,交换物品,互通有无,这是取自噬嗑卦。神农氏死后,黄帝、尧、舜依次统治天下,全都无为而治,这是取自乾卦和坤卦。孔子这样解释了世间万物发明创造的原委,也不认为是老子所造的。

道教徒说老子在尧帝时,化为务成子。然而东汉应劭所写的《风俗通》中说:"东方朔是太白星精,黄帝时化为风后,尧帝时化为务成子,在周代化身为老子,在吴越时期变成范蠡,在齐国化身为鸱子。"由此可知务成子其实是东方朔,跟老子无关。

又有《新序》中记载,鲁哀公问子夏:"五帝三皇,都有老师吗?"子夏说:"都是有的。我听说黄帝的老师是太真;颛顼的老师是禄图;帝喾的老师是赤松子;尧的老师是尹寿;舜的老师是务成;禹的老师是西王国;汤的老师是威子伯;文王的老师是铰时子斯;武王的老师是郭政;周公的老师是姜太公吕望。"历代帝王的老师是谁,子夏都已经说得很明白。

而且老子在周朝末年担任柱史官职,这都是有据可查的。老子本来是周定王的臣子,反而成了上古帝王的老师。

上面引用《八十一化图》时还说:"上古的历代帝王,全都是受教于老子。"那么残暴的夏桀和商纣、昏庸无道的周幽王和周厉王、凶狠的秦始皇、大逆不道的王莽,也全都是老子教出来的喽。难道这些不忠不孝、不仁不义的人,都是老子所传授的徒弟。

而且老子既然历朝历代都是帝王的老师,为什么秦汉之后到金朝,却一次都没有出现呢?汉文帝恭俭,汉孝武帝英明,汉孝明帝通达礼乐,汉孝章帝崇尚儒道,魏文帝风流才华,晋世祖明达宽仁,宋文帝致治升平,梁武帝文武兼备,隋高祖混同四海,唐太宗统一天下,这些帝王为什么没有老子来化身教授他们呢?可知前面所说都是牵强附会,难以取信于人。

编者按:

老子随代化现,成为历代帝王的老师,这并不是元代全真教的首创,而是汉末道教为了弥合春秋时期真实存在的哲学家老子和作为神的老子之间的身份冲突,而创造出的说法。最早体现这种说法的是《老子变化经》,经书称老子托形化生,本来是天地的根本、万物的魂魄,而且能千变万化,随世沉浮,退则养精,进则成为帝王的老师。然后又说了老子的9个名字和历代化现的名字。

葛洪的《神仙传》中老子为历代帝王师的事迹就更加丰富。《神仙传》卷一记载:"老子,名重耳,字伯阳,是楚国苦县曲六里人。他的母亲看到大流星有感而怀孕。虽然是感受天然之气而受孕,但因为在李家生下了他,所以仍然姓李。也有人说老子生于天地出现之前,又说老子是天的精华魂魄,其实是神灵。又传说他的母亲怀孕72年才生下了他,出生的时候,剖开母亲的左腋而降出,生下来就是满头发白,所以叫做老子。老子一生下来就能说话,指着李树说:'用这个作为我的姓吧。'又说老子在上三皇的时候是玄中法师,在下三皇的时候是金阙帝君,在伏羲时为郁华子,神农时为九灵老子,祝融时为广寿子,黄帝时为广成子,颛顼时为赤精子,帝喾时为禄图子,尧帝时为务成子,舜帝时为

欧·亚·历·史·文·化·文·库

尹寿子,夏禹时为真行子,殷汤时为锡则子,文王时为文道先生,也有人说为守藏史,又有说在越国为范蠡,在齐国为鸱夷子,在吴国为陶朱公。"

同一传说系统还有一部经典叫做《太上老君开天经》,显然也是从《老子变化经》等发展而来的。这部经书专门讲述老子开天辟地,以及远古时期的历代帝王如何在老子的各个化身的教导下,逐渐教化民众的事迹。《太上老君开天经》不知道是什么时候,谁人所作,但宋代的《云笈七籖》中已经引用了这部书。

再往上追述的话,老子为历代帝王师的说法,可能是《史记》中孔子向老子问礼,并结合《庄子》。这自然不可能是真的,因为这个历代帝王的传承世袭本来就是很晚才出现的,是后代人用神话传说逐渐累加的结果。

僧人批评道教时所说的各种器物的发明者,基本出于秦汉时期的各种典籍,如《史记》、《世本》、《新序》等书,如"俞跗作《脉经》"出自《韩诗外传》,"奚仲作车"在《墨子》和《左传》中均有记载。

第五辩,老子出灵宝三洞伪

道教观点:

第九化说:中皇九年三月一日,太上老君在玉清天的金阙上宫,写成宝经三百卷,符图七千章,玉诀九千篇。老君在上三皇时,出世成为万天法师,又号为玄中法师,在龙汉元年,传授上三皇《洞真经》十二部,把无极之道交给了世间众人,那个时候,人们的寿命是九万岁。老子在中三皇时,化身为有古先生,在赤明元年,传授给中三皇《洞玄经》十二部,行无上正真之道,教化万民,那个时候,人们的寿命是六万岁。下三皇时,老子又化身成为帝王的老师,号称金阙帝君,在开皇元年,向下三皇传授了《洞神经》十二部,用太平之道教化世人,那个时候,人们的平均寿命是一万八千岁。《洞真经》、《洞玄经》和《洞神经》各有十二部,总共是道教三十六部尊经。

佛教辩论:

老子出关时,写了《道德经》上下二篇五千言,其中讲述了"无名天

246

地之始、有名万物之母(无形无名的道是天地之本始,有形有名的天地是万物之母)","宠辱若惊,贵大患若身(无论宠辱,都战战兢兢,是因为有患得患失之心)","谷神不死(将养五脏之神则可以不死)","深根固蒂,长生久视之道(以精为根,以气为蒂,根深蒂固则可以长生)","挫其锐、解其纷(挫止锐意精进、争取功名之心,以大道无为来解决各种纷争)",所说的正是《易》中"谦谦君子,卑以自牧"的意思。《道德经》中所说的,都是老子之道的宗旨。其余道教经典,都是佛经的内容改头换面。仿照佛教的三界,创造出道教的三清境,仿照佛教的三大而设立三洞。

汉代的张道陵编造《灵宝经》,王褒造《洞玄经》,三国时期的葛玄造《上清经》,魏晋时王浮造《明威化胡经》,鲍静造《三皇经》,后来改为《三清经》,北齐的陈显明造《道真步虚品经》64篇,南梁陶弘景造《太清经》,隋朝末年的道士辅惠祥把《涅槃经》改成《长安经》,后来事发被诛,北周的甄鸾写过一部《笑道论》,其中说"道家妄注诸子三百五十卷为道经"。由此可见,道教每朝每代都在穿凿架空。至于其来源,或者说是从仙洞飞来,或者说是老子再现传授。这些经书横空出世,天下各家各派都没人见过,各种典籍中均无记载。所以唐代的法琳法师对唐太宗说:"最初道教只有《道德经》上下二篇,到东汉明帝时,统计道经共有700多卷,根据东晋葛洪《神仙传》中的说法,有1000卷,但是南朝刘宋陆修静所编的《三洞经书目录》,又多出90卷,再检索北周武帝时玄都观编的《玄都经目》,变成了2000多卷,越来越多了。道经的数量不断增加,显然是后人造成的。

如果问当今的道士,这些后来出现的经典来自何处,他们要么说是老子所说,要么说是天尊讲授,应时而出教化世人。然而老子也好,天尊也好,是何年何月,在何地所传呢? 如果说是在天上说,是谁听到之后抄写下来的? 如果说是在西域所说,是谁翻译出来的?

其实道教使用佛教词汇,早有来由。早在汉晋时期,僧人被称为道士,北魏的寇谦之开始用这个称号。现在道士又往往自称法师,法师这个称号,源自佛经,除佛教之外,其他教派经典,都没有这个称号。所谓法师,为法之师,法即是师。

自从贤劫已来,已经有三佛出世,初佛出世时,人们寿命六万岁,第二佛出世时,人们寿命四万岁,第三佛出世时,人们寿命二万岁。道教竟然把三佛改成三皇,又云上三气中,有龙汉、赤明等年号,按照道家的说法,那个时候连五运都没有,只有一气,怎么会有三皇等帝王,如何谈到人的寿命长短? 古书记载上古有"五龙"、"四姓"、"九头"等十个纪元,但也没有三皇建立年号,试问龙汉、赤明、上皇、开皇,都是哪个皇帝的年号? 如果说确有其事,史书中没有记载,如果没有根据,怎么能在道经中随便说呢? 而且伏羲之前,连文字都没有,怎么会出现《三洞经》、《灵宝经》呢? 所谓的三洞十二部,本来出自佛经第一结集时的十二分教。

编者按:

宝经、符图和玉诀,是道教经典的三种主要文体。其中宝经就是最普遍的经书,符图是符箓和灵图,玉诀是咒语和秘诀。

上三皇、中三皇和下三皇是道教所创造的创始帝王体系。按照魏晋时期的道经《元始上真众仙记》中所记载的,上、中、下三皇分别包括天皇、地皇和人皇。其中上三皇的天皇是玉清圣境元始天尊,地皇是上清真境灵宝天尊,人皇是太清仙境道德天尊;中三皇的天皇是天宝君,地皇是灵宝君,人皇是神宝君;下三皇的天皇是大吴伏羲氏,地皇是神农炎帝氏,人皇是黄帝轩辕氏。天皇、地皇、人皇本来是《史记》中也有的说法,但道教把这种说法和道教的神仙相结合了。僧人提到的"五龙"、"四姓"、"九头"等十纪,在《史记》中唐人司马贞所补入的《三皇本纪》中记载过,也是后人创造的上古史。十纪是从开天辟地到春秋鲁哀公十四年(也就是《春秋》这本书记载的下限)的纪元,包括九头纪、五龙纪、摄提纪、合雒纪、连通纪、序命纪、修飞纪、回提纪、禅通纪和流讫纪,其中序命纪以四姓治天下,所以称为五龙、四姓、九头十纪。

佛教指责道教的三皇是用佛教贤劫三佛的概念。佛教认为世界有三劫,过去是庄严劫,有一千佛,现在是贤劫,也有一千佛,已经出现了四个,未来星宿劫也有一千个佛。贤劫已经出现的四佛,是俱留孙佛、拘那含佛、迦叶波佛和释迦牟尼佛。佛教指责三皇是模仿释迦牟尼佛之前的贤劫三佛而编造的。

说到三洞经,需简单介绍一下道经的分类方法。南北朝时期,当时比较盛行的几个派别相互统合,成为统一的道教,他们把各自的经典结集在一起,结集后的经典按照上清派、灵宝派、三皇派这三个派别,分别称为洞真经、洞玄经和洞神经。对于三洞名称的解释是:洞真经都是纯正之经,洞玄经妙用无穷,洞神经能召神驱鬼,法力深广。"三洞"成了所有道经的代名词。由于三派之外还出现了很多新的道教派别,因此后来又在三洞之外设置了四辅,分别是太玄、太平、太清和正一。四辅和三洞统称七部。而佛教的三大指的是体大、用大、相大,说明佛法的高妙,显然和三洞没有关系。

三洞七部分类法只涉及派别,不涉及内容。后来又在三洞之下各分十二部。宋朝之后为了避免和七部混淆,把十二部改成了十二类,这十二类分别是"本文类、神符类、玉诀类、灵图类、谱录类、戒律类、威仪类、方法类、众数类、传记类、赞颂类、表奏类"。由此可知,僧人说道教的三洞十二部出自佛教的三藏十二分教,是不对的。佛教的三藏指的是经、律、论,经和律是佛说佛法和制定的戒律,论是僧人和菩萨对经的解释和研究,明显和三洞的分类法不同。隋朝慧远所作的《大乘义章》说佛教的十二分教是:修多罗(契经)、祇夜(重颂偈)、和伽罗那(授记)、伽陀(不重颂偈)、优陀那(无问自说)、尼陀那(因缘)、阿波陀那(譬喻)、伊帝越多迦(本事)、阇陀迦(本生)、毘佛略(方广)、阿浮陀达磨(未曾有经)、优婆提舍(论义)。需要注意的是,佛教的十二分教,只是教法的分类,并没有具体的典籍,这种分类方法有些是依据表现形式来分类,有些是依据叙述方法来分类,也有些是依据内容性质来分类。佛所说的法,有时属于其中的一项,有时属于两项,或是三项,所以三藏圣典用十二分教来整理分类实际上是无法操作的。这跟道教的运用于实际中的三洞十二部分类法并不一样。

第六辩,游化九天伪

道家观点:

第二十六化说:当时老君带着尹喜冉冉升空,起初到了第一层天,见到波利天帝,乘着九光元灵车,撑着七元交晨的华盖,举着五色可以摄魔的旌节,有金童玉女九万人,迎接老子进入大有宫,向老子请教自然之道。接下来又有摩夷天、梵宝天、化应天、不侨乐天、兜率天、须延天、禅善天、郁单天,各处的天帝都和金童玉女迎接礼敬老子,向他请教法要。老子到每一座天宫,天帝都陈设琼浆玉液、灵芝珍果来款待他。

佛教辩论:

当初释迦牟尼坐在菩提树下成佛时,身体没有离开菩提树,却能够来到诸天为众神讲法,佛祖不需分身就能遍至一切地方,一就是多,多就是一,仿佛天上的月亮映在水中,每一片水域都能够映出一个月亮的倒影,这千千万万的倒影,却只是同一轮明月,无论水域大小远近,倒影都没有差别。因此佛祖所在,岂止在九天之中呢。

老子只不过是周朝的柱下史,尹喜不过是函谷关的小吏。本来没有什么神通,怎么能升到天上?昔日列子住在郑国,身体像一片树叶,随风而去,万里之外,一瞬间就可以到达,即便如此,庄子还认为他仍有缺陷。更何况老子,有妻有子,未曾修炼,怎么突然能够升天驾云,乘鹤遨游。何况布施才能获得福缘,持戒才能感动天地,老子从未修持,如何能在天上说法?

欲界本来只有六天,这里却说九天,要禅定修行,却又有许多玉女,禅定之时需要清净禁欲,何必要美酒佳肴,以为有酒有肉就好,难道以为天上跟人间一样吗?

第七辩,偷佛经教伪

道教观点:

第三十化说:胡王看见太上老君徒弟众多,怀疑自己见了鬼,于是堆起柴火要焚烧老子,火焰冲天,老子在火中大放光明,为胡王说《金光明经》。胡王更加愤怒,把老子放在大锅里煮了三天三夜,从锅中的沸水里开出了莲花,老子坐在莲花上讲说《涅槃经》。又说老子让尹喜当佛,给胡王当老师,令他忏悔自己的三业、六根、五逆、十恶,并讲授五戒十善和《四十二章经》。

佛教辩论：

万事都有机缘巧合，人们渴慕佛法，天上才会降下法雨芳菲。故而孔子曾说："学生如果不是经过思考并有所体会，想说却说不出来时，就不去开导他；如果不是经过冥思苦想而又想不通时，就不去启发他。"说明需要等人主动发问，才能进行教化。何必要激怒对方，自己经受焚烧煮沸之苦呢？

更何况道士们全然不懂佛经名字的意思，以为坐在火上就说《金光明经》，坐在莲花上就说《莲华经》，难道《道德经》是坐在道路上说的吗？洞玄三部经书都是坐在水洞里说的吗？又说到忏悔三业、六根、五逆、十恶。你们知道什么是忏悔，何谓三业吗？

既然号称这些经教都是老子所说，那么道士应该读经学佛，应该明了其含义。

第八辩，老君结气成字伪

道教观点：

第八化说：《圣纪经》里记载，太上老君在龙汉之年，跟随元始天尊，在中央大福堂国说《灵宝》十部妙经，展示法力，普度众人，又在东极大浮黎国出法度人，用紫笔在空青之林书写，又在南极禅离界，用火炼真文，字形发出荧光，又在西极卫罗世界、北极郁单国，均出法度人。老君用五方真气之精，结成宝字，用来书写文章，因此老君发明了文字，三坟五典都从老君而出，经籍都从老君而生。

佛教辩论：

文字的出现，源自于上古伏羲氏，他最早画八卦，造书契，用来替代结绳计数，此后文字和书籍才逐渐出现，后来仓颉造字，史籀造大篆，李斯造小篆，蔡邕发明飞白，程邈创造隶书，后来的各种字体，都是根据古体逐渐变化增改而成，怎么会是真气结成的呢，跟老子更毫无关系。孔安国曾记载：伏羲、神农、黄帝，他们三人的书叫做《三坟》，是说明大道的书籍。少昊、颛顼、高辛、唐、虞他们五人的书叫做《五典》，是说明平常道理的书。《易》是三圣所写，《诗》则是诸家作品的集子，《春秋》为孔子所编,《礼》是周公所定,《尔雅》也是周公纂修的,《国语》是左丘明所作,刘熙作《释名》,许慎作《说文》,顾野王作《玉篇》,陆法言作《切韵》,这些书籍都是各有渊源,也和老聃无关,怎么说《三坟》、《五典》与一切经籍都是老子写的呢?"大福堂"是"大堂"改的名,"东浮黎"无非是仿照"扶桑","南禅黎"是"重黎"改编,"西卫罗"是用了"迦维罗卫",北方全收"爵单越"名,这些国名,《十洲记》未收,《神异志》也没有,《地理志》中没有记载,《括地志》中也闻所未闻。

编者按:

所谓《易经》为三圣所作,说法不一,但通常是说伏羲、文王、孔子,说伏羲作八卦,文王重卦,即两两叠加为六十四卦。至于东西南北中的五个国名,"大堂"是"大唐"的同音异写,故宫博物院所藏的《唐多宝塔善业泥》上印有"大堂国永徽年五月至相寺比丘法律为师僧父母造多宝佛一部供奉及法界众生铭记"等字,而其他类似造像也有印"大唐国"的,可见"大堂"指的是"大唐"。"扶桑"即日本。"重黎"是中国古代传说中的火神之一,南方属火,所以南方的国名改编自"重黎"。"迦维罗卫"也翻译为"迦毗罗卫",是释迦牟尼的故乡。至于"郁单越",佛教中须弥山南叫南阎浮提,山西叫西瞿耶尼,山北叫北郁单越,就是出自于此。

第九辩,周文王时为柱下史伪

道教观点:

第十九化说:周文王时,老子为燮邑子,当时商纣王荒淫暴虐,生灵涂炭,于是老子乘着飞飚之轮,风伯在他前面开路,彭祖在他旁边跟随,降落在岐山南侧,于是岐山西伯礼敬他,拜他为守藏史。周武王灭商建周,让他当柱下史。他作《赤精经》教文王仁义之道,作《璇玑经》传授给周公。他在周成王、周康王的时代一直是柱下史,到周昭王时,昭王有黑气的征兆,老君传授他《八天隐文》,但他不用,所以后来有胶船之难。

佛教辩论:

只听说过九头五龙,重瞳四乳,金秦火汉,黄魏白晋,没听说过文王拜老子为师,也没听说过老子用《璇玑经》训示周公,只听说过文王拜姜太公为师,武王拜姬旦为师,诸书都这样记载,先儒也屡屡传诵。《史记·列传》中记载,老子生于周定王时期,与孔子所处时代差不多,怎么妄称是西伯时期呢?既然是圣人见商纣荒淫无道,就应该尽力规谏,却乘着飞轮,弃君王而远走,作为忠臣,应该这样吗?书中记载老子过关时,雇徐甲为车夫,乘着一辆破马车,现在却说他乘飞飙轮,风伯开路,彭祖跟随,何况彭祖那个时候已经死了,风伯尚且不肯给周文王开路,又怎么会任老子驱使呢?周文王仁孝过人,教化百姓,又何必老子用《赤精经》来教导,周公制礼作乐,所制《周礼》百世流传,又何必用《璇玑经》来教导?周昭王是当时的贤明君主,史书上并没有记载什么黑气之变,只记载过白虹之兆。

前面说老君是九天教主、金阙帝君,带着七曜冠,披着九色帔,出去就乘八景玉车,驾五色神龙,回到金阙后,坐在玉帐之内,左仙童,右玉女,万圣拥随,千灵跟从。老子有如此高贵的地位,却去当守藏吏,屈身为人臣子,侍奉君主,晨趋暮拜,舍却乔木之高,去投幽谷之贱地,多么荒谬。"燮邑子"这样的名号,周书中并无记载,金阙帝君的称谓,也不过是道士虚张声势,有名无实,谁能相信呢?

如果说因为周昭王不信孔子,所以遭受了胶船之难的话,秦始皇亲自去海边求仙,不惜冒险出海,希望遇到神仙,想像安期一样求得仙药、长生不老,却始终未见神仙之面,在路上就死了。汉武帝好仙,相信栾大的诡说,穿鸟羽做的衣服,希望能像神仙一样飞翔,又相信李少君的话,在甘泉宫用承露盘接天露喝,不吃饭,希望长生不老,忙活半天,没有任何用处,最后还是死了。魏太武帝信任寇谦之,建静轮天宫,劳民伤财,最后得病身亡。周武帝灭佛崇道,服食丹药,身穿道袍,唐武宗拜赵归真为师,服食金丹,也都是早早驾崩。近代宋徽宗笃信林灵素,游月宫,诵太极,佩驱邪之剑,最后国破家亡,死在辽东。这些君王,都是全心全意相信道教,希望长生不老,却都早死无一幸免。现在道士们拿胶船之难说事儿,实在牵强,幸灾乐祸,不是君子所为。

·欧·亚·历·史·文·化·文·库·

编者按：

周昭王遇胶船之难：周昭王是周朝第四代君王，是康王之子，他在位期间，曾经三次进攻楚国，最后一次全军覆没。他南渡汉水时，征集船只，当地船民进献的船是用胶粘而成的，船行驶到河中间时，胶液融化，船只解体，于是周昭王溺水而死。

老子雇佣徐甲当车夫的说法可能不常见。这是葛洪在《神仙传》中讲的故事。说老子有一个车夫，名叫徐甲，说好每天工钱一百文，因为给老子干了两百年，所以老子一共欠了徐甲工钱七百二十万。老子打算出关西行，说好到了安息国结算工钱，但徐甲觉得路途太远，不知道什么时候才能拿到钱，于是找讼师帮他写状子，把老子告到了公堂。讼师不知道徐甲已经跟了老子两百年，只闻徐甲要有七百二十万钱，大为羡慕，想把女儿嫁给他。讼师的女儿很美，徐甲立刻答应了，于是跟老子对簿公堂，由关令尹喜裁决。尹喜询问老子，老子对徐甲说："你早就该死了，我因为官小家穷，雇不起别人，所以给了你太玄清生符，你才活到今天。我本来要等到了安息国，给你黄金作为工钱，你怎么就这么不能忍耐呢？"老子命徐甲张口，只见一张符从徐甲口中飞出，上面字迹清晰，徐甲立刻化为一堆白骨。因此尹喜得知老子是一个神仙，他磕头为徐甲求情，老子又把太玄清生符给了徐甲，徐甲果然立刻活了过来。尹喜给了徐甲两百万钱，让他走了，而自己则一心跟随老子求道，老子后来传给他《道德经》，教他长生之道等。这个故事在唐代已经非常流行，很多文人墨客都在诗文中引用这个典故，宋代的很多类书如《太平广记》、《太平御览》、《类说》、《锦绣万花谷》等中都有记载。《神仙传》到今天已经不全，保留下来的部分中并没有徐甲，不过根据宋代的类书还是可以了解整个故事的。到明朝，有人批评说徐甲之事荒谬可笑，其实这只是道家编的故事而已。

第十辩，前后老君降生不同伪
道教观点：
第一化说：老子生在五运之前。
第二化说：老子生在三气之中。

第六化说:老君姓李,名弘玄曜灵,字光明,上和七年九月三日卯时,生于北玄玉国,天岗灵镜山的李谷之间,玄灵圣母生他的那天晚上,东方出现了 3 个太阳,九龙吐水,月妃散花,日童扬彩。老君 5 岁时,就已经体会大道,凝聚真气,20 岁时遁出红尘,出家弃亲,后来元始天君下凡,传授给他《郁仪太章太洞真经》,紫微天帝玉清君下凡,赐给他丹玺和符书,成为上清金阙后圣帝君,掌管十天河海神仙。

第十一化说:老君于清浊元年七月一日太玄玉女所生,一千三百年号为无上老子,又有一个称号为大千法王。

第十二化说:老君于清汉元年九天飞玄玉女所生,八十一年号高上老子。

第十三化说:老君于清汉元年甲午九月九日玄素玉女所生,七十三年号九灵老子。

第十化说:老子于殷十八年,进入玄妙玉女口中,81 年后,到武丁九年一月十五日,圣母剖左腋,攀李树,生下老子。一出生就走了九步,每一步都生出莲花,当时有九龙吐水。老子具有七十二相、八十一好,降生时左手指天,右手指地,说:"天上天下,唯道独尊,我当阐扬无上道法,普度一切。"

又说李灵飞修生悟道,娶天水的尹氏,生活在濑乡,尹氏白天做梦,看见太上老君从天而降,化为玄珠,她吞下珠子就有了身孕,怀孕 81 年,生下老子。老子一降生就满头白发,所以称为老子,因为生在李树下,所以姓李。

佛教辩论:

流星穿过昴星,是大禹的祥瑞,闪电环绕北斗,是轩辕的祥瑞,东方出现彩虹,于是少昊降生,明月之上出现亮星,是颛顼诞生的预兆,赤龙象征尧帝,汉高祖走到哪里都有祥云跟随,这些是圣人降生的神异之事,书中都有详细记载。但未曾听说老子降生时,就走了九步,周围有月妃散花、日童扬彩。而且天上出现流星雨,出现日食,《春秋》中都会记载,认为是怪事儿,如果李耳降生时有异兆,孔子为什么不记录呢?如果有奇事,书上都会记录下来作为美谈流传,既然没有关于老子的

·欧·亚·历·史·文·化·文·库·

记载,那么这些必定不实,是抄袭别人的祥瑞,当做自己的异兆。

老子本来叫做李耳,改了一个那么复杂的名字,又说字光明,隐瞒自己的本名编出一些美号,《史记》中所记载的真实情况一个字也不提,用后人编造的道书来拔高身份装点门面。前面两化,说生在太易之前,后面几化又说生在伏羲之后,前面说 5 岁凝聚真气,20 岁入道,后面又说 81 岁才出生,生下来就是小老头,前后矛盾,哪里还用得着别人反驳呢?明明出生在亳州濑乡,却说是北玄玉国天岗灵镜山的李谷,这北玄玉国,《山海经》中没有,天岗灵境山,《地理志》中也从未出现。道士贾善翔所作的《高道传·序》中说李伯阳出生于周朝,可见老子并非出生于殷商,周朝末年老聃避乱,西出函谷关,死在槐里,这更是老子出生和生活时间的铁证啊。《敦煌实录》记载君主与群臣说古论今,王说:"老聃的父亲是个什么样的人啊?"天水太守索绥说:"老聃的父亲姓韩,名虔,字元卑,年老多病,又跛又残,一出生就没有耳朵,还有一只眼睛看不见,孤单一人,靠乞讨生活,62 岁还没有娶妻,邻居益寿氏家里有一个放猪的老女仆叫做精敷,他跟精敷野合,精敷怀胎 81 年而生老子,一出生就满头白发,所以叫老君。"这才是老子的真实事迹啊,道士们隐瞒不说,以其他圣人的事迹,抬高老子的地位,你们难道不知道敝帚自珍吗?

编者按:

佛教经典记载释迦牟尼佛的诞生,说佛陀化乘六牙白象,象口含白色莲花,从摩耶夫人的左肋入胎,住胎十月。诞生之日,太子从摩耶夫人右肋而出,下地能走,周行七步,步步生莲,他遍观四方,一手指天,一手指地说:"天上地下,唯我独尊。"这时有两条龙,一吐温水,一吐凉水,给他洗浴,所以有后来的浴佛节。又说佛有三十二相、八十种好,来形容佛的相貌,三十二相是显而易见的庄严德相,包括顶上有肉髻、眉间有白毫、睫毛如牛王、目色如青莲等等,八十种好是随着三十二相而产生的微妙之好,又叫八十随好,包括指爪狭长、薄润光洁、足各等无差,诸指间皆充密、筋骨隐而不现、行步威仪和穆如龙象王、行步威容齐肃如狮子王、行步安平犹如牛王、进止仪雅宛如鹅王等等。

道经中记载老子生下来走了九步,步步生出莲花,又有九条龙吐水,除了吐水,还有月妃散花、日童扬彩,老子具有七十二相、八十一好。处处都抄袭佛陀诞生的祥瑞,又要比佛陀数量上占优势,显得高佛一等,也难怪佛教僧侣心中愤然,在此大加批判。

《敦煌实录》是刘昞所作,是当时当地的史书,但现在已经不存,我们也无法知道具体内容。刘昞主要生活在北凉时期,北凉崇拜佛教,因此书中记载了这类内容也属正常,但这明显是佛教信徒对道教的诋毁,并非史实。

第十一辩:三番作佛伪

道教观点:

第三十四化说:老君对胡王说"我让我的弟子为佛,你应该拜他为师"。于是尹喜变身为佛,给胡人当上师,让他们剃度出家成为沙门,教授他们佛法,为之说《四十二章经》。再后来老君到舍卫国,自己化身成佛,坐在七宝座上,身长百千万丈,布满了整个空间。再后来老君打算重新整顿佛教,在周庄王九年,命弟子投胎成为摩耶夫人的孩子,周庄王十年四月八日从夫人的右胁降生,后来进入雪山修行6年,修成大道,跟佛陀差不多,号为末牟尼,到匡王四年解化,太上老君命他升上贾奕天,为善惠仙人。

佛教辩论:

俗话说"根深果茂,源远流长,虎啸风生,龙吟雾起",圣人现世,都有很深的根源,以往种下善因,今天才能得到妙果,我佛世尊,经历无数劫难,积累无数功德,只求觉悟,无数次的转世中,舍弃的身家性命、国家城池,像恒河的沙子一样多,像空中细微的灰尘一样多,这样才最终得到燃灯佛的授记,托生于王宫之中,一降生就东西南北各走7步,一手指天一手指地说"天上地下唯我独尊"。我佛有三十二相,映日月而争辉,苦修6年,最后功德圆满,成就大道,现身于百亿国土,说法49年,教化大众,消灭邪魔。有我佛随时化现,哪有机会让老子化胡,让尹喜变身,这明明是强占他人的功德。佛生在周昭王时期,老子降生于定王时期,中间相隔17位帝王,300多年,我佛的教化已经布满天下,百

·欧·亚·历·史·文·化·文·库·

姓信仰,国家尊崇,又何必让李耳重新整顿。老子昔日过关,雇徐甲为车夫,哪里有天人护卫,乘的是柴车,哪里有七宝座,明明是垂垂老者,哪里有万丈之身,真是荒诞不经、悖礼慢圣,一定会下拔舌地狱。

善惠仙人是我佛过去的名号,在善惠仙人一世,我佛将登八地,遇到燃灯佛,受无生记。待到成佛之后,功德圆满,天下化缘之事结束后就涅槃,迁往常乐之乡,永入无为之境,哪有成佛之后又当善惠仙人的事儿。

天上虽然快乐,终究还在轮回之中,难免有三灾五衰之苦,圣人超出生死,苦乐两忘,早已不必轮回,何必又返回天上,进入尘世,真是污秽我佛,这就好比抛弃天子的尊严,羡慕小厮的工作,不住华丽的广厦,要去住狭窄的茅屋,你们以为贾奕天是一种荣耀,我们却认为是一种耻辱。

隋朝的大臣楚国公杨素,经过楼观台,看见壁画,问道士:"这是什么画?"道士说:"是《老子化胡成佛图》。"杨素说:"我听说老子教化胡人,胡人不接受,老子变身成佛,胡人才接受,可见佛能化胡,道不能化,怎么说是老子化胡呢?"道士哑口无言。善哉,杨素的这番话说得太对了,如果胡人不是先知道有佛,怎么肯接受佛的教化呢? 这样考证下来,应该是印度先有了佛,然后才让尹喜变成佛,老子化为佛。

编者按:

末牟尼,也翻译作末摩尼,其实是指摩尼教,也就是我们耳熟能详的明教,是 3 世纪时摩尼所创的教派,流行于河中地区,在唐代流行于中国。由于摩尼教崇拜光明,所以在中国又被意译为明教。摩尼教向东传播的过程中,吸收了大量的佛教元素,自称"摩尼光佛",甚至宣称释迦牟尼涅槃之后出世的弥勒佛就是摩尼。因此在中国,摩尼教常被误认为佛教的一支,所以道教在宣扬"老子成佛化胡说"的时候,把末牟尼也包括进去,号称是老子的弟子所化。

贾奕天是道教三十六层天中的第三十二层,叫平育贾奕天。道教认为天上是最完美的世界,但佛教并不如此认为。正如和尚辩论时所说的,佛教认为天道只是六道轮回之一,六道包括天道、阿修罗道、人间道、畜牲道、饿鬼道、地狱道,在天道虽然享受一生快乐,但是由于这种享受用完了之前的善业福报,所以下一生多半会投生于畜牲道、饿鬼道、地狱道这些恶道中。而且天人在死前的一段时间会出现"天人五衰"的情况,头上的花冠会枯谢,身上不再放出光明,本来自然散发香气的身体发出恶臭,身上开始流汗,怎么待着都不舒服等等。到这个时候,他的天界友人都会远远避开他,任由他一个孤独等死。而且天人都能够预知未来,他将会看到自己堕入三恶道中的情形,心中异常恐惧悲伤。此外,由于天界只有享乐没有痛苦,非常不利于修业,如果想要修习佛法,还不如投生在人间道。所以佛教认为,只要还在六道之中,就还有烦恼痛苦,只有成为佛、菩萨、罗汉,才能跳出三界,脱离轮回。而天道是非常不值得羡慕的。

善惠仙人是佛本生故事中的一个角色,佛经中有很多佛本生经,讲述佛的前世经历。善惠仙人就是佛的前生之一。在这一世,善惠仙人遇到了燃灯佛,燃灯佛对他说:"来世你应当成佛,号释迦牟尼。"关于八地,是佛教中菩萨的修证次第之一。菩萨修行是有很多等级、逐渐上升的,通常分为五十二位(也有其他四十位、四十二位等不同说法),为十信位、十住位、十行位、十回向位、十地位再加上等觉和妙觉。前四十阶位称为"生死身菩萨",也就是凡夫菩萨,八地以上的菩萨称为"法性身菩萨",也就是圣者菩萨,妙觉菩萨就是佛位。所以善惠仙人就达到了圣者菩萨的地位,离佛不远了。善惠仙人也常写作善慧仙人。

第十二辩:冒名僭圣伪

道教观点:

第四十八化说:商太宰问孔夫子:"夫子你是圣人吗?"孔子说:"我怎么当得起圣人这个称号呢? 我最多算得上博学多识而已。"太宰又问:"三王算是圣人吗?"孔子说:"三王能够重用勇敢的人,是不是圣人我不敢说。"太宰又说:"那么五帝是圣人吗?"孔子说:"五帝能够重用仁义的人,是不是圣人我不知道。"太宰再问:"三皇算圣者了吧?"孔子说:"三皇善于任用合天时的人,是不是圣人我也不知道。"太宰大惊,继续追问:"那么谁才算圣人呢?"孔子表情肃穆,沉默了一会,说:"我

·欧·亚·历·史·文·化·文·库·

听说西方有圣人，无须治理而天下不乱，不须说话即让人信赖，不须教化百姓就能自行其是，想要称颂他都无法找到合适的言辞，我怀疑他就是圣人。"

史志经说："孔子在鲁国，老子在周，从鲁国来看，周的都城洛阳在西方，孔子大概是说老子为西方圣人吧。孔子问礼的时候，曾经感叹老子像龙一样，所以这里的西方圣人，说的应该是老子。"

佛教辩论：

自卖自夸，这是王婆卖瓜，不矜不骄，才是圣人的行为方式。因此舜赞美禹的功劳，孔子称赞孟子，他们这样做了，反而流芳千古。道士们引用孔子的这些话，都是《列子·仲尼篇》中的，从古到今，大家都认为孔子说的是"只有佛才是西方的大圣人"，从来没听说过有谁认为因为老子在周，孔子在鲁，所以孔子指老子为西方圣人。而且道教的渊源，起自黄帝，跟老子无关，老子拜容成子为师，作《道德经》五千言，就算说是圣贤，也无法赶超轩辕黄帝，连三皇五帝孔子都认为不算圣人，反而说老子是圣人，这可能吗？我佛世尊功德圆满，他的光辉洒满尘世，他的分身遍布宇宙，凡人无法窥测他的神妙，他才是三界的大师，是四生的慈父，是王中的法王，圣中的大圣，纵使周公制礼作乐，孔子述易删诗，卜偃之文章，子贡之言辞，司马迁之辨博，葛洪之该通，王辅嗣之玄谈，左慈之神化，也只不过都是凡间的功绩、尘世的高人，算不上超凡出尘。但是我天竺乃是圣地，群贤所聚，过去诸佛，都在那里降生，《老子西升经》说："听说天竺有古皇先生，善入无为，不始不终，永存绵绵，所以我才西行。"又有古本《化胡经》里有诗云："我生何以晚，泥洹一何早，不见释迦文，心中空懊恼。"这些都是老子自己说佛为西方圣人。又有黄帝梦游弇州之西的华胥国，王邵的注释说："这里指的是西方天竺。"周穆王时，听说西方有大圣人出世，心中感到害怕，于是让造父驾着八匹骏马，往西登上昆仑山，观察太阳落山的地方，作法压制。后来西方有一个神奇的人到来，圣力无边，千变万化，穆王敬之如神，造了中天台请他居住，此人带穆王神游，只是片刻之间，好像已经过了很多年。穆王五十二年，如来涅槃，西方十二道白虹，通贯南北，连夜不灭，穆王问太史扈多:"这是什么征兆?"扈多说:"西方有大圣人,这是他衰相显现。"穆王很高兴,说:"朕心中常常惧怕他,现在终于不需要担心了。"这正是因为圣人住在西方天竺,所以周穆王西去求见,神奇的人又从西往东而来的道理。西汉时张骞奉使西域,走到黄河源头,到大夏国,听说雪山之南有身毒国,那里的人信奉佛陀,不喜欢征战,作战的时候骑着大象,身毒就是今天的印度,那里的仁慈之风记录在《汉书》中,清楚明白。以上这么多书,全都是指印度为西方,佛生在印度,所以指佛为西方圣人,哪里有说洛阳是西方,老子是圣人呢?

史志经又说孔子曾感叹老子像龙一样,所以圣人指的是老子,因为孔子曾经向老子问礼,就说孔子是老子的弟子。其实孔子自己说过:"我没有固定的老师,行善的人就是我的老师,三人行必有我师。"所以孔子向师襄学琴,向苌弘学乐,问官于剡子,进入太庙之后,每件事都会问。有人问他种庄稼的事儿,他说:"我不如老农。"有人问他种花种草的事儿,他说"我不如老园丁。"这说明孔子虚怀若谷,非常好学,怎么可能问过一次,就将老子当做师父呢?当时老子是周朝的守藏吏,管理周公之礼的典故书籍,所以孔子问他关于礼的问题。如果说因为向老子问礼,老子就是孔子的师父,那么老农、老园丁就都是孔子的师父了,这当然不对。

编者按:

"泥洹"就是涅槃的同音意译,"涅槃"这个词有时候被理解为死亡,实际上它真正的意思是肉体的死亡,抛却了一切"相",抛却一切虚幻的影像,进入不生不灭、无增无减的恒久状态。

第十三辩,合气为道伪

道教观点:

第一十三化说:老子在周昭王二十三年七月十二日到达函谷关,尹喜见到他后,立刻邀请他来自己家,请他为自己说《道德经》。说完之后,尹喜恳求老子:"请给我讲解一下吧。"老君说:善是理解《道德经》的要点。"道"就是泥桓,泥桓就是天德,理在人头中,紫气下降,下至丹田。"名"就是脾,脾是中黄太一,黄气徘徊理中宫。"万物之母"

·欧·亚·历·史·文·化·文·库·

就是丹田,丹田就是元牝,居下元中,半夜之时,一气下降,周旋三宫。"同出而异名"指的是精,一曰精、二曰汗、三曰血、四曰液,所以叫做"异名"。"玄之又玄"指的是左右肾。"众妙之门"、"道可道"指的是上午吃饭,"非常道"指的是晚上排便。"有无相生"指口和腹,"难易相成"指精和气。这些就是老子传授尹喜的真经节要。然后老子又传授《神丹经》、《金液经》,还有八炼九还丹、伏火之诀:"金液还丹仙华流,高飞云翔登天丘,赤黄之气成须臾,当得雌雄分乱珠,可以腾变致行厨,灵童玉女我为夫,出入无间天同符,真精凝霜善沉浮,汝其珍敬必来游。"又传授九丹之名和歌:"圆三五,寸一分,口四八,两寸唇,长二尺,厚薄均,腹三齐,坐垂温,阴在上,阳下奔,首尾武,中间文,始七十,终三旬,内二百,善调匀,阴火白,黄芽铅,两凑聚,辅翼人,子处宫,得安存,去来游,不出门。"

佛教辩论:

"道贵清净,德尚无为",可是道士却不遵守这些原则,自己发明一些歪理邪说,认为行气运功才是修养,违背了道德的纯粹和自然的窍门,都是些牵强附会的穿凿之说。"保丹田才是至道,守两肾才是重玄",真是粗鄙不堪,只能骗骗乡间村夫愚妇,即使你道家神仙王乔、羡门、白石、赤松等也不会采用这个方法。自古以来炼丹服饵的人从来没见过能长生不老,周武帝服食丹药变成了哑巴,唐武帝服食丹药导致早死。就算说《道德经》讲的就是这些道理,以此为目标,那么《道藏》里面其他的篇章还有什么用呢?但现在的道士,或扶鸾乱书,其实彻夜饮酒,或有驱邪断鬼,其实是被人买通取人性命,还有人坐着不动,却说自己已经驰行千里,也有不说话的,号称自己在"痴默",还有模仿野兽的姿态,说可以延年益寿,饮气息神说可以像龟鹤一样长生,还有运精上脑,叫做"挽河车",或固丹田而内封叫做保养,或合气而为道、父子乱伦,或夺精采神、男女混杂,扣齿叫做"天鼓",咽津叫做"醴泉",把男根叫做金茎希望其强劲,把女窍叫做玉户掩藏其丑名,把童女叫真人,把交媾叫龙虎,婴儿、姹女其实是水银和朱砂。所以说什么"开命门,抱真人,婴儿回,龙虎戏,三五七九,天罗地网",张道陵的《黄书》说"男女有和合之法,三五七九交接之道,其道的真诀在于丹田","丹田"就是"玉门",最重要的是"不许泄于道路","道路"就是排泄系统。又有道家内朝律规定礼法,男女在每个月的朔望日拜见师父,进入师父的房间,阴阳并进,早晚六点立功德,不许违反次序插队或者拖后,也不许贪图外道,不来侍奉师父,也不许嫌丑爱美。又规定每月朔望侍奉师父,情意相亲,男女交接,四目两鼻上下相当,两口两舌彼此相对,阴阳既接,精气遂通。所以老子说:"我师教我金丹经,使我专心养玉茎,三五七九还阴精,呼吸玉池入玄冥,行道平等升太清。"这些歌诀讲的都是这种事儿,把淫秽当做真修,不管老子所说的"归根复命"的道理,只顾修炼这些鄙薄的合气之术,以此求道,人伦悖乱,以此超升,终身不可得,以此灭罪,罪不可亡,以此消灾,灾不可退,以此求福,福不可生,以此出家,家不可出,无异于用沙子做饭,只会一场空。

编者按:

房中术的确是道教的重要组成部分,也是儒家和佛教屡屡用来批评道教的把柄,即使是道教自己也常常在"房中"方面进行自我批评。《黄书》传说是张道陵所作,现在在《正统道藏》中还保存着《上清黄书过度仪》和《洞真黄书》,就是《黄书》的部分内容。这是一本非常著名的流行于魏晋时期的房中术书籍。

道教是一种产生于民间的中国传统宗教,基本上负责研究绝大部分民间百姓所关心的问题,包括生死、婚嫁、神鬼、占卜,当然也包括房中术。道教并不主张禁欲,反而认为禁欲会使阴阳不交导致生病。既然不主张禁欲,就提倡房中有道。魏晋南北朝时期,房中术非常盛行,有些人甚至相信依靠房中术就可以成仙,不但如此,还可以"移灾解罪,转祸为福,居官高迁,商贾倍利"。葛洪在《抱朴子》中批评这种说法,说这是妖妄之言,是好事之人为了诓骗世人,得到利益。他说"房中术只是为了避免虚耗,顶多能治点小病,高明的人可以保持青春,终享天年"。虽然如此,葛洪仍然认为,修道的人想要长生不死,除了服药、行气外也得修习房中术,以免因为禁欲导致生病,或因为不知节欲而伤身损命。

·欧·亚·历·史·文·化·文·库·

道家房中术的核心是"还精补脑",过去人们认为"精"是非常神奇的东西,是由大脑产生出来,既然排出可以"生人",那么如果保留在体内就可以"生身"、"还精养神",可以医治百病、延年益寿。甚至有人相信此术可以消灾解厄、飞升成仙,所以在早期的天师道团体中,修炼房中术逐渐发展成为道徒的集体行为,如同《上清黄书过度仪》中所规定的,凡是超过20岁的道徒,必须定期按照一定仪式集体进行"男女合气之术","过度"成为种民,以期达到修炼成仙的目的。

但是正如我们在第二章中所介绍过的,早期道教分为众多门派,他们彼此之间并无认同,是为了抵御佛教的传入和流行,道教才集结出现。即使如此,道教中各派也差异极大。魏晋南北朝后期,针对旧天师道提倡清整道教的陆静修,以及上清派都主张禁欲,是坚决反对房中术的。

就全真派而言,虽然王重阳早期曾研习过金丹派理论,但他是禁欲一派。他也使用"龙虎交媾"、"水火相济"等词语,但指的是自己体内肾经中的元阳之气与心经中的正阴之精结合,这些我们也在第二章有所介绍。因此全真派并不修炼房中术。但此时是佛教与道教之间的矛盾,佛教徒众举出《道藏》中早期经典里讲解房中术的部分进行批判,全真教徒也难以开脱,就好比萧峰得知其实是自己的父亲萧远山杀了人,但他也不能撇清关系,只能承担责任。

第十四辩,偷佛神化伪

道教观点:

第四十二化说:老子进入摩竭国,显现希有相,教化国王,建立浮图教,为清净佛,号"末摩尼"。到舍卫国,自己化为神,从天而降,天人在他左右侍卫,他现身时,身高百千万丈。又到罽宾国,降服胡王及王子,火不能烧,大锅不能煮,水不能溺,百万胡兵拿着弓箭剑戟来进攻,他一瞬间全部将其摧毁,电闪雷鸣,声如霹雳。到条支国,他举起大山。到拘萨罗国,降伏了96种外道。到迦夷罗国,他左手拿着太阳右手拿着月亮,藏进自己头中,天地顿时黑暗,山崩石裂,海水逆流。又到于阗国,在南渠山向胡王展示教法,让尹喜化作金人,身长丈六,足踏莲花,从空中降下,向老君行礼。老子对胡王说:"这是我的弟子,给你当老师。"又在毗摩城,地变成金色,放出九色神光,国中的赤灵真人、中黄文人、太一真君、九宫六丁、八卦神君、青龙白虎、散花玉女全都驾着浮云前来,老君坐七宝座,烧百和香,奏钧天乐,又有80多国的国王妃后都来听法,他留下尹喜做佛,自己升天而去。老君又在葱岭降大毒龙,在耆阇山独木树为王说法,2500人剃度,使其出家,接受戒律。

第六十六化说:于阗国毗摩城伽蓝,是老君化胡成佛处,有石幢刻文,记载其事,说"东方圣人,号老君,来化我国",下面引用了《八学士议》证其事迹。

佛教辩论:

《后汉·西域传》、《三国志》中《魏书》、《隋书》的《西域志》都记载了佛的圣迹,或有幢,或有柱,都刻了佛的事迹,但没有说老君曾留名。张骞归来,开始知道有浮图之号,到现在,使者往还,不知有多少人,从未见"老君西化"之说。贵由皇帝西征到达大海,所到之处只有佛僧,西北海附近有一国,城中佛塔林立,连国君也都是和尚担任。唐代王玄策奉使西行,到摩竭陀国、于阗、阁崛山等处,都有碑铭赞颂佛祖圣化,没有说有老君之事。又有湛然居士耶律楚材扈从太祖西征,到于阗等国,翻山越岭,对于各处的风俗地理都很清楚,他也未曾提及有老子之事。当今旭烈兀大王镇守西域,在寻思干西南的雪山之西,双方使者来往不绝,问他们老子化胡之事,他们都说没听说过。这说明老子化胡的道书都是伪造的,并不足信。

圣人教化,都是先近后远。所以古书记载尧的德行,都是先写他对亲友和睦,然后才安抚百姓,百姓生活安好,才协调国家关系,所以他的光辉照耀天地之间。老君当周朝的柱下史时,周道不兴,诸侯擅权,大臣以下犯上,国土日益狭小。李耳既然有圣德,就应当富国安民,拯救百姓,使君臣相得、各安其位,为何抛弃九州黎民,自己一人出关呢?如果他在自己的家乡显示神通,光耀门楣,难道不好吗?明明老子活了84年,都没有任何奇异之处,后来雇人驾车,西出函谷关,死在扶风,却号称他一到羌胡之地,就有神通。佛祖的神异之处,西方的经典全都有详细记载,老君的神异东方的史书却一个字都没有记录。且让我们来对比一下:世尊上忉利天,为了报达母恩,说法 3 个月,李耳效仿他,也升上太微。世尊在菩提树下示现降魔,把弓箭变成了莲花,老君也摧毁胡兵的剑戟。世尊向拘尸那国路掷大石,老君也拨大山。世尊说《大集经》会集诸王,老君也会集 8000 余国。世尊北游,降伏阿波罗龙王,老君在雪山也降伏毒龙。世尊劝说 96 种外道皈依佛法,老君也降伏96 种外道。世尊显现大神力,须弥山踊没低昂,老君也能让山飞石裂、海水逆流。世尊留下神钵,造福苍生,老君也留下神钵。世尊从摩邪夫人右胁出生,老君则是剖左腋而出生。世尊出生之后走了七步,老子就走九步。世尊有三十二相、八十种好,老子就有七十二相、八十一好。佛说真身和化身二身,老子也说真身法身。佛说身有四种:法身、自受用报身、他受用报身和化身,老君也说有虚皇、元始、道君和老君。佛说三界,老子说三清。道教的青龙白虎模仿佛教的金刚,道教的法师模仿佛教的圣者。学着禅庭建方丈,仿照佛宇树法堂。包括什么歌赞偈唱、钟鼓云板、祭灵送死、忏悔消灾、九幽忏文、二十四愿戒,都是看佛教有什么,道教就照着仿造一个。

八学士虽然号称是唐朝人,但《唐书》列传中全无记载,议的是什么内容,也没有流传下来。关于《化胡经》到底是真是伪,前代早有定论,唐中宗就已经宣布禁除《化胡经》,如果的确是真经,谁敢禁绝呢?

编者按:

《八学士议》,在《佛祖统纪》中有记载,说是在万岁通天元年(696),福先寺的沙门慧澄上书,乞求销毁《老子化胡经》,于是命刑部侍郎刘如睿等八学士讨论,结果都说《老子化胡经》在《汉书》、《隋书》等书里面都有记载,不应该销毁,还说在《唐书·艺文志》中有《八学士讲状》一卷。

《新唐书·艺文志》中的确记载了有刘如璿的《议化胡经状》一卷,《佛祖统纪》中记载错了,注意"璿"字读如"玄",跟"睿"读音不同。虽然僧人说现在看不到《八学士议》,但其实清朝人编的《全唐文》中记载了刘如璿的《不毁化胡经议》,全文并不长,简要翻译成白话文如下:

道教和佛教本来出自同源，并没有根本差别，佛祖法身和仙人道体，只不过是不同的化现形式。老子从东方出发，远走西域，虽然《史记》说他"莫知其终"，而他的事迹在其他史书中记载得很多。譬如《后汉书》说："老子入夷狄为浮屠之化。"《高士传》说："老子化戎俗，为浮屠。"《皇朝实录》说："于阗国四五百里有毗摩伽蓝，是老子化胡之所建。"考证经典，这些事情都记载得非常清楚，可知化胡是真的，《化胡经》也并非虚假。浮屠就是佛陀，要教化风俗，岂能没有经典？圣人设教，按照对象的秉性，因材施教，个人先天条件不同，所以教化也要有所区别。道佛二门，只不过是随着不同的禀赋而使用了不同的教化方式。两教都发扬光大，难道不好吗？

这几百字的议状，显然不是刘如璿《议化胡经状》的全文，很可能是清朝人从别处辑出的片段。让刘如璿议《化胡经》，也是跟当时的政治背景密切相关的。万岁通天是武则天的年号。唐代崇道，皇帝自称是老子的后人。武则天称帝后，佛教立刻抓住机会，拉拢女皇，提高自身地位。佛教沙门特意为女皇进献了一部《大云经》，《大云经》中讲净光天女听闻佛法深义，下一辈子就舍弃天身，转世成一个女人，成为国王，得到了转轮王统领疆土的四分之一。和尚们特意为《大云经》作了注解，找了很多证据，证明武则天就是净光天女的转世，为武后登基寻找理论依据。因此武则天转而崇佛，开始打压道教的地位。此时僧人慧澄请求销毁《化胡经》，于是武则天命令学士们讨论。结果刘如璿没眼色，讨论的结果是佛教道教都挺好，《化胡经》不应该毁，这一讨论结果显然不合武则天的意，于是刘如璿后来就遭到了报复。武则天重用酷吏来俊臣。来俊臣善于严刑拷打，制造冤案，死者的儿子前来诉冤不成，当场切腹自杀。当时刘如璿是刑部侍郎，在旁边看着，帮不上忙，忍不住留下了同情的泪水。于是来俊臣就说刘如璿跟恶人是同党，要杀他。刘如璿说："我年纪大了，眼睛是被风吹到，所以流泪。"来俊臣说："目下涓涓之泪既是因风，口中唧唧之声如何分雪。"到底还是判处他绞刑，武则天改为让其流放。这可谓"一本经书引发的血案"。由此可

·欧·亚·历·史·文·化·文·库·

见,老子有没有化胡,是和当时的政治形势密切相关的。

以上14条就是《至元辨伪录》中所记载的,僧人对他们认为的"道家伪经"中的各种说法的逐条批判。总的来说,道教是佛教文化入侵之后,才逐渐形成的宗教,道教各派的"差异性"远远大于"同一性"。另一方面,在形成过程中,道教吸收了大量佛教的理论和传说。在道教本身的来源中,又有大量神话和巫术的因素。因此佛教僧人从这几个方面出击:第一,批评道教抄袭佛教。第二,批评道教的说法不符合历史事实。第三,批评道教的某些成分荒谬可笑甚至有害于生命和社会,譬如神仙方术、炼药长生,包括房中术等等。然而道教经典真的如此不堪一击吗? 佛教经典就没有可以批判之处吗? 历史上的佛道相争,都是佛胜道败吗? 那倒也不一定,可以想象,如果皇帝支持道教,那么道教也可以把佛教说得哑口无言、不敢多话。譬如南宋理宗就是一位支持道教、支持"老子化胡说"的皇帝,在这次佛道辩论的50年前,他曾经写过一篇《化胡辨》,大意如下:

朕经常看那些攻击儒家和道家的佛教书籍,胡人都忌讳儒家和道家书籍中记载的"老子化胡"之说,说什么老子生于周定王之世,佛生于老子出关之前,在周昭王之世。这种说法与中国儒书所记载的不同,朕要以儒家经典考证一番。

《资治通鉴》里记载,在周幽王之世,洛河枯竭,有"老子叹河竭"之说,这都是史书中记载的。周幽王是周定王的十世祖,说明在定王之前十世就有"老子"之名。又有汉代刘向所编的《老氏传》中记载:"老子在商代为西伯的守藏史。"又有儒家经典中说:"老、彭,商之贤大夫也。"又有回回经书中也记载了老子化佛成道的事迹。由此可知,老子的确生于商代。当时受天命而成为君主的人被称为"天王",因为周文王有德,皇天眷命,奄有四海,为天下君,他泽被万方,无人不服。所以万方来朝,都是沐浴了天子之德泽所致。老子乃是周天王之臣,因为天子德化,所以西出函谷,教化羌酋。他的教化之道都是出自中国。现在常说"修道学者","道"这个字,就是老子提出的,既然自称"修道",说明就是老子所化,难道不是老子之徒?《中庸》曰:"修道之谓教",既然说"修道",说明也是老子之教。说到佛祖,在梁武帝与昭明太子所编的《文选》中记载了佛出生的事件,说:"周、鲁二庄,亲昭夜景之鉴,谓恒星不见也;汉、晋两明,并勒丹青之饰,谓其教始兴也。"也就是说佛生于周庄王九年,即鲁庄公七年,佛法在汉明帝时传入,佛教到晋明帝时才流行。这是梁武帝编辑的儒家经典中所记载的,可以作为天下万世之证。这是万世不替的公论,不可更改。这明明就是天意啊。从中国圣人诞生、化胡之事,可知天道不泯!

今天佛道两教之间的矛盾,其实始于王浮。王浮最初是个僧人,因为他聪慧绝伦,所以其他僧人嫉妒他,下毒害他。他没有死,于是留起头发,皈依道教,成为祭酒。他和佛教僧人有这种前仇旧恨,所以改编古本《化胡经》,添加伪说,与佛教抗衡。他在书中把老子的出生时间放在周定王时期,又把佛祖说成昭王时出生,放在了老子西化出关之前。从此佛道相争,屡屡不能平息。

所以我觉得"老子化胡"之说是真是伪,不能光看佛道二教之书,应当用儒家经典来证明,才能真正弄清楚到底是谁立教,被谁所化。相关史料可以参见《括地志·四夷部》,《魏略·西戎传》,《隋史·西域传》,襄楷的《上汉桓帝疏》,还有裴楷所注《三国志》,崔元山《濑乡记》,皇甫谧、嵇康等传范蔚宗的书,刘宋时期的《云南行记》,唐代的《太宗实录》,八学士《议状》,历代帝王之《赞》,唐玄宗、宋光宗之《序》,里面都有记载。此外还有回回经典,事情是明摆着的,怎么掩饰都没有用,这是天下万世之公论,还有什么好说的!

佛教教大家慈爱;黄帝教大家仁义;老子教大家道德忠孝;孔子教大家礼乐纲常。三教所要阐明的根本道理其实是一样的,何必争来争去呢?夷夏不同,风俗各异,但是要行善这一点都是相通的。圣人立教,一定有他的道理。如孔子还说过"理有未穷,知有未尽",圣人尚且如此,何况我们这些庸夫俗士,就更不能自作聪明,妄发评论啦!

宋理宗亲自撰文,阐述"老子化胡说"的合理性和真实性,从这篇文章来看,竟然有这么多经典证明"老子化胡"的真实性,还有域外史料。可以想象,如果这个时候发生一场佛教和道教之间的辩论,一定是道教胜利,佛教失败。

5.5　道教失败的原因

元初这场佛教大辩论,佛教取得胜利的原因是什么呢? 关于这一点,有好几种说法。

最常见的说法当然是因为忽必烈本人的信仰。虽然蒙古统治者在四方征伐的过程中,接触了各种各样的宗教,但相对而言,藏传佛教与他们本来信奉的萨满教最为接近。此外,汉地宗教与世俗政权分离,对于政权并无太大影响。而元代藏地宗教与世俗政权联系紧密,故此为了有效统治西藏,元代君主当然必须借助藏传佛教的力量。如前所述,忽必烈很早就与藏传佛教接触,并在皇后察必的影响下,接受了萨迦派的灌顶,成为八思巴的弟子,因此他偏袒佛教,最后立藏传佛教为国教也是理所当然的。

也有学者认为,成吉思汗推崇全真教之后,经过几十年的发展,全真教的势力过盛,已经影响到了蒙古政权对中原的有效统治。全真教除了作为一种宗教之外,在蒙元初期还扮演了蒙古政府中教育者的角色,担任了培养文书人员的责任。早在1233年,窝阔台汗曾发布圣旨,命令蒙古必阇赤,也就是蒙古书记在燕京的孔庙学习汉文,同时从燕京官员的子弟中选出了22人学习蒙语。而作为教育基地的燕京孔庙,在1222年已经归全真教管领了,负责教育这些蒙古文书的人,就是全真教的冯志亨,负责建立孔庙的官员王檝也崇信全真教。可以想象,当时华北地区的文化事业主要是由全真教支持和掌控的。为什么会这样呢? 因为成吉思汗准许全真教随处建立道观,还免除全真教徒的赋税和劳役,因此战乱之后有大批儒生加入全真教,全真教和儒家的关系就这样建立起来,并且招揽了很多人才。李志常和冯志亨手下也就有足够的人才,精通儒学,可以被培养为书记官,处理华北的行政事务。全真教就以此方式,介入了中原地区的政治。因此有学者认为,忽必烈举行的佛道辩论和蒙哥所主持的有所不同。蒙哥御前的佛道辩论只是小规模的,局限于宗教斗争的辩论,佛教势力也只以汉地禅宗为主。而忽必烈则扩大战火,召集了700多人参加这次辩论,并且让藏传佛教僧人作为主要辩手,其目的是借此机会打击全真教,排除他们对于中原政治的干预。这也是为什么忽必烈对全真教的惩罚远比蒙哥更为严厉的缘故。

虽然如此,这种说法其实只是学者的猜测。对于忽必烈为什么判定佛教胜利,并且认为藏传佛教最胜,还有一种更为有趣的说法。这是著名的马可波罗在他的游记中提到的,他这样写道:

大汗曾经说过基督教是各种宗教中最好的,因为这种教最真最善,凡不是最良善之事,基督教必然不许人做。有人因此问忽必烈:"既然你认为基督教是最好的宗教,为什么不皈依基督教,成为基督徒呢?"

他说:"你们总是希望我成为基督教徒,但你们没有理解我的想法。我国中的基督教徒都是愚蠢之辈,一无所知,庸碌无用。但是我国的偶像教徒却无所不能为,可以随心所欲。我坐在桌前,放在庭中盛满美酒的杯子,没有人用手触碰,就能够自动移到我的面前,让我饮用。天时不正,出现天灾时,他们可以消除灾祸。他们施展的灵异极多,你们也都亲眼所见,耳有所闻。偶像教徒能够预言我所询问的事。如果我皈依基督教,成为基督徒,那么偶像教徒必然要问我:'大汗因为什么缘故要受洗礼,信奉基督教呢? 大汗见到了什么大神通大灵异,所以要侍奉基督教的神呢?'你知道,我周围的偶像教徒都说,他们能够施展灵异,完全是因为虔诚侍奉他们的偶像神,其神有无限神圣与威权所致。如果他们要这样问我,我将无言以对。这些偶像教徒既然能够用他们的咒语、学识施展种种灵异,我如果铸成此种大错,他们不难取走我的性命。你们若奉命前去拜谒教皇时,可以请求他派遣基督教中有学识者

271

百人前来,让他们当面斥责偶像教徒的种种行为,并告诉他们,这些灵异我们可以施展,只是不愿,因为这些都是魔法妖术。如果你们能够驳斥偶像教徒,使他们的法术无法施行,我亲眼见到之后,自然禁止彼教,放逐偶像教徒,然后虔诚受洗。我受洗之后,我国的一切高官贵族信奉偶像教者,也必然会追随我。"

这里的偶像教徒,指的就是佛教徒。如果马可波罗的记录属实,那么忽必烈尊崇藏传佛教,就很难说有什么政治上的深谋远虑,只不过是因为藏传佛教高僧展示了种种匪夷所思的神通而已。那么道教之所以失败,也是因为其神通不及藏传佛教。忽必烈尊崇藏传佛教,仅仅是因为害怕偶像教徒"取走我的性命",这种说法倒也有趣。不过真正的原因是什么,大概谁也无法知道了。无论如何,这次辩论之后,藏传佛教在元代皇室的支持下,揭开了崭新的一章。

参考书目

阿旺贡噶索南.萨迦世系史.陈庆英,高禾福,周润年,译注.北京:中国藏学出版社,2005.

白化文.寺院与僧人.郑州:大象出版社,1997.

〔北齐〕魏收.魏书.北京:中华书局,1974.

〔波斯〕拉施特.史集.余大钧,周建奇,译.北京:商务印书馆,1983.

达仓宗巴·班觉桑布.汉藏史集.陈庆英,译.拉萨:西藏人民出版社,1986.

陈庆英.帝师八思巴传.北京:中国藏学出版社,2007.

大元圣政国朝典章.台北:故宫博物院,1976.

额尔登泰,乌云达赉,校勘.《蒙古秘史》校勘本.呼和浩特:内蒙古人民出版社,1980.

〔法〕贝凯.柏朗嘉宾蒙古行纪.韩百诗,译注,耿升,译.北京:中华书局,1985.

〔汉〕司马迁.史记.北京:中华书局,1982.

黄华均.蒙古族草原法的文化阐释《卫拉特法典》及卫拉特法的研究.北京:中央民族大学出版社,2006.

〔晋〕陈寿撰.三国志.〔宋〕裴松之,注.北京:中华书局,1982.

林世田.全真七子传记(全书).北京:宗教文化出版社,1999.

刘晓.耶律楚材评传.南京:南京大学出版社,2001.

刘小萌,定宜庄.萨满教与东北民族.长春:吉林教育出版社,1990.

〔清〕罗桑丹津.蒙古黄金史译注.札奇斯钦,译注.台北:联经出版事业公司,1979.

马西沙,韩秉方.中国民间宗教史.上海:上海人民出版社,1992.

〔美〕鲁布鲁克东行记.柔克义,译注,何高济,译.北京:中华书局,1985.

〔明〕长谷真逸辑.农田余话.四库全书存目丛书影印明宝颜堂秘笈本.济南:齐鲁书社,1995.

〔明〕宋濂.元史.北京:中华书局,1976.

卿希泰.中国道教史.成都:四川人民出版社,1988.

〔宋〕彭大雅撰,徐霆疏证.黑鞑事略.北京:中华书局,1985.

〔宋〕释道原.景德传灯录.台北:新文丰出版股份有限公司,1990.

〔宋〕徐梦莘.三朝北盟会编.上海:上海古籍出版社,1987.

〔宋〕杨仲良.资治通鉴长编纪事本末.台北:文海出版社,1967.

〔宋〕赵与时.宾退录.北京,中华书局,1985.

唐代剑.王嚞 丘处机评传.南京:南京大学出版社,1998.

〔唐〕玄奘撰,章巽校点.大唐西域记.上海:上海人民出版社,1977.

王辅仁.西藏佛教史略.西宁:青海人民出版社,1982.

王启龙.八思巴评传.北京,民族出版社,1998.

王森.西藏佛教发展史略.北京:中国社会科学出版社,1987.

王颋.西域南海史地研究.上海:上海古籍出版社,2005.

乌兰.《蒙古源流》研究.沈阳:辽宁民族出版社,2000.

杨曾文.宋元禅宗史.北京:中国社会科学出版社,2006.

〔意〕马可波罗.马可波罗行纪.〔法〕沙海昂,注,冯承钧,译.北京:中华书局,2004.

〔意〕图齐,〔德〕海西希.西藏和蒙古的宗教.耿升,译,王尧,校订.天津:天津古籍出版社,1989.

〔元〕李志常.长春真人西游记.党宝海,译注.石家庄:河北人民出版社,2001.

〔元〕念常.佛祖历代通载.文渊阁四库全书本.台北:台湾商务印书馆,1987.

〔元〕释祥迈.大元至元辨伪录.北京图书馆古籍珍本丛刊影印

元刻本.北京:书目文献出版社,1998.

〔元〕陶宗仪.南村辍耕录.北京:中华书局,1959.

〔元〕脱脱.金史.北京:中华书局,1975.

〔元〕王恽.秋涧先生大全文集.四部丛刊本

〔元〕吴澄.吴文正集.四部丛刊本.

〔元〕姚燧.牧庵集.四部丛刊本.

〔元〕耶律楚材.西游录.向达,校注.北京:中华书局,1981.

〔元〕耶律楚材.湛然居士文集.北京:中华书局,1985.

〔元〕虞集.道园学古录.四部丛刊本.

〔元〕袁桷.清容居士集.四部丛刊本.

朱越利.道经总论.沈阳:辽宁教育出版社,1991.

索 引

·欧·亚·历·史·文·化·文·库·

281

欧亚历史文化文库

已经出版

林悟殊著:《中古夷教华化丛考》　　　　　　　　定价:66.00 元
赵俪生著:《弇兹集》　　　　　　　　　　　　　定价:69.00 元
华喆著:《阴山鸣镝——匈奴在北方草原上的兴衰》　定价:48.00 元
杨军编著:《走向陌生的地方——内陆欧亚移民史话》　定价:38.00 元
贺菊莲著:《天山家宴——西域饮食文化纵横谈》　　定价:64.00 元
陈鹏著:《路途漫漫丝貂情——明清东北亚丝绸之路研究》
　　　　　　　　　　　　　　　　　　　　　　　定价:62.00 元
王颋著:《内陆亚洲史地求索》　　　　　　　　　定价:83.00 元
〔日〕堀敏一著,韩昇、刘建英编译:《隋唐帝国与东亚》　定价:38.00 元
〔印度〕艾哈默得·辛哈著,周翔翼译,徐百永校:《入藏四年》
　　　　　　　　　　　　　　　　　　　　　　　定价:35.00 元
〔意〕伯戴克著,张云译:《中部西藏与蒙古人
　　——元代西藏历史》(增订本)　　　　　　　定价:38.00 元
陈高华著:《元朝史事新证》　　　　　　　　　　定价:74.00 元
王永兴著:《唐代经营西北研究》　　　　　　　　定价:94.00 元
王炳华著:《西域考古文存》　　　　　　　　　　定价:108.00 元
李健才著:《东北亚史地论集》　　　　　　　　　定价:73.00 元
孟凡人著:《新疆考古论集》　　　　　　　　　　定价:98.00 元
周伟洲著:《藏史论考》　　　　　　　　　　　　定价:55.00 元
刘文锁著:《丝绸之路——内陆欧亚考古与历史》　定价:88.00 元
张博泉著:《甫白文存》　　　　　　　　　　　　定价:62.00 元
孙玉良著:《史林遗痕》　　　　　　　　　　　　定价:85.00 元
马健著:《匈奴葬仪的考古学探索》　　　　　　　定价:76.00 元
〔俄〕柯兹洛夫著,王希隆、丁淑琴译:
　《蒙古、安多和死城哈喇浩特》(完整版)　　　定价:82.00 元
乌云高娃著:《元朝与高丽关系研究》　　　　　　定价:67.00 元
杨军著:《夫余史研究》　　　　　　　　　　　　定价:40.00 元

梁俊艳著：《英国与中国西藏(1774—1904)》　　　　定价:88.00 元

〔乌兹别克斯坦〕艾哈迈多夫著，陈远光译：

　《16—18 世纪中亚历史地理文献》(修订版)　　定价:85.00 元

成一农著：《空间与形态——三至七世纪中国历史城市地理研究》

　　　　　　　　　　　　　　　　　　　　　　定价:76.00 元

杨铭著：《唐代吐蕃与西北民族关系史研究》　　　定价:86.00 元

殷小平著：《元代也里可温考述》　　　　　　　　定价:50.00 元

耿世民著：《西域文史论稿》　　　　　　　　　　定价:100.00 元

殷晴著：《丝绸之路经济史研究》　　　定价:135.00 元(上、下册)

余大钧译：《北方民族史与蒙古史译文集》定价:160.00 元(上、下册)

韩儒林著：《蒙元史与内陆亚洲史研究》　　　　　定价:58.00 元

〔美〕查尔斯·林霍尔姆著，张士东、杨军译：

　《伊斯兰中东——传统与变迁》　　　　　　　　定价:88.00 元

〔美〕J.G.马勒著，王欣译：《唐代塑像中的西域人》定价:58.00 元

顾世宝著：《蒙元时代的蒙古族文学家》　　　　　定价:42.00 元

杨铭编：《国外敦煌学、藏学研究——翻译与评述》定价:78.00 元

牛汝极等著：《新疆文化的现代化转向》　　　　　定价:76.00 元

周伟洲著：《西域史地论集》　　　　　　　　　　定价:82.00 元

周晶著：《纷扰的雪山——20 世纪前半叶西藏社会生活研究》

　　　　　　　　　　　　　　　　　　　　　　定价:75.00 元

蓝琪著：《16—19 世纪中亚各国与俄国关系论述》定价:58.00 元

许序雅著：《唐朝与中亚九姓胡关系史研究》》　　定价:65.00 元

汪受宽著：《骊轩梦断——古罗马军团东归伪史辨识》定价:96.00 元

刘雪飞著：《上古欧洲斯基泰文化巡礼》　　　　　定价:32.00 元

〔俄〕Т.Б.巴尔采娃著，张良仁、李明华译：

　《斯基泰时期的有色金属加工业——第聂伯河左岸森林草原带》

　　　　　　　　　　　　　　　　　　　　　　定价:44.00 元

叶德荣著：《汉晋胡汉佛教论稿》　　　　　　　　定价:60.00 元

王颋著：《内陆亚洲史地求索(续)》　　　　　　　定价:86.00 元

尚永琪著：

　《胡僧东来——汉唐时期的佛经翻译家和传播人》定价:52.00 元

桂宝丽著：《可萨突厥》　　　　　　　　　　　　定价:30.00 元

284

篠原典生著:《西天伽蓝记》　　　　　　　　　　　　　定价:48.00 元
李鸣飞著:《玄风庆会——蒙古国早期的宗教变迁》》　　定价:54.00 元
〔德〕施林洛甫著,刘震、孟瑜译:
　　《叙事和图画——欧洲和印度艺术中的情节展现》　　定价:35.00 元

敬请期待

马小鹤著:《光明的使者》
许全胜著:《黑鞑事略汇校集注》
张文德著:《朝贡与入附——明代西域人来华研究》
张小贵著:《祆教史考论与述评》
贾丛江著:《汉代西域汉人和汉文化》
王冀青著:《斯坦因的中亚考察》
王冀青著:《斯坦因研究论集》
王永兴著:《敦煌吐鲁番出土唐代军事文书考释》
薛宗正著:《汉唐西域史汇考》
李映洲著:《敦煌艺术论》
〔俄〕波塔宁著,〔俄〕奥布鲁切夫编,吴吉康译:《蒙古纪行》
王冀青著:《斯坦因档案研究指南》
〔苏联〕巴托尔德著,张丽译:《中亚历史》
徐文堪编:《梅维恒内陆欧亚研究文选》
〔苏联〕K. A. 阿奇舍夫、Г. A. 库沙耶夫著,孙危译:
　　《伊犁河流域塞人和乌孙的古代文明》
徐文堪著:《古代内陆欧亚的语言和有关研究》
刘迎胜著:《小儿锦文字释读与研究》
李锦绣编:《20 世纪内陆欧亚历史文化研究论文选粹》
李锦绣、余太山编:《古代内陆欧亚史纲》
郑炳林著:《敦煌占卜文献叙录》
陈明著:《出土文献与早期佛经词汇研究》
李锦绣著:《裴矩〈西域图记〉辑考》
王冀青著:《犍陀罗佛教艺术》
王冀青著:《敦煌西域研究论集》
李艳玲著:《公元前 2 世纪至公元 7 世纪前期西域绿洲农业研究》
许全胜、刘震编:《内陆欧亚历史语言论集——徐文堪先生古稀纪念》

285

张小贵编:《三夷教论集——林悟殊先生古稀纪念》

李鸣飞著:《横跨欧亚——马可波罗的足迹》

杨林坤著:《西风万里交河道——明代西域丝路上的使者与商旅》

杜斗诚著:《杜撰集》

林悟殊著:《华化摩尼教补说》

王媛媛著:《摩尼教艺术及其华化考述》

〔日〕渡边哲信著,尹红丹、王冀青译:《西域旅行日记》

李花子著:《长白山踏查记》

王冀青著:《佛光西照——欧美佛教研究史》

王冀青著:《霍恩勒与鲍威尔写本》

王冀青著:《清朝政府与斯坦因第二次中国考古》

芮传明著:《摩尼教东方文书校注与译释》

马小鹤著:《摩尼教东方文书研究》

段海蓉著:《萨都剌传》

〔德〕梅塔著,刘震译:《从弃绝到解脱》

郭物著:《欧亚游牧社会的重器——鍑》

王邦维著:《玄奘》

冯天亮著:《词从外来——唐代外来语研究》

芮传明著:《内陆欧亚中古风云录》

王冀青著:《伯希和敦煌考古档案研究》

王冀青著:《伯希和中亚考察研究》

李锦绣著:《北阿富汗的巴克特里亚文献》

〔日〕荒川正晴著,冯培红译:《欧亚的交通贸易与唐帝国》

孙昊著:《辽代女真社会研究》

赵现海著:《明长城的兴起
　　——"长城社会史"视野下明中期榆林长城修筑研究》

华喆著:《帝国的背影——公元 14 世纪以后的蒙古》

〔苏联〕伊·亚·兹拉特金著,马曼丽译:《准葛尔汗国史》(修订版)

杨建新著:《民族边疆论集》

〔美〕白卖克著,马娟译:《大蒙古国的畏吾儿人》

余太山著:《内陆欧亚史研究自选论集》

淘宝网邮购地址:http://lzup.taobao.com